美国环境法与能源法译丛

能源法精要

（第 2 版）

［美］约瑟夫·P. 托梅因（Joseph P. Tomain）

［美］理查德·D. 卡达希（Richard D. Cudahy）著

万少廷　张利宾　顾　伟　译

南开大学出版社

天　津

图书在版编目(CIP)数据

能源法精要：第 2 版 /（美）约瑟夫·P.托梅因
(Joseph P.Tomain)，（美）理查德·D.卡达希
(Richard D. Cudahy) 著；万少廷，张利宾，顾伟译.
—天津：南开大学出版社，2016.6
（美国环境法与能源法译丛）
书名原文：Energy Law in a Nutshell(2nd edition)
ISBN 978-7-310-05231-8

Ⅰ.①能… Ⅱ.①约… ②理… ③万… ④张…
⑤顾… Ⅲ.①能源法－研究－美国 Ⅳ.①D971.226

中国版本图书馆 CIP 数据核字(2016)第 233080 号

南开大学出版社出版发行
出版人：刘立松
地址：天津市南开区卫津路 94 号　　邮政编码：300071
营销部电话：(022)23508339　23500755
营销部传真：(022)23508542　　邮购部电话：(022)23502200

＊

北京楠海印刷厂印刷
全国各地新华书店经销

＊

2016 年 6 月第 1 版　　2016 年 6 月第 1 次印刷
185×130 毫米　32 开本　14 印张　2 插页　297 千字
定价：45.00 元

如遇图书印装质量问题，请与本社营销部联系调换，电话：(022)23507125

能源法精要（第 2 版）

Energy Law in a Nutshell（2nd edition）by Joseph P. Tomain；
Richard D. Cudahy

©2013 LEG, Inc., d/b/a West Academic Publishing.

All Rights Reserved

Energy Law in a Nutshell（2nd edition） by Joseph P. Tomain；
Richard D. Cudahy is published and by arrangement with LEG,
Inc., d/b/a West Academic Publishing.

本书中文简体字版由西部学术出版公司授权南开大学出版社
翻译出版。版权所有，侵权必究。

天津市出版局著作权合同登记号：图字 02-2014-255

译丛序言

  我国环境法制建设离不开对国外经验的借鉴,在这方面,外国环境法译介起着不可替代的作用。美国作为现代环境法制建设的先行国家,其在解决诸多环境问题方面的做法受到国内理论和实践部门的广泛关注。然而,不无遗憾的是,目前国内有关美国环境法的译作并不多见,南开大学出版社组织翻译出版的本套《美国环境法与能源法译丛》,在一定程度上弥补了这一不足。

  本译丛选自美国的《法律精要系列丛书》(Nutshell Series)。该系列丛书以简洁、明快的风格著称,每本书都由经验丰富的法学教授执笔,对相关法律的基本原理、法律规定以及重点案例做了精确、权威性的分析解读,深受读者的欢迎和喜爱。本译丛推出的七本书既包括对美国环境法与能源法的总括性分析,也包括对危险废物管理、有毒物质侵权等专门领域的重点解读,不仅涉及水法、动物法等传统环境法律部门,也包含了对气候变化与可持续发展这一新兴环境法领域的介绍,有助于国内读者更为全面深入地领会美国环境与能源法体系。

  对环境法著作的翻译是一项极具挑战性的工作,其中不仅涉及相关法学术语,还涉及大量有关科学、技术、经济、管理等各方面的专业术语,需要译者付出艰辛的努力。本译丛由工作在环境法与能源法学术研究与法律实务一线的学者、专家担任译者。秉持译者文责自负的原则，在具体翻译过程中各书译者享有充分的自主性。

对于本译丛的几个体例问题说明如下。

第一，为充分体现译者负责的主旨，本译丛各书仅设译者，未设审校者。

第二，为了便于读者查找原文和深入学习，本译丛对书中涉及的部分人名、案例名称未做翻译，对于无法准确译为中文的地名也保留了英文原名。

第三，对于美国使用的诸如英尺、英亩、夸特、加仑等计量单位，本译丛遵从原著用法，未做换算。

作者简介

约瑟夫·P.托梅因(Joseph P. Tomain),1974年获得乔治华盛顿大学法律博士学位(J. D.),现任辛辛那提大学法学院名誉院长、法学教授,曾担任辛辛那提大学法学院院长15年,主要教学和研究方向是能源法、土地利用、政府监管和合同法等。

理查德·D.卡达希(Hon. Richard D. Cudahy),1955年获得耶鲁大学法律博士学位(J. D.),自1979年起任美国联邦第七巡回上诉法院高级法官。

目　录

2011 年版序言

自 2004 年上一版《能源法精要》出版以来,我们的能源未来不仅受到自然灾害的挑战,也为政治阴云所笼罩。卡特里娜飓风见证了在气象灾害面前墨西哥湾石油与天然气供应的脆弱性。2010 年 4 月墨西哥湾发生的 BP 石油公司"深海地平线"号石油钻井平台严重事故,更是引发了公众对石油和天然气勘探和生产过程中环保问题的更大关注。2011 年 4 月,美国煤矿开采业发生了 40 年来最严重的事故,梅西能源公司下属的上大分支煤矿有 29 名矿工遇难。2011 年 3 月,日本刚刚发生的地震和紧接着的海啸,不仅给日本沿海地区带来极大破坏,还造成至少一座日本核电站面临堆芯熔毁的巨大危险。

政治上,尽管美国国内能源政策没有发生重大改变,但是能源出现在新闻中的频率日渐增高。传统的化石燃料政策,在美国已经实施了一个世纪。美国的能源需求对石油、煤和天然气的能源组合依赖度达 85%。如果将核电考虑进去,那么大规模、集中式、硬路径①能源工业满足了美国近 95% 的能源需求。

---

① 译者注:在美国,能源发展的硬路径(hard path)主要指依靠包括煤、石油、天然气以及核能在内的化石燃料发展;相对的软路径(soft path)主要指依靠可再生能源发展。

最近的州与地方选举显示，出于一些原因，美国能源政策正在发生转变，虽然实质改变乃至能源改革还没有到来。例如，2006年民主党人控制了国会参众两院后，就曾发出改变持续依赖化石燃料能源的政策信号。类似的，2008年奥巴马在大选时承诺发展可再生能源，并在一个绿色能源组织的集会上发出转变能源政策的信号。111届国会也确实提出了总量控制和排放权交易的应对气候变化法案。尽管2010年共和党在选举中重新夺回国会众议院控制权，使得气候立法中途夭折并且失去重启可能，但正式的气候立法仍值得期待。我们必须指出，尽管民调结果乐观，并且环保人士也更倾向于民主党，但能源政策已经被证明其与政党更迭之间存在相当程度的弹性空间。

两党中一方略为偏向化石燃料能源，另一方则支持可再生能源。虽然两党均没有彻底改变我们的传统能源路径的意愿，但2005年《能源政策法》和2007年《能源独立和安全法》的通过，至少为放弃化石燃料与减少对石油的依赖，以及提高能源效率与转向可再生能源提供了契机。正如本书第2章所描述的，尽管立法寥寥无几，但我们的能源生产、利用与消费已经发生了巨大改变。

能源领域最为突出的事件，莫过于2007年联合国政府间气候变化专门委员会（IPCC）发布《第四次评估报告》（参见 IPCC Fourth Assessment Report：Climate Change 2007）。该报告以及随后的研究不仅证实全球变暖，还证明全球变暖在很大程度上存在人为因素。也就是说，当前人类活动正在引发地球表面温度升高的可怕后果。并且，日常的观测数据都能证明这点。我们已经开始经历更加寒冷的冬季以及更加炎热的夏季，我们能够发现冰川融化与物种迁移,我们也能注意到更加频繁与猛烈的台风与飓风。尽管本书不专门探讨气候变化问题,但毫无疑问,气候变化对我们的能源构成了挑战,二者关系密切。

在另一本即将出版的书中,本书的一位作者提出,不论气候变化带来何种风险,美国都必须改变它的能源政策(参见约瑟夫·P. 托梅因的《结束肮脏的能源政策:气候变化的前奏》(2011 年版))。美国已经无法继续维持以化石燃料为主的能源政策,必须转向低碳能源未来。这个未来建立在不断增加的能效以及可再生资源的基础上。它将基于革命性的能源技术,通过电能或其他非源于进口石油的液体燃料,实现国家交通运输的更加迅捷。未来能源技术既包括基础科学前沿领域的创新,如聚变实验研究,也包括商业规模化发电,如低成本的太阳能与风能发电装置。未来技术还包括新式电池、耐用节能材料、藻类等特殊物质发电,以及可能的符合成本效益的碳捕捉与封存系统、小型分布式核反应堆等。

受全球变暖所带来的巨大变化影响,本版书中各章节都有所修订和更新。第 11 章"替代能源"将改为"清洁能源"。这不仅是术语的变化,更是实质性的调整。清洁能源经济主要基于能源效率的不断增长和可再生资源利用。清洁能源经济所承诺的清洁能源未来应当是:能源市场更具竞争性,更多工作机会被创造,我们的石油依赖被打破,国家安全与经济安全得到巩固。这些宏大的目标也再次表明,我们对未来能源的需求不会少。有关清洁能源未来的法律和政策正在快速增加,我们必须对能源研究给予应有的重视(参见迈克尔·杰拉德的《清洁能源法:效率与可再生能源》(2011 年版))。

前　言

我们希望这本《能源法精要》能够达到两个目的。

第一,本书是介绍能源领域基本法律规则和制度的初步读物。读者将通过本书熟悉影响源于对各种自然资源的能源生产进行监管的主要判例、制定法及重要的联邦机构。随着 20 世纪 70 年代后期卡特总统的《国家能源法》获得通过,"能源法"成了一个专门术语。但是,能源法主要还是源自公用设施法和石油天然气法。公用设施法是针对天然气和电力工业以及水务业(当然也包括电信业和多种交通运输行业)的公共监管。在这个方面菲利克斯·法兰克福特(Felix Frankfurter)[①]的贡献不亚于任何其他学者。正如本书将要详细介绍的那样,在 20 世纪 30 年代以前,公用设施监管是各州法律的事情。新政时期,联邦在天然气和电力公用设施的监管方面获得重要地位,并且这种监管地位延续至今。石油天然气法则完全是另外一种情形,其主要由州的判例法和制定法调整,涉及能源的勘探和生产,以及含有石油天然气资源的土地租赁。

我们的第二个目标事关律师执业技能。读者中的一些

---

① 　译者注:菲利克斯·法兰克福特(Felix Frankfurter)(1882－1965)曾是美国联邦最高法院大法官。

人可能会从事能源法律实务工作，但我们不认为大多数人会如此。尽管这样，所有的执业律师都不可避免地要与行政部门打交道。行政管理或监管执法活动涉及法律的方方面面，从税收到专利，从教育到城市规划，不一而足。美国能源法是行政管理法的一个具体应用。如此，本书既是对政府监管的介绍，也涉及法律、政策和政治相互作用有关的律师执业技能。也可以换个角度来阐述本书的观点，即所有律师都必须理解客户所处的历史阶段、市场和环境。法律规则不能存在于真空中。书本上的法律只有在涉及具体客户的特定事实和事件中才能获得生命力。法律执业技能包括在为客户提供服务时应用法律规则与把握法律制度的能力。为了更有效率地完成工作，律师需要理解客户所处的环境。

就《能源法精要》而言，我们提供两种途径来掌握这种技能，本书也相应地分为两部分。

本书的第一部分包括以能源经济学、能源政策、能源监管和能源决策为题目的 4 个综述性章节。前 3 章的题目不言自明，而第 4 章的题目就没有那么自彰。在第 4 章中，我们讨论了监管机构就能源政策和专门的规则做出艰难选择时，采用的两种办法，即成本效益分析和定价制度。

本书第二部分，通过分析如石油和煤炭这些专门能源资源领域的相关行业，并提供监管概述，来介绍这些行业的律师执业技能。我们希望这样的安排能有助于读者熟悉法律、市场和监管之间的相互作用。

这本《能源法精要》实际上是对 1981 年出版的《能源法精要》(Energy Law in a Nutshell) 和 1992 年出版的《能源与自然资源法》(Energy and Natural Resources Law) 中能

源法部分的修订。在过去的许多年里,历史已经见证大量能源与环境立法。从一方面看,能源法在此期间并没有发生太多变化。在能源供应和消费领域,石油、天然气和电力持续占据能源经济主导地位,可再生能源或清洁能源的贡献尚小。同样的,大型化石燃料和核燃料电厂继续保持了对相对规模较小的分布式能源发电的压倒性地位。我们在本书中将此现象称为能源法律和政策的主流模式(dominant model),该模式至今仍在持续演绎着相关进程。

但从另一方面看,能源法还是发生了显著的变化。很可能是因为能源生产成为影响环境保护的主要因素,世界各国政策制定者越来越多地将能源和环境一起讨论。如此,国际和国内政治家和决策者之间,在可持续发展理念下讨论能源与环境关系的共同语言,正在逐步形成。同时,我们也将讨论美国一些行业(主要是天然气和电力行业)正在进行的重大结构性调整,即试图放松联邦层面的指令性监管,形成更加偏重以市场为基础的监管体制。这种结构性调整和放松规制可能会一直持续下去。

本书得益于第一代能源法著述,包括约瑟夫·P. 托梅因等的《能源法律与政策》(1989)①、阿尔弗雷德·C. 阿曼的《能源和自然资源法之监管对话》(1983)②、唐纳德·N. 齐尔曼等的《能源法》(1982)③和理查德·J. 皮尔斯等的

---

① Joseph P. Tomain & James E. Hickey with Sheila S. Hollis, Energy Law and Economics (1989).

② Alfred C. Aman, Jr., Energy and Natural Resources Law: The Regulation Dialogue (1983).

③ Donald N. Zillman & Laurence H. Lattman, Energy Law (1982).

《经济监管：能源、运输和公用设施》(1980)①；也得益于其他更为新近的重要著述，包括弗雷德·博赛尔曼等的《能源、经济学与环境》(2000)②、能源法律社的《面向 21 世纪的能源法和能源政策》(2000)③、大卫·J. 马乔的多卷文集《能源法和能源交易》(2003)④、马拉·E. 曼斯菲德尔的《能源政策：变幻的世界》(2001)⑤、理查德·J. 皮尔斯的《经济监管》(1994)⑥。

最后，书中引用了很多图表。它们均摘自美国能源部能源信息署发布的年度能源综述。

①   Richard J. Pierce, Jr. , Gary D. Allison &. Patrick H. Martin, Economic Regulation: Energy, Transportation, and Utilities (1980).

②   Fred Bosselman, Jim Ross &. Jacqueline Lang Weaver, Energy, Economics, and the Environment (2000).

③   Energy Law Group, Energy Law and Policy for 21st Century (2000).

④   David J. Muchow &. William A. Mogel, Energy Law and Transaction (2003).

⑤   Marla E. Mansfield, Energy Policy: The Reel World (2001).

⑥   Richard J. Pierce, Jr. , Economic Regulation (1994).

第1章 能源经济学

1.1 引　言

　　最基础层面的政府监管,包括两个阶段。首先,政策制定者假定市场应当运转有效而且公平,否则,市场就存在不完善之处。其次,政策制定者可以通过监管对市场的缺陷进行纠正。当然,监管是一个涉及政治、政策和法律的复杂过程。在对错综复杂的监管过程展开全面讨论之前,我们需要掌握初步的经济学概念。本章将介绍市场的功效和市场的基本运行,以及如何在市场不能发挥其既定功效时,对市场失灵做出判断。随后章节将运用能源行业的实例,详细解释出现市场失灵时的监管对策。

　　在开始之前,应当注意经济学和市场相关的几个问题。主流学术观点通常认为政策选择应是政府监管或市场自由,这种完全对立的二分法是错误的。更主要的问题是,这种二分法不是基于经济学分析,相反它只是一种政治上的选择与措辞。多数情况下,支持所谓"自由市场"的政治观点只是隐含反对政府干预的措辞。没有哪个负责任的经济学家会妄言市场独立于政府而存在。

　　简而言之,市场不能脱离政府对其某些方面的监管而存在。政府不仅制定基本的市场规则，也为市场中交易的财产制定规则。以美国法学院第一学年学习的财产、合同与侵权为例，财产法定义了人们在市场中交易的商品；合同法定义了这些交易的成立以及保障更为重要的交易实施；侵权法保护财产免受侵害或占用。总之，即便是普通法所设定的规则，也需要政府实施相关限定规则并实现其立法目的。

基于此，本章我们将讨论实证经济学规则，并将其运用到政府监管之中。

对经济学的定义是："经济学是研究社会如何利用稀缺资源来生产有价的商品，并在其不同成员间进行分配的学科"[1]。

鉴于经济学有助于解释稀缺自然资源的分配和配置，能源法和能源政策常被作为经济分析的对象。我们将从自然资源的勘探、开采和开发开始学习能源法和能源政策。虽然这些自然资源具有多种用途，例如水流既可供娱乐，也能用于发电，但在此我们仅关注其发电用途。然后，我们沿着能源的循环过程（energy fuel cycle），即从能源的勘探到其在生产商和各个最终使用者群体间分配，乃至最终的废弃物处置的过程，研究这些自然资源的配置。最后，我们将述及我国能源法和能源政策的经济因素。在我们详细讨论市场如何运行和何时失效之前，我们需要解释经济学的一些基本原则。

---

[1]　Paul A. Samuelson & William D. Nordhaus, Economics 4 (16th ed. 1998).

1.1.1 行为假设

将前述经济学定义做进一步推广,我们可以更简单地认为经济学是研究人们如何处理有限的资源和无限的需求的学科。经济学探讨的是人类行为,就此而言它也是一门关于社会或行为的学科。我们发现,学生们常常带着一种厌恶来上经济学的课。我们怀疑部分原因是法学院本不该有数学类课程,而法学院学生也因此害怕经济学课程。更深层次的原因是他们怀疑甚至不喜欢"经济人"(Ecomonic Man)的概念,而厌恶经济学课程。

亚当·斯密(Adam Smith)在其《国富论》中对经济人的描述是:"我们的晚餐,可不是来自屠夫、酿酒商和面包师的仁慈,而是来自他们对自己利益的关注。我们不求助于他们的博爱,而是求助于他们的自利心;我们谈论的绝不是我们自己的需要,而是他们的收益。只有乞丐才会选择依赖于国民的仁慈。"[①]

对人类行为的这一描述强调不受欢迎的自我和私利,而非感人的合作或慈善等价值观。使用"经济人"概念的目的仅是为了构建一个经济学模型。或者说,跟其他学科的分析一样,经济分析始于对世界做出一定的假设。在此,经济学家对市场中的人的行为做出了假设。

怀疑经济学关于人类行为的假设,有其正当与不当之处。鉴于"经济人"仅反映人类行为的一些侧面而非其全部,怀疑该定义无疑是正当的,但因赋予经济模型过多的职能而怀疑该定义则是不妥的。易言之,基于对现实市场中

---

① Jerry Z. Muller, The Mind and the Market: Capitalism in Modern European Thoughts, 62 (2002).

人类行为的观察,建立的经济模型是最有效的,而用于描述诸如家庭生活等人类行为其他方面的经济模型,则很有争议,并且作用有限。因此,一般经济学家对经济学的作用并不过分夸大其词,但诸如诺贝尔经济学奖获得者加里·S.贝克(Gary S. Becker)等的经济学家对经济学学科的应用有更高的期待,认为实证经济学方法可以用于所有人类行为,比如儿童抚养、收养及器官捐献等。[①]

简单讲,"经济人"对人类行为的基本假设是"人类是理性的私利最大化者"。虽然这一假设有待斟酌,但我们将会发现它经得起推敲。

将财富最大化的动机所隐含的自私与贪婪归罪于人类,人们可能会对此感到不妥,但经济分析探究的不是所有的个体在所有场合中的行为,而是人类的一般行为。我们的行为不单单总是受财富最大化的欲望所驱使。尽管如此,我们可以反问自己是否喜欢拥有更多的东西(不论是钱、比萨饼或者是其他),而不是更少?类似的,当某物价格回落的时候,我们会买得更多。当 iPad 售价 800 美元的时候,你可能不会买,但如果它的价格是 300 美元、250 美元、200 美元时,你会不会买?简而言之,上述最大化假设似乎是对的。

另一种反对意见认为人不总是理性的。对具体的个体和具体时间而言,这可能是对的,但据此做出的"人类的总体行为是非理性的"的假设则使任何分析都难以进行,也不

① Gary S. Becker, Accounting for Tastes, 1996 & Stephen J. Dubner, Freakonomics: A Rogue Economist Explores the Hidden Side of Everything (2005).

符合经验。当有更好的购物对象(即更便宜)时,人们都有不理智的购买(即更贵)的行为,但人们重复同样错误的频率并不高。因此,经济学家做出了"理性",而不是"非理性"的假设。关于理性的假设在一般意义上也是对的。鉴于此,法律通常也将合理性作为适用标准。

第三种反对意见认为这种假设忽视了利他行为。人们活动当然会有利己的因素,但人们也会为他人利益着想,尽管这要承受不利的经济后果。这种认为经济分析无视利他行为的观点,看似正确,除非将利他定义为某人为他人利益而作为是为了自我感觉良好。但这一定义扩展不仅冗赘,也无助于问题的讨论。利他也许是私利定义的缺陷,并使人们质疑经济分析,然而纵观我们日常生活,大多数行为是利己还是利他? 所以说,自利的假设是站得住脚的。

最后一种观点认为,将市场参与者看作理性的独立的个人利益最大化者,忽视了集体行为的存在。如果将集体行为定义为一群个体的行动,其最终劳动成果是所有个体成果的总计,那么集体行为与个人利益最大化的经济概念之间,就不存在冲突,因为集体劳动成果就是个人劳动成果的累加。但如果将集体行为定义为协同行动,使得集体的最终成果大于其成员个体最终劳动成果的总和,基于财富最大化的经济模型就不适用此类集体行为,见《危险的趋势》[①]一书。集体协同行为固然会发生,但不是惯例,因此前述假设仍然可靠。

因此,经济分析方法认为,理性的自利者自愿发生交换,以求财富最大化。市场中有两类基本的参与者,即消费

---

① Lester Thurow, Dangerous Currents (1983).

者和生产者。经济学家认为消费者和生产者都是理性的自我利益最大化者。概括地讲,生产者将采用最便宜的资源生产货物以实现利润的最大化,消费者将愿意支付较少而非较多的钱以实现钱的效用最大化。按照经济学的观点,生产者和消费者双方都试图最大限度地改善其各自的经济地位。经济学模型的另一假设是这些交易发生在组织有序的市场中。我们接下来将详细说明市场在其有效和失灵时如何运行。

在讨论对人类行为的假设时,我们提到"经济人"仅反映人性的一些侧面。鉴于此,"经济人"的定义限定了作为社会科学的经济学的适用范围。实际上,经济学中的一些新的学科,诸如行为经济学、实验经济学和社会经济学均探讨了上述假设的局限。另外,我们也应该了解下文中经济学的另一局限。

1.1.2 实证经济学和规范经济学

理解实证经济分析与规范经济分析的不同很重要。实证经济分析是仅对经济进行描述性陈述。例如,"当加油站的油价上涨时,人们将减少对汽油的消费"是对事实准确的描述。同样,"石油生产商的销售收入随油价上升而提高"也是一个描述性陈述。因此,实证分析是对世界进行实然性的陈述。

规范经济学是对世界进行应然性的陈述。例如,石油生产商销售收入的提高使得他们能够找到更多的石油,从而对经济和社会有利或不利。对什么是好的经济和社会的观点是规范性陈述。"经济学是关于效率的研究"是一个实证性陈述,而"高效率是有利的"则是一个规范性陈述。经济学家、政客、政策分析人士、律师和学法律的学生都经常做出此类的规范性声明。需要强调的是,虽然经济学家专长于为经济和市场的运行做出技术性的实证性说明,但经济学家并不比其他学科如法学界的专业人士,更善于做出什么构成好的经济和社会的规范性说明。

实证经济学与规范经济学之间的界限常常是模糊的,但我们仍希望读者注意二者的区别。举几个例子,"与加油站里每加仑汽油售价是 2 美元时相比,当售价是 4 美元时,人们将消费更少的汽油",这是实证经济学范式下的陈述。"高油价对经济有好处"则是规范经济学范式下的陈述。"高油价具有经济意义,因为它将有助于减少对进口石油的依赖"则属于实证与规范两种经济学方法的混合。按照实证经济分析方法,高油价将导致石油消费减少,因此将减少对进口石油的需求。降低对外国石油的依赖是否有利于经济,则属于规范经济分析。类似的,诸如是否开发近海石油或者是否发展太阳能技术的问题,也都包含实证与规范的维度。每个项目需要多少投资是一个实证性命题,而社会是否应该对某一个或另一个、或全部两个项目进行投资则是一个规范性命题。

因此,经济分析方法是理解稀缺自然资源的生产、分配和消费,以及阐明与能源有关的目标和政策问题的实用工具,但是我们也要清楚其所基于的假设及限制。经济分析有助于我们理解能源政策建议的实证性影响,但经济分析本身不足以对如何构建我们的能源政策以及我们的社会政策做出规范性建议。进言之,经济分析可以告诉我们财富和资源将如何分配,但它不能回答我们这样的分配是否符合规范。判断是否具有规范合理性,通常是通过评价特定的政策建议是否有效并能够实现财富或资源利用的最大化,或者看其能否实现财富或资源的公平或平等分配。没有绝对的效率和公平,不可避免地要进行折中。因此,在讨论能源政策时,必须要理解当前有关效率和公平的观点。

1.1.3　理解财产权

可执行的(enforceable)财产权是任何市场能够运行的先决条件。作为普通法基础的财产、合同和侵权相关法律规则,为财产权提供了必需的保护,并在实际上为其构建了政府监管框架。关于财产权的这一说明简单明确,且不存在争议。但在能源法和能源政策领域,因存在私人物品(private goods)、准公共物品(common goods)和公共物品(public goods)三种需要不同程度的监管的财产,使得情况稍许有些复杂。诸如私人物品这一类型的物品较之于另一类物品(如公共物品)更容易通过普通法规则处理,但后者则要求诸如价格管制或标准设定等行政干预。

1.私人物品

私人物品符合人们对财产的通常理解。一吨煤、一段木头,甚至罐装的一千立方米天然气,均可以被理解为私人物品。这些物品均可以按照习惯和法律意义被所有、使用和转让。传统的私人物品概念,指财产相关的权利和义务可被完整地确认和保护(通过侵权法);财产的所有者可以排除他人使用此财产(通过财产法);以及该财产可以容易地在所有者之间转让(通过合同法)。因此,私人物品具有完整性、排他性和可转让性三项特征。

前述的煤、木头和罐装的天然气均具备这三项特征。其所有者知道所有权的范围,可以排除他人使用该物品,并可以将其转让给他人使用或拥有。人们可以比较容易地对此类物品定价,并通过私下方式或大型交易市场进行交换。

鉴于人们普遍了解并理解该物品的性质及其附带的法律权利和责任,此种交换的交易相对简单。

并不是所有的自然资源都具备这些特征。上述的天然气因为被罐装而具备这些特征。否则,天然气无法具备私人物品的所有特征。自然资源具有的不能被完全地拥有,或者不能排除被他人拥有,以及不能便利地转让其所有权的特点,要求经济学家必须采用不同的方式讨论和考虑有关诸如天然气之类的自然资源的情形。

2. 准公共物品

准公共物品通常指可以移动的一类资源。诸如石油、天然气和水等自然资源,它们不会仅停留在某处,而是在地质构造的范围内流动。准公共物品,再以天然气为例,只有在其被获取之后,其所有者才可以对其实施支配或控制。问题是,土地的所有者并不确切知道地表之下的天然气的蕴藏位置,甚至也不知道其是否存在。因此,对准公共的移动物的定义和转让,或者排除他人对其利用,需要一套不同的财产权法则。对准公共物品而言,普通法规则并不能很好适用。

准公共物品的"获取才能占有"和"不能排除他人占有"两种属性一起构成了所谓的"公地悲剧"(tragedy of the commons)。

以地下蕴藏的原油储量为例说明此现象:人们在地表之上无从知道该原油带的大小,那么不出意外,该原油带也没有相应的地表之上的法定边界。土地的所有者只有通过钻井至该原油带,才能获取经济利益。

钻井的法律(和经济)驱动就是人们所熟知的普通法下的"捕获法则"(rule of capture),即由获取者拥有。该法则奖励在其他人之前钻井获取原油者,而将其存储在地下者并不能在未来获取最大化利益。捕获法则鼓励土地所有者抢在其邻居或土地租赁者之前动手开采石油。由此引起的灾难在于准公共物品被过度消耗,而非根据市场需求进行生产。当某一资源被过度消耗时,该资源相关的自由市场便处于失衡状态,通常需要政府监管来纠正市场失灵。例如,《国家石油和天然气节约法》就是针对由捕获法则引起的公地灾难的监管对策,该法律试图通过明确所有权、限定产量和节约供应,以防止过度消耗。

3.公共物品

空气、阳光和风不能被人们像拥有一吨煤和一公顷森林,甚至流动的石油和天然气那样的方式被拥有。因为所有权(即个人对特定公共物品的法律权利和义务)不能被完整确定,这类物品具有不同的经济后果。

首先,这类资源难以被占有(控制),并且在很多情况下,即使对其占有(控制)也不可能被确认。人们可以利用太阳能和风能,但无人可以捕获阳光或者拥有风。其次,鉴于难以对空气、太阳和风进行占有、控制或转让,相关的"权利"不能被完整确定。虽然有风电销售,但无人能销售风;虽然有光伏发电销售,并且法律保护公民在适当场合下的采光权,但无人能够销售阳光。可以比较两个有关判例。在"泉水碧旅馆诉 4525 有限公司"案[1]中,阳光权诉求被驳回;在"普拉诉马瑞蒂"案[2]中,阳光权诉求被接受。最后,

---

[1] Fontaineleau Hotel Corp. v. Forty-Five Twenty-Five, Inc. (Fla. Dist. Ct. App. 1959).

[2] Prah v. Maretti(Wis. 1982).

也是对经济分析最困难的方面是，无人能排除他人对一些资源的利用，例如所有人都可以沐浴阳光和呼吸空气。

鉴于所有权不能被完整地确定或转让，也不能排除他人利用，由公共物品形成的"产品"不能被合理定价。事实上，公共物品的价值常被低估。按照经济学理论，公共物品也因此被过度利用。在学习公害法（nuisance law）时，我们已（特别是）通过环境污染事例了解了这一现象。如果一家工厂不安装污染控制设备时的生产成本比将安装的污染控制设备的成本计入价格时低，该厂家就会宁可污染河流而不安装污染控制设备。

低估价值和过度使用导致浪费和外部性（externalities）两个相互关联的结果。浪费是因为除了资本成本外，对公共物品的利用没有成本，导致对公共物品远远超出其"真实"价值的过度利用。外部性的出现是因为，即便是风和太阳光没有成本，风电厂和光伏电站的使用者可能因建设这些电站而阻碍视野，或以增加社会成本的方式使用土地，而这些成本没有被计入风电或光伏发电的售价中。对低成本或零成本资源的过度利用会产生社会成本。这些社会成本被准确地称为外部性，因为它们在产品价格之外，没有被计入产品价格。

尽管我们不加区别地使用自然资源、财产和物品，但请注意不同的资源具有完全不同的影响经济、政策和法律分析的财产权特征。

1.2 市场的优越性

我们对经济学的讨论集中于微观经济分析。微观经济

11

与宏观经济的不同之处在于,前者关注市场中公司个体的运营,后者则关注整体经济的表现,如失业率、市场中的货币总量、利率和其他属于联邦储备委员会主席阿兰·格林斯潘[1]所关注的问题。

微观经济中的市场具有包括效率在内的一些优越性,亚当·斯密在其《国富论》中对这些优越性进行了经典且精辟的论述:"每人都不断地寻求对其个人(而非对社会)最有效的方法利用其所掌管的资产。但对其私利的探求自然地(或者必然地)使其选择对社会最有利的资产利用办法……他通常当然无意于促进公共利益,也不知道其在何种程度上促进了公共利益。只因个人之安全,他偏爱国内而非国外产业;也是因其私利,他以最大产出价值的方式组织生产。在此,跟其他很多情形一样,他非出于本意但被一只看不见的手所引领来推进一个目标。尽管社会不是其关心的对象,但这对社会不总是坏事。较之于真正意欲促进社会利益,追逐其私利通常更能达到促进社会利益的目的。"[2]

通过亚当·斯密所谓的"看不见的手",市场交易是在买卖双方就货物和价格讨价还价时达成的。在竞争性市场上,讨价还价使得买方和卖方均获取最大的盈余。换言之,讨价还价使得消费者能够以其最希望的价格购得最想要的商品。同样,生产者能够通过提供新产品、创新和其他活动来满足消费者的需求。简言之,市场交易最大限度地提高了经济运行效率,资源被配置到由消费者和生产者之间自由竞价所确定的价值最大化用途。

---

[1] 译者注:时任主席。

[2] The Wealth of Nations, Id. At 65-66.

如此,财富得以最大化,创新被鼓励,消费者和生产者的盈余最大化,人们的需求得以满足。只要所有的消费者在以金钱为选票且所有选票同等有效的市场中是自由和平等的,社会的自由和平等便得以最大限度地实现。市场的鼓吹者因此声称市场有得到良好的政治和经济结果的功效。

完全竞争市场是市场发挥其优越性的必要条件。完全竞争市场具有以下特征:(1)众多买方和卖方;(2)同质性商品;(3)交易的商品有足够大的量,没有任何单一买方或卖方具有市场支配能力;(4)充分的商品信息;(5)可以自由进入和退出市场。

在多数城市,比萨饼市场是一个很好的完全竞争市场的例子。众多的比萨饼店的存在,使得没有一家比萨饼店能够控制市场。虽然消费者有不同的偏好,但所有的比萨饼都只是比萨饼,比萨饼之间没有本质的差异,属于同质性商品。消费者很容易获取包括配料、价格、送餐等完备的商品信息。同时,开设比萨饼店(市场进入)或将比萨饼店转为三明治店(市场退出)的投资均不大。

经验告诉我们,市场并不总是满足上述所有特征。在讨论市场失灵时,我们会发现缺失某些特征时的情况。有一个著名例子,20 世纪初的标准石油公司(Standard Oil Company)所占据的,就是没有任一上述特征的市场。该公司因控制本国的石油市场而被判决为垄断,见"新泽西州标准石油公司诉美国"案[①]。这也是市场参与者竭力阻挠竞争的一个判例。市场参与者试图消除其他参与者、对产品

[①] Standard Oil Co. of New Jersey v. United States (S. Ct. 1911).

进行差异化、夺取市场、控制产品信息和限制进入。试想微软的情形,比起与苹果电脑和 Linux 竞争,比尔·盖茨是否更喜欢微软是"独此一家,别无分店"的生意?

1.3 市场运行

假定市场具有竞争性市场的必要特征,市场则通过下述方式运行以发挥其优越性。

1.3.1 需求

需求法则是驱动市场运行的基本经济学法则。该法则是,人们购买更多同一商品的意愿随价格提高而降低。比如,当无铅汽油的售价由每加仑 2.2 美元提高到 3.5 美元时,在需求法则作用下,人们就会购买更少的汽油。图 1-1 中向下倾斜的需求曲线说明了需求法则。

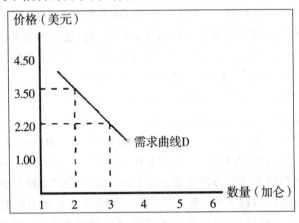

图 1-1

简单讲,需求随价格上升而下降。如图所示,当价格为

14

2.2 美元时,购买的汽油为 3 加仑;但当价格为 3.5 美元时,购买量为 2 加仑。考虑一下当 iTunes 单曲价格由 0.99 美元提高到 1.25 美元时,你买更多还是更少,便知道需求法则是否正确。

1.3.2 供应

与需求法则对应的是供应法则。随着价格的提高,生产者更愿意向市场提供更多的商品。典型的供应曲线是上扬的。木头的价格越高,向市场供应的木头的量就越大。如图 1-2 所示,当每根木头的价格为 50 美元时,市场上木头的供应量为 4 根;但当价格为 40 美元时,供应量则仅为 3 根。同样的,如果你是石油生产商,当油价由每桶 80 美元提高到 120 美元时,你是否会生产更多的石油?

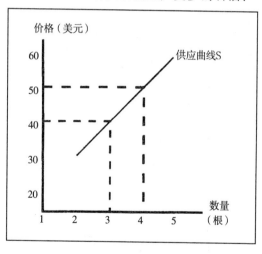

图 1-2

这些简单而且可能显而易见的需求法则和供应法则对自然资源经济学非常重要。石油钻探业务随全球原油市场上油价升高而活跃,以期从有利的市场中获利。同样,当跨州市场的天然气交易价降低到低于州内天然气市场的价格时,天然气生产商就会将更多的产品投放到利润更高的州内市场。

需求和供应法则决定生产什么商品和采用什么资源进行生产。当石油的价格高于天然气的价格时,按照供应曲线,生产商会生产更多的石油;按照需求曲线,消费者会购买更多的天然气。生产商希望价格高,消费者则希望价格低,这似乎是一个不可调和的矛盾。其实不然。消费者更多的需求抬高了价格,生产商更多的供应降低了价格,生产商和消费者之间的供需关系使市场达到平衡。

1.3.3 供需平衡

假定煤的市场供需平衡价格(E)是每吨 23 美元,即图 1-3 所示的供应曲线和需求曲线的交点为每吨 23 美元。

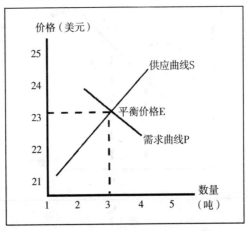

图 1-3

16

在平衡点（E），3吨煤以每吨23美元的价格成交。对一个竞争市场（即有众多的买方和卖方）而言，没有任何单一买方或卖方可以左右价格，因为买方可以以每吨23美元的价格采购到所需要的煤，所以没有卖方能够以每吨24美元的价格供应煤。同样，因为没有生产者会以每吨22美元的价格供应煤，也就没有消费者能够以每吨22美元的价格购买到煤。否则，煤生产商会破产。上述情况仅发生在充分竞争的市场上。在缺乏此类高度竞争的情况下，生产商和消费者将进行价格试探，可能会以22美元或24美元的价格成交，直至商品的最优配置在价格23美元处达到平衡。

价格平衡还有其他作用，尤其是在涉及政府价格监管时。假设政府出台保护煤炭生产商的补贴政策，将煤的价格提高到每吨24美元。该补贴有下述作用：因生产商向市场提供更多的产品，补贴提高了价格和供应量。由于价格提高，需求降低，结果是供大于求。同理，假设政府为了保护消费者，出台限价政策规定煤价为每吨22美元。此时，限价降低了价格和供应，提高了需求，结果是供不应求。在这两种情况下，政府的政策选择均导致了市场失衡。

1.3.4　成本

生产商在有利可图时向市场提供商品，其利润是销售收入与成本之差。当油井的钻探成本超过石油销售收入时，钻探或石油生产就会停止。

成本有其模式。在生产初期，因涉及初期投资，生产成本较高。随着产出量的增加，成本降低。生产第一桶石油的初始成本非常高，但其后生产的上千桶石油的初始成本降低。成本一直随产出的增加而降低，直到出现递减收益，即必需进行新的投资以钻探更深、采用二次采油技术或钻探新的油井。这些活动均会增加成本、降低利润。换言之，单位产出的成本随产量的增加而降低，直至出现递减收益，然后成本上升，形成"U"形成本曲线。

区分边际成本和平均成本也很重要。平均成本由总成本（C）除以总产量（Q）得出，如图 1-4 所示。需要注意平均成本在现实世界中并不实际存在，只是计算的结果。

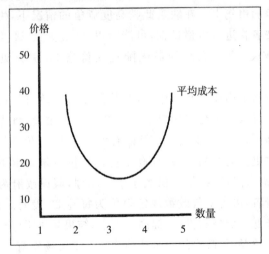

图 1-4

边际成本是生产下一单位产品的成本。边际成本曲线与平均成本曲线不同，稍微有些平移，以反映与收益递减法则相联系的成本。在整个生产周期内，单位成本首先降低，然后因生产需要更多的投资而上升。平均成本与边际成本的比较见图 1-5。

了解平均成本和边际成本的区别也很重要。以一口油

18

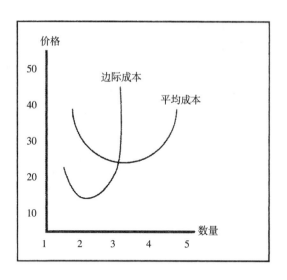

图 1-5

井为例,生产 1000 桶石油的总成本为 20000 美元,则每桶平均成本为 20 美元。如果因为更高的钻探成本,生产下一桶石油的成本是 25 美元,则平均成本大约为 20.005 元(20025 美元,1001 桶),而生产第 1001 桶石油的边际成本为 25 美元。因为第 1001 桶石油准确的生产成本是 25 美元,所以生产商应对其收取 25 美元,而非 20.005 美元。

鉴于平均成本低估了存在通货膨胀时的当前成本,区分平均成本和边际成本也是很重要的。边际成本可以更好地说明当前生产成本和利润率。由于边际成本曲线能更好地反映当前生产成本和利润率,每个公司的边际成本曲线一般与其供应曲线吻合。

1.3.5 边际收入

对边际收入的讨论能够说明为什么生产下一单位的边

际成本能更准确地反映成本(和利润)。最佳的定价和利润取决于边际收入,而非总收入。生产商希望实现利润最大化,但销售最多的量并不能达到利润最大化。仅当边际成本等于边际收入时,才能实现利润的最大化。表 1-1 说明了收入和利润的关系。

表 1-1　收入和利润的关系

数量	价格	总收入	总成本	总利润	边际成本	边际利润
1	10	10	8	2		
2	9	18	10	8	2	8
3	8	24	14	10	4	6
4	7	28	16	12	2	4
5	6	30	18	12	2	2
6	5	30	20	10	2	0
7	4	28	22	6	2	-2
8	3	24	24	0	2	-4
9	2	18	26	-8	2	-6
10	1	10	28	-18	2	-8

　　当销售 5 个或 6 个单位时,总销售收入达到最大值 30。而当销售量达到其最大值 10 个单位时,总销售收入为 10。由于竞争性市场中需求和供应法则的作用,价格一定随销售量的增加而降低。为了提高销量,生产商需要降低价格,因而就有使总销售收入降低的可能。但即便在打"价格战"时,销售者也不能无休止地降低价格。如表 1-1 所示,当销量超过 6 个单位时,总销售收入开始降低。在生产周期的某些点上,总销售收入不再随销量上升而增加。

　　鉴于销售收入都是 30,从收入的角度看,销售 5 个或者 6 个单位没有差别,但总利润却不同。总利润为总销售收入减总成本。销售 5 个单位时的总利润为 12,而销售 6 个单位时的总利润为 10。因此,销售 5 个单位较之于销售

6个单位的利润更大。请注意，当边际收入等于边际成本时，利润最大化，即边际成本＝边际收入＝2。

1.3.6 需求的价格弹性

根据需求法则，需求随价格变化而变化，一般而言，需求随价格升高而下降。一个更恰当的问题是"需求随价格变化的变化率是什么？"如果1％的价格上升引起1％的需求降低，则存在单位价格弹性（unitary elasticity）。当价格上升一定百分比导致需求以更大的百分比降低时，我们称这种情况下的价格为弹性价格。当iTunes单曲价格上升到5美元时，你会不会购买更少或不再购买歌曲？

对一些价值很高的商品，需求降低的百分比低于价格上升的百分比。我们称其为价格的非弹性。在价格非弹性情况下，生产商可以提高价格，而不会导致需求的同比例下降。价格非弹性产品的例子包括水或者血液，人们不会因价格升高而停止购买。非弹性的需求可以增加生产商的收入，并会造成更多的资源从消费者到生产商的转移。在过去相当长一段时间内，人们认为电价缺乏弹性，如果没有公用设施当局的严格监督，电力公司会通过提高电价而增加利润。但是，由于电力和所有能源价格的上涨超过了通货膨胀率，消费者对此的反应是减少消费，需求下降导致了电价降低。

完全竞争市场的六个特征使得市场能够发挥其优越性。圆珠笔、平板电脑、手机和汉堡包等市场具备使竞争性市场发挥作用的基本条件。在这类市场中有很多买方和卖方，商品品种也很多。结果是，随着买方和卖方不断地进入和退出市场，市场价格通过竞争形成了。对于自然资源，尤其是用于生产能源的自然资源，因存在市场失灵的情况，通常不能形成有效的竞争。包括石油和天然气在内的一些资源可能具备财产的特征(请注意其地下可流动性),在缺乏政府监管时,这些特征妨碍了向市场的供应。包括电力和天然气输送的其他一些行业的结构,决定了公司具有对消费者施加市场支配力量的能力。另外,对其他一些资源如空气和水的利用具有成本,则没有被计入产品定价。当市场中缺乏竞争时,政府可以通过行政干预来弥补市场失灵,恢复市场竞争秩序。

1.4　市场失灵

在政治经济学中,我们应当认识到市场失灵会产生两个影响。首先是实证性的影响,即要识别市场中存在的缺乏效率和不公平。其次是其规范性的影响,即一旦发现市场失灵,市场缺陷成为政府干预的理由,有助于选择合适的行政干预手段。下面列示的市场失灵情形选自史蒂芬·布雷耶的学术著作《规制及其改革》[①]。

1.4.1　垄断

公用设施和铁路等行业的结构仅允许少数几家公司,甚至只有一家公司涉足此行业。这些行业的进入成本高,其商品没有有效的替代品,因此业内企业倾向于行使市场垄断或寡头垄断权力。因缺乏竞争,这些公司不需要按照市场的供求法则或其成本定价。相反,具有垄断地位的公

[①]　Stephen Breyer, Regulation and Its Reform (1982). 译者注:中译本,见史蒂芬·布雷耶:《规制及其改革》,李洪雷、宋华琳、苏苗罕、钟瑞华译,北京大学出版社 2008 年版。

司可以靠限制产出来增加利润,取得超过竞争市场价格的高价,造成公众利益损失。垄断是自由竞争市场的反面,垄断及其缺陷可以由图 1-6 说明。

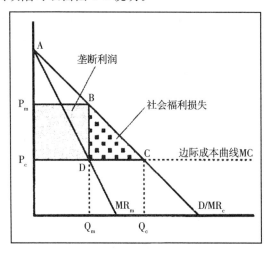

图 1-6

上图说明垄断者如何定价。边际成本曲线(MC)和垄断边际收入曲线(MR_m)的交点与其和需求曲线(D)的交点不同。需求曲线也是竞争市场的边际收入曲线(MR_c)。因 MC 和 D/MR_c 的交点为 C 点,竞争市场的商品价格为 P_c,销量为 Q_c(将该行业视为一个竞争市场中的公司,这里 MC 是一条直线)。

MC 和垄断边际收入曲线 MR_m 的交点确定垄断价格和产出,对应价格为 P_m,供应为 Q_m。注意,因为垄断定价,价格由 P_c 提高到 P_m,产出由 Q_c 降低到 Q_m。此外,垄断定价还引起其他后果。

较低的产出和更高的价格对应的垄断利润为矩形阴影

部分 P_cP_mBD。阴影三角形 BCD 对应的是损失的消费者盈余或公众利益。由于提高了价格，垄断产出低于竞争市场产出，使得消费者不得不部分地放弃对垄断产品的消费。对此放弃的消费，消费者支付意愿的边际福利大于生产的边际成本。换言之，愿意以 P_c 到 P_m 之间的价格购买商品的消费者，因产出降低而没有可供其消费的商品，而被剥夺了消费的机会。因此，垄断市场中的消费者支付了高于竞争市场的价格，并且必须放弃一些消费机会。

另一种用图表示该损失的办法是比较竞争市场和垄断市场对应的消费者盈余，前者由大三角形 ACP_c 表示，后者由小三角形 ABP_m 表示。这两个三角形对应的消费者盈余之差构成垄断利润和公众利益损失。

因较竞争市场价格更高、产出更低、消费者盈余较完全竞争时小，行使垄断权力被认为与公众利益不一致，需要通过监管，将价格降低到竞争市场的水平。

通常认为，供电和天然气公用设施是"自然垄断"行业。理论分析认为，鉴于土地购置、设施建造等需要大量资金，而导致进入资本成本高昂，两个或更多的公用设施公司服务同一地区，会造成经济上的浪费。当一条供电线路能够满足社会需要时，建设多条供电线路也会造成浪费。政府定价可以避免浪费和垄断利润。

1.4.2 租金控制

监管的另一个目的是控制意外利润（windfall profits）[①]，意外利润也被称为经济租金（economic rent）。当某

[①] 译者注：意外利润（windfall profits）通常也翻译作"暴利"，如《暴利税法》。

资源的价格意外升高,而其成本没有相应增加时,便出现经济租金。20 世纪 70 年代,美国曾通过原油暴利税(Crude Oil Windfall Profit Tax)对石油行业进行监管。它的理由是,如果允许石油价格提高到(由欧佩克控制的)国际市场的高位水平,国内已生产的价格较低的石油库存,在不增加任何额外生产成本的情况下,其价格也将提高到同一水平。其结果是,由与国内石油生产成本无关的石油库存带来了更高的利润。此利润被认为过高,是国内石油公司的"意外之财"。鉴于生产商没有"创造"此部分利润,美国政府对这些意外利润征税,并将此税收用于公共目的。中东地区的政治动乱经常造成国际油价脱离国内生产成本而上升,国内石油生产商也因此获得了经济租金。

1.4.3 外部性

外部性是指不由交易双方承担的成本。假如一家生产企业被允许排污,造成的环境污染导致周边房地产贬值。对做出允许工厂生产的决定而言,该房地产贬值是其外部性或外溢的成本。因为造成污染的企业不会主动承担社会成本,生产的产品的价格不反映生产的总成本,需要监管进行补救。通过环境立法,建立空气、水和土地的保护标准,这是政府解决外部性问题最常用的监管手段。

1.4.4 信息成本

因信息收集和传播的高成本,私人企业可能不向消费者提供信息,因此也应制定一些监管措施。信息本身具有价值。通常,企业不会主动承担费用以收集和传播信息,也不愿意提供任何有价值的信息。因此,为了能使消费者获取做出决定需要的足够信息,政府需要进行行政干预。

对抽烟有害健康的警示和汽车油耗及商品成分的标识

均是政府法定信息披露的例子。因为市场不主动提供此类信息，政府干预使得企业提供消费者做出选择所需的信息。消费者作为一个群体，在政治和经济方面，可能具有获取该信息的兴趣和资金，但单个的消费者则不然。鉴于将很多的消费者联合起来的巨大成本，期望消费者能够以这样的形式获取信息也是不现实的。

1.4.5　过度竞争

过度竞争也是一种市场失灵形式，它的特征是通过过低的价格，使得竞争对手停业。在多数企业退出市场后，业内的少数企业便可以进行垄断或寡头垄断定价。对此，政府的监管对策是，将价格限定在多数企业能够有竞争力地持续经营的水平。航空和货车运输业常被认为是过度竞争行业。这些行业提请政府提供过度竞争救济和制定保证合理利润的价格。由于这些行业不再是政府管制行业，各界经常争论的问题是，取消政府管制是提高还是降低了这些行业的竞争。例如，政府取消对航空业的管制，增加了航班数量，价格在一些市场上上升，在另一些市场上则降低，服务水平降低了，新的进入者又被逐出市场。不时有要求政府重新对此行业进行监管的呼声，甚至业内企业也发出此类呼吁。

1.4.6　稀缺资源分配

对某行业进行监管也可能是为了消除稀缺之目的。例如，当天然气紧缺时，生产商可能认为向一些消费者供气比向另一些消费者供气更为有利可图。在趋利的市场中，稀缺与利润共生，但稀缺并不一定促进资源的公平分配。当出现天然气短缺时，政府干预可以将资源分配到如医院、学校和重要的生产设施等最需要天然气的地方。

1.4.7　合理化

合理化的另一种说法是标准化。不同厂家生产同一接头口径的电灯泡、生产同一规格的电能有助于提高效率。当一个或少数企业控制了某一市场,它们就没有接受广泛应用的标准的动机。政府则可以通过合理化干预来推动实现行业的标准化。

1.4.8　父爱主义

正如其字面意思,父爱主义(Paternalism)[1]指因政策制定者希望纠正或避免一些行为,有时会直接干预市场。限速、对杀虫剂的标识要求,以及制定汽油标准被认为是政府进行父爱主义监管的典型形式。

1.4.9　道德风险

道德风险指因当事人失去采取预防措施的动机,而使发生损失的可能性和损失的规模加大的情形。想象由他人付款的情形,可以帮助理解道德风险。与费用内部化(自负费用)相比较,费用报销、保险和医疗福利具有怂恿消费者更多地消费的作用。在 2008 年至 2010 年次贷危机期间,道德风险这一术语常被用于说明联邦政府对"大到不能破产"的银行所进行的救助。当金融机构知道很可能会得到联邦财政救助时,它们可能且确实进行了风险更高的金融交易。在能源和自然资源领域,按照历史成本对天然气和

---

① 译者注:父爱主义(paternalism)又称家长主义,它来自拉丁语 pater,意思是指做出像父亲那样的行为,或对待他人像家长对待孩子一样。当然,这里是指具有责任心和爱心的父亲或家长。父爱主义是匈牙利经济学家亚诺什·科尔内提出的理论,学界在使用父爱主义概念的时候,存在着诸多分化和分歧,有的将所有带有"善意"的法律行为都归结为父爱主义,有的将带有"善意"和"强制"规定的法律都归结为父爱主义式的。

电力定价，也是道德风险的一种形式。因为知道消费者将通过更高的价格支付设施的建设成本，公用设施公司可能会建设过多的设施。这种定价模式导致了 20 世纪 70 年代的产能过剩。

1.5　经济学和政府监管

在本章开始时，我们提到政府监管是一个具有两个阶段的过程。虽然政策制定者希望市场公平且有效地发挥其功能，但市场并不总是如此，有时会出现失灵。这些失灵情况构成政府干预的理由。在美国，各级政府都有很多监管职能。联邦的监管政策规定食物的标识说明、州政府的不动产税影响公立学校的财政、当地政府的用地规划决定了不动产的具体用途。尽管政府的监管政策五花八门，但其干预市场的原因只有如史蒂芬·布雷耶所列示的不多的几种市场失灵的情形。同理，对市场失灵也只有不多的几种监管对策，这是我们希望读者能从本书学到的有价值的知识。我们希望读者能了解到在不同的情况下应该使用的监管措施。例如，限价在不同时期被应用于电力、天然气、电话和有线电视的定价。同样，我们通过核电站、制药和广播电台使用许可的例子，说明了特定的监管措施的灵活性。

鉴于仅有不多的需要进行干预的原因和相应的监管对策，为什么会有如此多的政府监管政策呢？我们期望通过讨论不同的能源立法和能源政策来回答此问题。我们将要讲述的故事有其历史的纵深，并伴随着法律、政策和政治以不同的面目相互交织。从开国至今，政府监管一直存在，并将毫无争议地继续存在下去。并且，监管似乎存在着一种特定的（我们将要介绍）模式。

1.6 监管过程的生命周期

在美国和其他资本主义民主国家中，政府政策的制定者（决策者、立法者、执法者和法官）以自由放任的经济政策（laissez-faire）为前提和起点对社会进行思考。鉴于前述的市场的功效，自由市场是优于政府监管的选择。但是，公平竞争更多是一种理想，而非现实。现实情况是，当市场失灵时，政府监管常被用来纠正市场的缺陷并稳定市场。政府监管若不能达到其目标，整个体系可能就会面临监管失灵。因此，我们可以将政府监管的过程视为一个大体由六个阶段构成的生命周期，如图 1-7 所示。

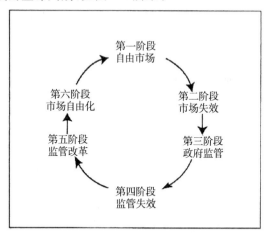

图 1-7

第一阶段是自由市场阶段，政府对某一行业或市场不予干预。与资本主义民主政体相一致,在该阶段政府采取了自由放任的经济政策,即有限政府阶段。如果市场运行良好且公平有效,政府干预则无助于改善状况。面对运行良好(公平且有效)的市场,即便是最低限度的政府监管也会增加不必要的管理成本,从而降低分配效率和引起不公正的分配结果。对这类市场,政府的价格或数量控制不会改善市场运行。相反,此类监管可能提高价格、降低供应、将一些生产商赶出市场,并因此减少竞争。

实现或保持理想的自由竞争市场是困难的。因为存在前述的市场失灵情况,市场时常处于失衡状态。市场失灵的出现和认定,成为政府对私人企业进行干预的理由,使得监管过程从第二阶段进入第三阶段。

由于政府必须对认定的市场失灵采取正确的监管措施,第三阶段的政府干预理由构成政府监管的必要但非充分条件。采取错误的监管措施的后果可能使经济恶化,而非改善经济状况,如采用价格支撑来纠正信息失当。政府监管的目的是改善特定市场环境,使其更有效、更公平,或两者兼而有之。

错误的监管措施可能使政府对私人企业的干预成本更高,成本的分摊更不公平,或两者兼而有之。使用不适当或不正确的监管对策,将导致第四阶段的监管失灵。通常,人们会质疑监管的成本或者监管的成本是否大于其效益。对监管成本和效益的分析,产生了很多最终需要通过政治程序来解决的技术、社会和政治问题。但需要解决的问题总是相同的,即监管的成本是否超出其效益,比如,实施清洁空气法的监管成本高于其效益,则出现监管失灵。

对监管失灵的反应有两种。在监管过程的生命周期的最后两个阶段,政府可以通过第五阶段的监管改革纠正监管失灵,或者通过第六阶段的放松监管,不再干预市场,使得市场回到第一阶段的自由竞争阶段。

不是所有的监管过程都历经上述的每个阶段。例如,当出现第四阶段的监管失灵时,并不一定出现一揽子的监管改革,而是直接进入放松监管阶段。上述的监管过程生命周期和与其相伴的对效率和公平的追求,说明了政治程序在政府监管体系中的作用。政府监管的思路是,直面市场不总是平稳运行的现实,纠正市场的不公平。随着对能源法的进一步学习,读者会就政府对经济的监管深度和广度提出更多的问题。

第 2 章　能源政策

2.1　引言

从某种程度上说,在这里采用"能源政策"一词有些用词不当。在一个层面上,虽然不同总统执政期间发布的报告和若干能源立法被称为"能源政策",但美国还没有整体全面且协调一致的国家能源政策。与此相反,这些报告和立法主要是为解决特定行业或具体问题,比如受到限制的天然气市场或简化核电站许可。但在另一层面上,可以概括认为美国已建立起"传统能源政策",该政策在大约一个世纪里发挥作用,具有可辨识的特征并支撑特定行业的发展。

简言之,传统能源政策主要是关于化石燃料的政策,它鼓励发展大规模、集约化的能源产业。本章将说明大体可被称为"能源政策主流模式"(energy policy dominant model)的演变,但需要注意的是这里对"政策"这个术语的使用不太严谨,政策并非指为将来做出的相互协调且经深思熟虑的计划。本章还将勾勒出能源政策的变革脉络,探讨其与能源、经济增长、环保与国家安全等现实需求的互动。

2.2 能源背景知识

我们应该掌握一些能源术语。首先,能源的标准定义是"做功的能力"。美国使用的大部分能源来自自然资源,如石油,经提炼转化成汽油后,成为运输业普遍采用的燃料。其他的自然资源主要是煤。煤燃烧加热水产生蒸汽,蒸汽推动汽轮机发电。事实上,读者将会了解到,在美国的能源经济中,石油和电力大约各占一半。作为开车和使用计算机的个人消费者,我们不仅了解这些资源,也离不开这些资源。

将自然资源转化成可以利用的能源,涉及两个对能源政策也很重要的定律。其中,热力学第一定律是能量守恒定律,即能量可以转变形式,但不会消失,这就是爱因斯坦著名的等式 $E = mc^2$ 所揭示的现象[①]。在上述发电的例子中,煤中储存的生物能转化成蒸汽中的热能,该热能再转化成电能。如果计量所有的能量——势能、热能和机械能等,我们会发现在能量转化前后,总能量保持不变。热力学第二定律是熵(entropy),即能量从局部的或有限的空间向无限的或分散的空间移动,如周围的空气将冰融化和使热锅冷却。

这两个定律与能源政策有直接关系。以发电为例,其步骤是(1)煤燃烧;(2)加热水;(3)推动汽轮机;(4)发电;(5)高电压输电;(6)为你的家用电脑供电。如果我们能够计量以上每个步骤涉及的所有能量,那么它应该与煤中的

---

① 译者注:原书中的公式 $E = M^2$ 不正确。

生物能相等。但是,由于每个步骤中均有一些能量扩散到空气或其他介质中,所以生物能不会百分之百地被转化成电能,其差异部分被释放到周围环境中。

通俗而言,这部分能量在转化过程中"损失"了。事实上,不是所有的势能都能得到利用。例如,假设一吨煤蕴含的能量足以为 100 户家庭供热,但当煤炭燃烧发电并经电网输送之后,它只能为 30 户家庭供热。也可以说,这样的燃煤只有 30% 有效,其中"损失"的能量使得能源政策具有重要意义。如本书接下来所述,我们可以通过提高自然资源使用效率或能源系统效率的方式,从高"效率"中获取能源。

2.3　能源概况

下面的几个图表来自美国能源信息署的《2009 年年度能源综述》[①]。其中的一些图表反映了美国在 2009 年之前的 50 年间的能源情况,这段能源历史揭示了能源政策的三个主要方面。

首先,图 2-1 表明,直到 20 世纪 50 年代后期,美国是能源自足的国家。其后,能源消费特别是对石油消费的增长,超过了国内生产的增长,美国成为能源的净进口国。

---

① Annual Energy Review 2009 (August 2010).

34

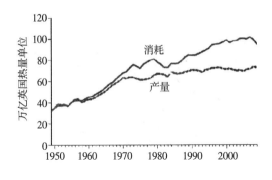

图 2-1

下面三个图说明了美国 2009 年之前的 50 年中能源的进出口变化趋势。图 2-2 为 2009 年产量与消耗概况。图 2-3 为 1949—2009 年美国能源进出口概况。图 2-4 为 2009 年能源流动情况(单位均为万亿英国热量单位)。

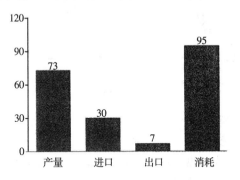

图 2-2

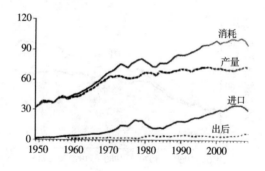

图 2-3

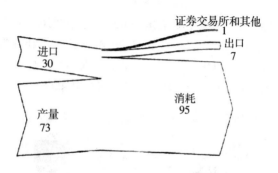

图 2-4

就能源进出口而言,图 2-5 和图 2-6 说明美国是煤的净出口国、石油的净进口国。

另外,我们也可以看出,美国 2009 年进口能源约占能源消耗的 30%,其中大部分为石油。

能源进口

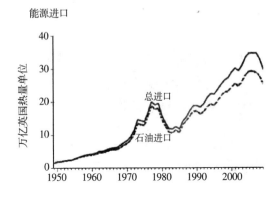

图 2-5

能源进口

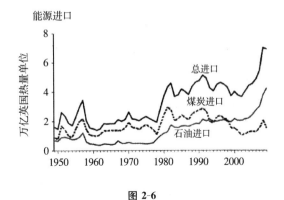

图 2-6

　　第二个主要事实是众所周知的能源消耗在持续增长。正如图 2-7 的美国能源信息署（EIA）"年度能源展望之2035 年预测"所示，到 2035 年，我们的能源消费预计将增加 15%，从 100 万亿英热（Btu，1Btu＝1054.35J）增加到115 万亿英热。

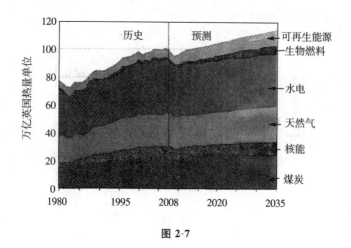

图 2-7

正如后面的能源政策变迁过程所述,能源消耗的增长对能源政策有重要影响。为便于讨论,我们在此提出一个简短的问题:能源和经济的关联关系是什么?换言之,如果存在直接关联关系,那么就意味着我们消耗的能源越多,经济就越好。在 20 世纪的大部分时间内,人们无争议地认同这一关联关系。但随着民众和政策制定者更多地了解能源生产所引起的负面环境影响,人们开始质疑关于能源消耗和经济之间关联关系的假设。详见阿摩瑞·罗文斯的《走向持久和平的能源坦途》①。

以上各图反映的第三个主要事实是,在过去超过 50 年的时间内,能源生产的资源组合没有重大变化。简言之,在大部分时间内,我们的能源经济和主流能源政策更偏爱包括石油、天然气和煤在内的化石能源,而不重视包括沼气和

---

① Amory Lovins, Soft Energy Path: Toward a Durable Peace (1977).

地热在内的替代能源,或风能和太阳能这样的可再生能源。虽然替代资源和可再生资源在能源政策中发挥越来越重要的作用,但如图 2-8 和图 2-9 所示,替代能源和可再生能源的总体作用尚小。

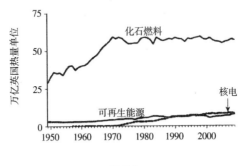

不同种类能源的产量——历史统计

图 2-8

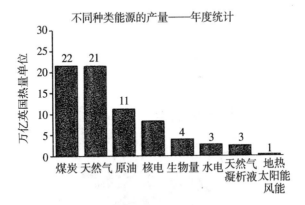

不同种类能源的产量——年度统计

图 2-9

最后,我们应当了解能源消费的具体领域。图 2-10 和

图 2-11 反映了四大能源消费领域的统计情况。我们都熟知居民以及商业领域主要使用电力用于加热、照明和制冷，较少使用燃油和天然气。运输业（地面和航空）几乎只使用石油制品。工业领域的制造工艺使用各种能源，也同样用于加热、照明和制冷。

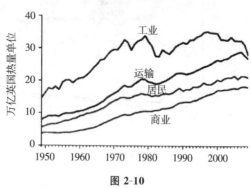

能源消费——历史统计

图 2-10

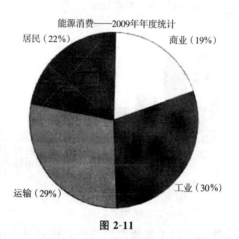

能源消费——2009年年度统计

图 2-11

英国热量单位(英热)是一个非国际通用但很常见的能量计量单位,可以用以比较一吨煤、一桶石油或一千瓦时电所对应的能量。其他的能源计量单位包括以下几种。

一桶石油=42 加仑石油

一千瓦时电=3413 Btu=104 立方英尺天然气(1 立方英尺≈0.028 立方米)

一立方英尺天然气=1035 Btu

这些计量关系之间的换算如下。

一桶石油=1700 千瓦时电

   =5600 立方英尺天然气

一短吨煤=3.8 桶石油(1 短吨=0.907 吨)

   =6500 千瓦时电

   =21000 立方英尺天然气

1000 立方英尺天然气=300 千瓦时电

     =0.18 桶石油

     =0.047 短吨煤

1000 千瓦时电=59 桶石油

    =0.15 短吨煤

    =33000 立方英尺天然气

相关数据表明,美国 2009 年消耗了超过 100 万亿英热的能源。每万亿 Btu 为一夸(quad),等值于 4500 万短吨煤、1.7 亿桶石油或 10 亿立方英尺的天然气。根据美国能源信息署的年度报告,在这 100 夸的能源中,煤占 23%、天然气占 24%、石油占 40%、核电占 8%、可再生能源占 6%[①]。

---

① 原书数据如此,因无法取得原始数据,无法将各项和调整为 100%。

2.4　国家能源政策[①]

　　能源法作为一个特定法律研究与法律实践领域,形成时间相对不长。用以应对 1973 年阿拉伯国家石油禁运和 1979 年伊朗伊斯兰革命的一系列立法活动,构成了目前所谓的能源法的主体部分。这些法律总体上涉及联邦政府对能源产业各环节的监管,影响能源行业结构,包括能源产品的生产、输送、转化和分销,以及能源消费行业。

　　美国和其他大多数国家目前正处于能源的生产和利用的第二阶段。在 19 世纪中叶之前,能源来源于以薪柴为主的可再生自然资源。当时,国家人口基数小,土地辽阔且资源丰富。除了偶尔应用水力和风力驱动磨坊外,薪柴和人力及畜力是主要能源来源。政府官方制定环保政策,是一个世纪以后的事情了。随着德雷克上校于 1859 年 8 月 27 日在宾夕法尼亚州的泰特斯维尔(Titusville)发现石油和爱迪生于 1882 年开始在纽约市发电和输送电力,美国开始了从薪柴和鲸油等可再生能源向目前以化石燃料和电力为主要能源的过渡。当前讨论的未来能源政策,为我们描绘出从化石燃料向清洁低碳能源转变的第三次能源转型的图景。对于未来能源政策,本书第 11 章将具体论述。

　　国会要求总统每两年提交一份国家能源计划,但公平

---

　　①　详见约瑟夫・P. 托梅因(Joseph P. Tomain)的《美国能源政策的主流模式》(The Dominant Model of United States Energy Policy, 61 U. Col. L. Rev. 355)(1990);能源法律社(Energy Law Group)的《面向 21 世纪的能源法和政策》(Energy Law and Policy for the 21st Century, Ch. 6.)(2000)。这两个文献中均有大量参考文献。

地讲,美国并没有一致而全面的能源政策。但是,从 19 世纪后期以来,美国制定能源政策的模式依然有迹可寻,即存在可称为美国能源政策的主流模式。该模式没有丰富的细节,也没有协调国家的几个能源市场和行业,但该模式至少具备了本章将要探讨的可识别的一些因素和主题。

在过去 100 年间,美国政府一贯实施的能源政策是支持私人企业通过市场提供能源产品,采用专门行业的政府监管以纠正市场失灵。比如,监管部门解决核电市场的混乱时不会涉及煤炭市场,虽然二者均为发电行业。该主流模式依赖化石能源(石油、天然气和煤)来解决国内四分之三的能源的生产和消费问题。偶尔,特别是卡特总统当政期间,联邦政府也鼓励发展替代能源。总体来说,替代能源在能源政策中所占比重不大。但可再生能源如风能、太阳能,由于其成本在下降,并为政府所鼓励发展,它们在能源市场上所占比重在不断增加。

虽然能源法只是在近些年得以发展,但是它的法律渊源仍然明晰。这些法律渊源有助于我们认识联邦能源政策的主流模式,理解新近发生的一些事件,探析两者对未来能源规划的潜在影响。自工业革命以来,政府监管一直被用来管控社会所必需的能源的生产和分配,政府监管一直在伴随并推动着能源工业和市场的增长和发展。对能源监管最深入的观察,莫过于注意到私人能源工业和公共能源监管之间的共存关系。

2.4.1　1887—1900 年

现代能源监管始于 19 世纪末的最高法院对"莫恩诉伊

利诺伊州"案①的判决。虽然此案指向的是谷物仓库,但判决为受监管的行业创立了一个重要先例,也影响到能源法。法院注意到"自然垄断"的存在,并因此判决州政府可以为了公众利益,对此类行业予以监管。判决的要旨是政府不能容忍私人企业行使市场垄断力量,并应通过政府定价的方式进行限制。该案是授予政府定价权、确立政府能源决策权和政策制定权的一系列判例中的第一个,请见"联邦动力委员会②诉希望天然气公司"案③。我们将在随后章节详细讨论这两个判例及其影响。

首个现代政府监管机构——美国跨州贸易署(Interstate Commerce Commission,简称 ICC)于 1887 年成立。随着该机构的成立,政府定价成为美国政治经济中的一个活跃部分。虽然跨州贸易署仅监管铁路,但是它拥有的定价权,使其得以建立了包括公用设施在内的自然垄断行业的定价模式。

在 19 世纪末,能源的生产是地方化或区域化的。与当时的能源工业结构相一致,能源决策和能源政策首先是由地方政府制定,随后扩展到所在州。在同一时期,没有综合性的协调自然资源开发和利用的能源政策。相反的,政府对各种能源资源,如石油、天然气和煤炭等进行分类监管。

现代能源产业和能源市场在 19 世纪的最后 25 年间成

---

① Munn v. Illlinois (S. Ct. 1876).

② 译者注:联邦动力委员会英文名称是 Federal Power Commission,即FPC。国内许多翻译将之译为"联邦电力监管委员会"或"联邦电力署",但译者认为如此翻译不妥,因为 FPC 同样也负责天然气领域的监管(就是一个机构的名字,Power 在英文中常指电力,如 Power Market 即电力市场)。

③ Federal Power Comm'n v. Hope Natural Gas Co. (S. Ct. 1944).

形。在此阶段,美国能源经历了两个显著的转变:第一个转变是薪柴完全被煤炭所取代,并开始了从煤炭到天然气和石油的过渡。第二个转变是,伴随能源产业的拓展,能源市场的范围开始由地方扩大到州,乃至扩展到全国范围。在这个能源监管的初始阶段,主流政策模式也开始其萌芽,一系列法律法规出台,能源法律和能源政策得以确立,促进了各个自然资源产业的发展。能源监管源于私人拥有的能源运输系统与公共监管需求之间的相互角力,这种博弈的结果是形成了一系列促进能源产业发展的政策法规。

随着能源的生产和分配逐步从地方扩展到州、州际、全美乃至国际市场,各个自然资源产业也相应取得了发展。为获取规模经济效益,公司的规模变得更大,集中程度更高。政府监管也随之而改变。

2.4.2　1900—1920 年

在 20 世纪的前 20 年间,现代能源产业、现代能源市场以及联邦监管体系已具备了当今的轮廓。美国已不再是一个低能源强度的国家,而是成为依赖大规模、资本密集、集约化的跨州能源生产和分配的高能源强度国家。这种转变首先出现在石油行业,然后是电力行业。联邦能源监管的主旨是促进生产和保证产业稳定,偶尔也要平定由于一些能源公司行使市场垄断力量所造成的严重社会和经济波动。

在工业革命至 20 世纪这段时间内,煤炭一直都是主体能源。即便是今天,美国仍依赖煤炭生产一半的电力。上述期间,石油和天然气市场也得到了发展,标志着从煤到其他化石燃料过渡的开始。随着石油炼化和汽车业等终端用途的发展,油气需求不断增加,石油和天然气市场得以进一步发展。由于煤带有"肮脏燃料"的名声，人们更欢迎更洁净的石油和天然气作为替代能源。到 1926 年，石油占据美国能源市场份额的近五分之一。尽管发生了由固体化石燃料到液体和气体化石燃料的过渡，但是联邦政府从来没有放弃过煤炭。联邦政府没有坐视这种过渡，为支持煤炭行业，政府鼓励煤炭消费，详见约翰·G. 克拉克的《1900－1946 年间的能源和联邦政府化石燃料政策》[①]等文献。

从结构上讲，煤、石油和天然气行业既有影响政府监管的相似之处，也有不同。它们之间的根本区别在于各类资源具有不同的业内竞争度和需求水平。在这三个行业中，煤的生产始终是竞争最激烈的行业。基本的相似之处在于，每个行业均存在运输瓶颈。对石油和天然气而言，管道是瓶颈；对煤而言，铁路则是瓶颈。

在 20 世纪的前 20 年内，石油成为大工业的代名词。由于联邦政府成功赢得反垄断诉讼，标准石油公司及其关联公司控制的市场由 1900 年的 90％下降到 1911 年后的 65％，详见"新泽西标准石油公司诉美国政府"案[②]。尽管如此，32 家石油公司仍控制了 1919 年石油生产的 60％，30 家最大的石油公司控制了 1920 年炼油能力的 72％。

天然气在当时被认为是无足轻重的采油副产品，经常被废弃而不是被利用，天然气行业在初期的集中度很低。在 20 世纪初，只有小规模和地方化的天然气公司。城市煤气的主要应用是街灯，由当地煤气公司所控制。在 20 世纪

---

① John G. Clark, Energy and the Federal Government: Fossil Fuel Policies, 1900－1946(1987).

② Stardard Oil Co. of N. J. v. United States (S. Ct. 1911).

30年代,人们开始接受天然气作为有价值的商品,天然气运输网络逐渐被几家跨州的管道公司所主导。天然气市场的发展,加之石油公司的市场力量,最终促使1938年《天然气法》①的通过,联邦正式对天然气行业进行监管。

在能源行业的这段成长期内,能源市场由地方和州内市场发展为州际和全国市场。联邦政府对私人能源企业的干预是短暂和偶发性的,不同行业和不同能源之间得以在相互竞争之中发展和繁荣。一旦能源市场出现大的波动,主要是生产不畅或运输阻塞时,政府便会干涉以平息波动。总的来说,反垄断法支持下的进步主义②,是第一次世界大战前的政府干预的动机所在。政府通过限制大能源公司滥用市场支配地位来保护消费者。比如,避免石油巨头控制跨州输油管线的《赫普恩法》③,监管铁路煤炭运输的跨州贸易署,防止诸如国内石油公司滥用垄断地位的联邦贸易委员会(FTC),以及管制天然气和电力价格的各州公用设施委员会(Public Utility Commission),均是为了限制市场支配力量。

第一次世界大战只是轻微地动摇了美国黄金时代的信心。约翰·克拉克教授在其著作《1900—1946年间的能源和联邦政府化石燃料政策》中认为战争巩固了私人能源企业的地位。他指出:"在欧洲的战争为工商业提供了通过扩大对外贸易挣取利润的机会。正如很多生意人所见,对已

---

① Natural Gas Act.

② 译者注:进步主义(Progressivism)是指在18至19世纪美国盛行的一种社会哲学。

③ Hepburn Act, 34 Stat. 584 (1906).

经充分扩张的联邦经济而言,美国实在是没有介入冲突的理由。"虽然联邦政府建立了第一个有权监管定价、运输和分配的美国燃料管理署(United States Fuel Administration,简称 USFA),但该署并没有行使这些权力。除了在一些地方进行了诉讼外,该署的首要目标是调拨战争所需要的自然资源,而不是协调能源工业。

美国燃料管理署采用分级管理方式,集中力量于自愿服务、爱国主义和政企合作,而非对市场进行强力的联邦干预。结果是,在战争期间煤炭的产量并没有显著提高,价格政策失败,铁路运输商首先将煤运给出价最高者,煤炭配给监管缺乏协调,只是按地域进行分配。煤炭行业为其过度掌控国家能源市场付出了代价。在第一次世界大战高峰时期,石油和天然气取代了煤炭的地位。尽管如此,联邦政府继续支持煤炭工业。

可以理解,联邦对石油和天然气政策极其青睐,采取了与煤炭行业监管类似的模式。在第一次世界大战期间,对石油和天然气实行的限制政策包括燃料转换、许可证、定价和产量控制以及配给。这些控制没能最终整合成为总体能源政策的组成部分,并最终因停战而停止实行。

1900 年至 1920 年期间的监管奠定了企业和政府之间的牢固合作关系。在 20 世纪的前 20 年,以下因素决定了能源市场的结构:(1)似乎是取之不尽的石油、天然气和煤供应;(2)资源生产和分配范围从地方延伸至区域和州际;(3)持续的市场扩张和能源利用效率提高(比如更低的价格);(4)提高的市场集中度、集约性,实现规模化生产;(5)每个行业均存在运输瓶颈。

以上特点和趋势促成了延续至今的联邦能源监管模式

的形成。联邦能源监管只是对市场情况被动地做出反应，兼管措施与被监管行业的发展相一致。监管者没有对能源市场采取全面的、协调一致的政策。相反的，对煤、石油、天然气和电力行业，按照每种资源的燃料循环进行独立的监管，且监管发生在生产、加工、分配和营销的各个环节。联邦政府是针对单个市场和行业，而非能源生产和分配的整个体系进行监管。

2.4.3　1920—1933 年

在繁荣的 20 世纪 20 年代，作为美国主体能源的煤炭走到了末路，并开始让位于石油。伴随着煤炭向石油的过渡，美国也出现了残酷的社会和经济问题，受害最深者莫过于矿工。很自然，煤矿主热衷于保持其市场份额。但随着煤市场的萎缩，该行业最简单和最符合逻辑的做法是通过降低工资以维持利润。产能过剩和需求降低造成的行业萎缩，引发了残酷的价格竞争和降低工资的压力，矿工罢工随处可见。煤炭市场的萎缩和消费者越来越偏爱石油和天然气反映出市场上的能源替代程度，即个人和企业能够用一种能源（如石油）替换另一种能源（如煤）的能力。

促进能源替代符合国家的政治经济需要，因为它加强了竞争。积极的能源替代也有助于提高能源利用效率，消费者能够根据价格调整他们的能源需求。因此，政府能源监管的主旨是鼓励多种能源在自由市场上齐头并进地发展，而不是鼓励形成某几个或单一的、大规模的政府能源市场。此外，政府监管能否促进在众多能源供应商之间形成足够的竞争，或者是否有利于现有化石燃料公司仍有疑问。

在第 1 章中，我们提到为鼓励石油行业发展，普通法中确立了捕获法则：石油归其开采者所有。捕获法则促进了生产,但也由于采油者力争在其邻居有机会开采之前尽可能多地采油,引起了石油的浪费。为了避免这种浪费,一些州制定了保护石油和天然气的立法。

在联邦层面,联邦政府于1924年成立了联邦石油保护局(Federal Oil Reserve Board,简称 FORB),调查石油行业中被认定的缺陷问题。这些主要问题包括浪费、预计储量的下降和由不时出现的自流井引起的价格波动。最初,联邦石油保护局承担的角色类似于州政府,并实施产量控制。然而,限制产量的计划由于两起事件的发生而流产。第一起事件是联邦石油保护局受到反对限产的石油生产商高层的影响。第二起事件是引起产能过剩的加利福尼亚州的自流井的产量趋于稳定,行业的赢利水平提高,降低对限产的需要。

一年之后,即1926年,由于东得克萨斯和俄克拉荷马的巨型油田的发现,石油市场形势发生扭转,石油巨头们对政府监管的态度也随之改变。原油开始供大于求,并且随着大萧条的发生,市场需求进一步下挫,石油生产商们纷纷向联邦政府寻求救助,要求控制市场上的石油总量。新油田的发现给市场上带来海量的低价原油,每桶原油价格降到10美分以下。这直接导致大型石油公司主动限产,以确保油价能维持在高位。另外,国际原油市场也在不断发育,东海岸炼油厂可以选择进口低价的外国石油。一些大型石油公司为保护其市场,再次要求政府提高石油进口关税。

虽然这些寻求监管的呼声都是名义上要求保护,而实际上是为自身利益,但联邦石油保护局还是选择遵从。但讽刺的是,联邦石油保护局对石油市场的干预非常富有技巧。它推出一系列市场研究,促成各州实行统一的市场统计与预估,这类信息反过来强化了州石油监管,使得州油气保护立法更具合理性。参见诺曼·劳德豪斯《1920年代联邦石油监管的源起》。[1]

联邦石油保护局对石油行业比较友好,它并没有选择限产,而是推动落实石油枯竭补贴措施,以及《1920年矿业土地租用法》[2]允许的对公有土地进行石油勘探开采。简言之,作为一种行业保护主义政策,联邦石油保护局通过强调政府管控,以避免浪费和稳定价格。同时,联邦石油保护局通过控制产出并减少向市场供应的石油量,来允许大公司获得经济租金。如此,联邦石油保护局的监管措施在很大程度上帮助了大型石油公司。

在20世纪20年代末,化石能源(煤、石油和天然气)行业均得到了很好的保护。除煤炭外,其他能源的市场份额均有增长。此外,不同能源之间的竞争和整个能源行业的集中度也有所提高。

在罗斯福的新政到来之前,美国的能源工业、市场和监管体系业已形成了直至今日仍在主导能源规划的模式。石油取代煤成为主导能源,国内大型的一体化公司持续繁荣。除了监管体制的联邦化之外,新政没有对此模式有任何改变。联邦化的主要形式是对能源跨州销售的监管。这并不是一种新的能源政策,而只是顺应了能源市场全国性发展的要求。

---

① Norman Nordhauser, Origins of Federal oil regulation in the 1920's, 47 BUSINESS HISTOR REVIEW 53(1974).

② 1920 Mineral Lands Leasing Act, 30 U. S. C. A § § 49, 50, 351.

2.4.4 新政时期和第二次世界大战

新政尝试将联邦监管引入国民经济的多个领域。罗斯福的经济哲学是，通过稳定市场和为商业提供支持，实现工业复兴。尽管人们仍对能源行业抱怀疑态度，但该行业之前的发展保证了它的生存和增长。

大的石油公司也是新政监管的主要受益者。在 1937 年，20 家大型石油公司控制了 70% 的探明储量和 76% 的炼油能力。到 1941 年，国家临时经济委员会对石油行业的调查报告的结论是"较萧条之前，主要的一体化石油公司显著地增加了储量和原油的生产，并在炼油能力、产品精炼、输油管线所有权和营销方面保持了优势地位"。

煤炭行业的不景气在新政期间依旧持续。该行业的问题包括产能过剩、矿工失业、恶劣的工作环境和定价混乱。新政期间政府并没有坐视煤炭行业衰退，而是试图增加工资和促进就业，形成以劳工政策为核心的产业政策，但这没有解决该行业真正面临的资金问题，也没有实现根据市场需求而相应地降低产能。与之前的石油立法一样，国家工业复兴管理局（National Industrial Recovery Administration）的煤炭法规由行业负责落实到厂矿，而非统一监管。对煤炭这样一个衰退的行业，政府不可能在确保煤矿开工的同时，提高矿工工资，尽管后者是新政的目标。即便如此，政府仍试图通过协调煤炭价格来实现不可能的目标，以使矿主、矿工和消费者都满意。为此成立了两个全国烟煤委员会（National Bituminous Coal Commission），以制定煤炭最低价格，实施有关反不正当交易的法律。

在第二次世界大战期间，煤炭行业稍稍改善了状况。煤炭产量有所增加，更重要的是煤炭有了电力公司这个最大的用户。虽然电力公司增加的煤炭消费,不足以抵消铁路、商业和居民煤炭需求的下降,但是火力发电为煤炭提供了长期可靠的市场。

两个最为重要且影响最持久的新政能源监管政策是1933 年通过的《联邦电力法》第二部分①和 1938 年通过的《天然气法》②。这两部法律主要为监管跨州的电力和天然气销售,因为这两个行业的输送环节存在市场支配力量。这两部法律的目的是对电力行业和天然气行业分别进行监管,部分原因是由于州际电力和天然气市场发展方式截然不同(详见本书第 6 章和第 8 章)。

如果不是因为 20 世纪 30 年代新政为迎接挑战而对能源政策进行协调,那么第二次世界大战引起的额外需求会促成这些发展吗? 两个主要的战时监管机构,战时石油署(Petroleum Administration for War)和战时固体燃料署(Solid Fuels Administration for War),分别监管石油和煤炭行业,并沿用了以往对石油和煤资源的监管方式。战争需要调拨能源资源,特别是石油资源。像第一次世界大战期间一样,能源工业本身影响了能源政策的制定。更糟的是,能源领域继续保持其高市场集中度,战时采用的能源政策对大公司更有利,主要的石油公司获取了政府用于新炼油设施建设的十亿美元拨款的大部分。

新政解决经济问题的主要对策是通过刺激国内市场以鼓励和支持工业。对能源行业的监管目标包括鼓励生产、促进增长和保持行业稳定,以支持整个经济的发展。在以

---

① Part II,Federal Power Act 16 U.S.C.A § § 824a-825r.

② Natural Gas Act 15 U.S.C.A § § 717 etc.

效率的名义,将政策目的限定为能源生产和行业稳定时,能源规划和在能源生产商与消费者之间的财富再分配就没有太多的空间了。

2.4.5　第二次世界大战后至 1973 年

从第二次世界大战后到 20 世纪 70 年代的能源危机这段时期内,能源行业在四个方面取得显著发展。第一,虽然煤炭行业早已丧失其显要地位,但电力为其提供了新的稳定的市场。第二,天然气市场出现了不稳定,从 1954 年开始,天然气行业进入市场不稳定期。第三,随着政府试图对石油的国内生产和进口进行调控,石油的供应由过剩发展到短缺。第四,美国义无反顾地迈入了核能市场商业化时代,但该行业如今已陷入停滞。

尽管这些行业出现了波折,美国之前的各项能源项目规划仍以较小的代价得以恢复。能源市场总体上从一个具有充沛廉价供应的市场,过渡为供应更昂贵和注重节约的市场。电网降压、加油站排队和限制供应持续的时间并不长。从能源市场剧烈震荡中恢复的能力反映了美国主流能源政策模式的稳定性。

1. 煤炭

美国煤炭市场发生了两大变化。第一,虽然煤炭产量没有大的变化,但产业重心由东部的深井开采转向了西部的露天开采。虽然政府不直接参与煤炭定价,但监管部门制定的健康和安全规定,使得煤炭成为一个更昂贵的行业。保护矿工健康与安全的法规,以及环保法规也提高了煤炭的业务成本。当核电被吹捧为“太过便宜,而无须计价”时,煤炭行业还在因为成本不断攀升而担心其市场份额。第二,由于联邦高速公路的建设,城郊范围不断扩张,新落成的房屋需要更多的电力,公用设施部门也将更为便宜的煤炭纳入燃料选择范围。然而,高速公路建设也增加了汽车销售,对石油生产商也是一个利好。

2.天然气

天然气行业的故事是市场派支持者们的最爱,因为政府对天然气行业的监管已经被认定是彻底的失败。虽然《天然气法》明确规定天然气生产商不受联邦干预,但政府仍监管跨州的天然气管道输送。国会对《天然气法》的立法初衷是保护消费者免受跨州管道商滥用市场支配地位。该行业的结构表现为管道构成输送的瓶颈。管道商从气田购买天然气,并将其输送给分销商或最终消费者。结果是,在不监管生产商的价格情况下,生产商对管道商设定的天然气价格会被完全转移到消费者身上。由于此价格自动转移机制,消费者要求政府控制生产商销售价格。"跨州天然气公司诉联邦动力委员会"案[①]开始了联邦对天然气生产商的监管。在该案中,由于价格的直接转移机制,与跨州天然气管道公司关联的生产商的价格成为监管对象。最高法院于 1954 年对"菲利普斯石油公司诉威斯康星州"案[②]做出了判决,该判决使联邦对与管道公司不相关联的跨州天然气生产商的定价权也被合法化。

菲利普斯案的直接结果是,联邦动力委员会在依照《天然气法》处理类似案件之前,需要对上千的天然气生产商分别进行审判式价格听证会(trial-type ratemaking hearing)。但由于联邦动力委员会不能逐一处理这类案件,天然气价

----

① Interstate Natural Gas Co. v. FPC (S. Ct. 1947).

② Philips Petroleum Co. v. Wisconsin (S. Ct. 1954).

格定价由对个案处理转变为区域性定价，最终变为制定全国性的定价办法。联邦动力委员会不对天然气生产商进行单独听证，而是对每个大区设定价格，并最终设定全国的天然气价格。

区域性定价和全国定价的基础是"按年份分类定价"（vintaging），即采用"新旧"价格的双轨价格体系。对《天然气法》出台之前的"旧"的天然气采用历史成本定价，而对《天然气法》出台之后的"新"的天然气则采用市场浮动定价。价格双轨制和依据历史成本定价的直接结果是形成了跨州和州内两个天然气市场。由于对"旧"的天然气采取历史成本定价，而非市场现价，由联邦监管的跨州市场的天然气价格被压低。州内天然气按市场现价定价，且可以上浮。

严格的有关业务退出的法规禁止受联邦监管的供应跨州市场的生产商转移到盈利更高且不受联邦监管的州内市场，这使得双重市场矛盾进一步突出[1]。联邦监管政策人为地限制天然气价格，减少了国内生产，造成了天然气供应短缺。这样的监管措施使得行业失去发展活力，而不得不予以终止。

面对这种市场扭曲，联邦政府首先的反应不是彻底放松监管，而是通过《1978年天然气政策法》[2]进行管制改革，比如部分的放松规制。《1978年天然气政策法》的初衷是合并两个市场，并最终取消对价格的管制。目前，尽管天然气的大多数监管已经被解除，但天然气管道监管问题仍然存在，后面章节将会详述。

---

① 15U. S. C. A § 717f(b).

② Natural Gas Policy Act of 1978 (NGPA) 15 U. S. C. A. § 3301 etc.

3.石油

随着燃油在第二次世界大战期间成为美国运输业的主要燃料,石油就成为最重要的能源资源。在第二次世界大战结束后不久,石油的进口就超过了出口,引发国内生产商对进口蚕食其市场份额的担心。与进口相关的另一个问题是,政治不稳定影响石油供应的可靠性。

为扶持国内石油工业,政府对石油进口实行配额制,国内生产商随之夺回了不少市场份额。与以往做法类似,政府依靠市场限制进口,要求行业自愿限制进口。不出所料,因进口石油便宜而对国内炼油商更具吸引力,这种自愿安排并不能有效降低进口。在 20 世纪 50 年代,市场偏爱低价进口石油的经济现实战胜了以国家安全为名、降低石油进口的各种政治和舆论呼吁。因此,在 20 世纪 50 年代末,政府开始实施强制的石油进口配额制度。强制石油进口配额持续到 20 世纪 70 年代初。随着国产石油达到峰值,这些制度也变得无足轻重。作为对艾森豪威尔政府实施的强制性石油进口配额计划(MOIP)的回应,石油输出国家组织(欧佩克,OPEC)这个时至今日我们仍需与之斗争的石油卡特尔成立。

20 世纪 70 年代,政府对石油进行了一种全新的监管,即价格管制。起初,石油价格是尼克松总统的工资和价格管制体系的组成部分。该政策随尼克松的经济稳定计划的终结而结束。其后,采取石油价格管控的目的,是应对1973 到 1974 年间由石油输出国组织实施的石油禁运所造成的油价大涨。对石油价格管控需要一套完善的管理机制。与对天然气的价格管制一样,对石油价格的监管,被认为是扭曲而非刺激了市场。里根总统于 1981 年 1 月终止了这些监管措施。

4. 核能

能源产业在第二次世界大战后最显要的事件是对民用核能的大量投资。为了将核能的破坏性力量应用于和平和有益的用途,这个第二次世界大战末才开始起步的产业耗费了数万亿美元。1946 年《原子能法》①得以出台,目的在于将原子能从军用转移到民用部门。但直到 1954 年对该法进行重大修改以允许私人企业拥有铀之前,该法仍然允许政府对铀的垄断专营。放松铀的管控对私人投资核电生产至为重要。随着 1957 年限制核设施的核事故责任的《普里斯·安德森法》②出台,对核电的私营投资显著增加。

在《普里斯·安德森法》通过之后,私营企业新增上百万千瓦的核电设备。受各界支持核能的鼓励,民用核电的扩张经历了整个 20 世纪 60 年代并持续到 70 年代初。当时普遍的观点是,私人企业紧握了现代新型的"安全和清洁"的能源技术。为此,消费者愿意购买价格低廉的产品,政府也为这项未来的技术找到了有益的商业用途。

当进入 20 世纪 70 年代时,人们对核电失去了原有的认同。核电不再被认为是安全和清洁、且低价和丰富的。人们发现核电企业具有很高的社会成本,包括环境、健康、安全和财务风险等。到 20 世纪 90 年代,核电已是一个垂危的行业。自 1978 年以来,没有新的核电站订单;1974 年之后新增的核电站的订单均被取消。虽然在 1990 年有111 个在运行的核电站,另有 8 个核电站已获取建设许可,

---

① Atomic Energy Act，42 U. S. C. A. § 2011.

② Price Anderson Act，42 U. S. C. A. § 2210.

但大型核电站尤其是 100 万千瓦及以上的大型核电站的建设基本处于停滞状态。目前,尚有 104 个核电站在运行,还有大约 30 个左右处于不同准备阶段,但很可能这些项目在未来十年或二十年内不会出现。

2.5 1973 年到 1988 年间卡特总统和里根总统对主流模式的探索

1973 年之前的能源立法和能源政策展现了能源政策主流模式的发展过程。由于世界能源市场在 1973 年开始的十年中出现大幅震荡,这一模式在此期间受到了考验。为了应对这些变化,卡特总统试图将能源的政策制定权和决策权集中化,并制定全面和协调的国家能源计划。但该计划没能成功。里根总统试图广泛地放松对能源的监管,并解散能源部。他同样没有成功。简言之,无论是卡特的高度监管政策还是里根的放松管制均没有彻底地改变能源监管的状况。能源监管还是延续了其前一个世纪形成的主流模式。这两任总统在任期内无力改变能源政策的情况,反映该模式稳固的一面。

2.5.1 卡特总统和其集权的能源政策

在卡特总统任期内的四项重大能源事件促成了逐步升级的能源监管政策。

第一,卡特试图由内阁级别的能源部(Department of Energy,简称 DOE)来集中能源管理。但由于能源的政策制定权和决策权分属联邦政府的不同部门,甚至在能源部内部权力也很分散(下章讨论),能源部不能制定出一套综合性国家能源计划。

第二,卡特总统在其于 1977 年 4 月 18 日发表的《道德层面的战争》(Moral Equivalent of War)的演讲中强调了国家能源政策的主要原则,该政策促成《国家能源法》[1]于次年 10 月通过。《国家能源法》由五个主要立法组成:《国家节能政策法》[2]《1978 年发电厂和工业燃料使用法》[3]《1978 年天然气政策法》[4]《1978 年公用设施监管政策法》[5]及《1978 年能源税收法》[6]。

《国家能源法》的重要部分以多种方式解决常规燃料问题,其目的在于免除国家对进口石油的依赖,促进煤炭消费,提高能源效率,对公用设施定价进行现代化改革,促进资源保护,鼓励建立采用替代能源生产的新电力市场,重建扭曲的天然气市场。

第三项重大事件是卡特总统在 1979 年 4 月 5 日关于能源的演讲,他强调要解除对石油价格的管控,以增加国内

---

[1] National Energy Act.

[2] National Energy Conservation Policy Act, Pub. L. No. 95-619; 92 Stat. 3206, codified as amended in scattered Titles of 12, 15, 25, 31 and U. S. C. A. 42.

[3] Powerplant and Industrial Fuel Use Act of 1978, Pub. L. No. 95-620; 92 Stat. 3289, codified as amended in scattered Titles of 15 and U. S. C. A. 42.

[4] Natural Gas Policy Act of 1978, Pub. L. No. 95-621 92 Stat. 3250, codified as amended in scattered Titles of 15 U. S. C. A. § § 33013432 and 42 U. S. C. A. § § 7255.

[5] Public Utilities Regulatory Policies Act of 1978, Pub. L. No. 9517, 92 Stat. 3117, codified as amended in scattered Titles 15 U. S. C. A. 15, 16, 26, 42 and 43.

[6] Energy Tax Act of 1978, Pub. L. No. 95-618; 92 Stat. 3174, codified as amended in scattered Titles U. S. C. A. 26 and 42.

石油产量。该演讲形成了《1980 年石油暴利税法》①，以期获得国内石油生产商因世界石油价格上涨而实现的经济租金。

第四项重大事件是卡特总统于 1979 年 7 月 15 日关于能源的另一重要演讲。在此演讲中，他再次将能源提高到道德战争的层面。国会也相应地通过了《1980 年能源安全法》②，它亦包括一系列立法，如《1980 年国防生产法修正案》③《1980 年美国合成燃料公司法》④《1980 年生物能源和醇类燃料法》⑤《1980 年可再生能源法》⑥《1980 年太阳能和

---

① Crude Oil Windfall Profit Tax Act of 1980，Pub. L. No. 96-233；94 Stat. 229，codified as amended in scattered section of Titles 26 and 42 U. S. C. A.

② Energy Security Act of 1980，Pub. L. No. 96-294；94 Stat. 611，codified as amended in scattered section of Titles of 7，10，12,15,16,30 and U. S. C. A. 42.

③ Defense Production Action Amendments of 1980，Pub. L. No. 96-294；94 Stat. 617，codified in U. S. C. A. 50 §§2061-2066.

④ The United States Synthetic Fuel Corporation Act of 1980，Pub. L. No. 96-294；94 Stat. 633，codified as amended in scattered section of Titles of U. S. C. A. 42.

⑤ The Biomasses Energy and Alcohol Fuels Act of 1980，Pub. L. No. 96-294；94 Stat. 683，codified as amended in scattered section of Titles of 7，15，16 and 42 U. S. C. A.

⑥ The Renewable Energy Resources Act of 1980，Pub. L. No. 96-294；94 Stat. 715，codified as amended in scattered section of Titles of 16 and 42U. S. C. A.

能源节约法》①和《1980 年地热能法》②。

《1980 年能源安全法》是采用完全不同的立法思路形成的一套立法。该立法将能源政策重心从常规能源转移到开发和推广从煤炭、油页岩和沥青砂中提取合成油气。该法也着力推动向第三类能源转型，从化石能源过渡到如太阳能、生物能、醇类、风能和地热等可再生能源。同时，该法也将资源保护作为国家能源规划更为重要的组成部分。

卡特执政时期完成的能源立法与国家能源政策并不相协调。联邦政府的监管权力过于分散，能源相关的不同部门之间和同一部门内部的竞争阻碍了能源的综合规划。同样，这些立法也未能促进所谓的第三次能源转型（即由化石能源向可再生能源和资源保护的转型）。相反，卡特的能源规划与美国根深蒂固的能源政策主流模式产生了矛盾。卡特的协调努力之所以失败是因为传统模式对高度集中的监管的抵触，而第三次能源转型遭受失败的原因，则是由于传统模式长期依赖通过市场的价格信号进行资源替代。简而言之，高度集中的监管和规划，与竞争和私有化市场之间存在冲突。

2.5.2 里根总统和放松管制

如果认为卡特总统的高度集权化和政府主导的能源政策是失败的，那么里根总统倡导的私营主导、供应为主、去行政化及放松规制的努力按理应当成功，能源部该被解散。

---

① The Solar Energy and Energy Conservation Act of 1980，Pub. L. No. 96-294；94 Stat. 719，codified as amended in scattered section of Titles of 12 and 42U. S. C. A.

② The Geothermal Energy Act of 1980，Pub. L. No. 96-294；94 Stat. 763，codified in scattered section of Titles of U. S. C. A. 16.

里根总统确实于1981年1月28日解除了对石油价格的管制。作为其任期内最初的几项决定之一，该举动彰显了里根总统能源政策的意图。然而，由于原本就计划于同年的10月1日对石油解除价格管制，此举动很大程度上只具有象征性意义。

里根的放松规制也不完全是更弦易辙。和石油行业的情况一样，天然气领域的放松规制，本来也要按照卡特总统的《1978年天然气法》中已制定的分阶段解除天然气价格管制的时间表推进。同样，尽管里根总统开展了解散美国合成燃料公司的运动，但合成燃料计划失败的原因是缺乏市场支持。合成燃料商不能以常规石油和天然气的成本，从油页岩或沥青砂中提取石油，或由煤制取合成气。

为实现新总统对供给方经济的放松管制，作为里根总统反对大政府运动的一部分，能源部以及从事可再生能源研究的联邦实验室太阳能研究所需要被关闭。国家官僚政治的不妥协也许是能源部和太阳能研究所（1991年改名为国家可再生能源实验室）继续存在，以及里根总统不能对能源行业彻底实现放松管制的原因。但此归因过于肤浅。一个更准确的解释是，正如卡特总统对能源规划集权的失败一样，里根总统的失败也是由于违背了能源政策的主流模式。这个模式表明政府对能源的监管是国家政治经济不可分割的组成部分。里根总统放松能源规制的主张，因过于依赖市场，并轻视政府对常规燃料及其生产商的支持，而与能源政策主流模式不符，所以注定是要失败的。

2.6 20世纪末以来的能源政策

如果我们可以确切地说卡特和里根总统试图对能源政策进行重大改动,而这些努力失败了的话,我们同样可以确切地说老布什、克林顿、小布什和奥巴马总统在他们的任期内只对基本能源政策进行了小的修补。

布什总统签署的《1992年能源政策法》[①]的目的是制定一套综合性国家能源政策,以期"渐进和持续地以低成本高效益和对环境有益的方式提高美国的能源安全"[②]。该法由三十个章节和几个重要附件组成,包括对《公用设施控股公司法》的修订、鼓励新的投资者进入电力市场、对非公用设施发电厂商开放输电网、鼓励州监管机构考虑进行跨州的资源整合规划,以及对电动汽车提供补贴和税收优惠。该法也涉及放宽进口天然气和液化天然气市场,为独立的石油和天然气生产商提供税收优惠,以及为从油页岩和焦油砂及其他非常规方式生产的石油提供更多的税收优惠。

该法内容包括:为先进的洁净煤技术的研发、《公用设施监管政策法》(PURPA)中有关煤炭公司的可规避成本提供若干救济、洁净煤技术出口和为受《露天开采及地表恢复法》影响的公司等提供法律救济;核能监管委员会(Nuclear Regulatory Commission,简称 NRC)的监管程序得以精简;成立国有的美国(铀)浓缩公司,为国际市场提供铀浓缩

---

① The 1992 Energy Policy Act, Pub. L. No. 102-486; 100 Stat. 2776 (1992).

② H. R. Rep. No. 474 (I) (1992).

服务;要求政府使用替代能源燃料汽车;允许对清洁燃料汽车的投资降低税收,以及对风能及生物能项目提供税收抵免。此外,布什的国家能源政策规划要求,能源部长要制定一项成本最低的和对环境负责并减少温室气体排放的能源战略。这项立法也考虑促进节能建筑建设,进行电力需求侧的管理。

大约在同一时期,联邦能源监管委员会(Federal Energy Regulatory Commission,简称 FERC)建议对天然气和电力行业进行重大的自由化改革。这些建议已引发各州州内电力零售的立法和监管改革。有关情况将在后面章节介绍。

克林顿总统执政时期,能源部首先于 1995 年 7 月颁布了《国家能源政策计划》[1],随后于 1997 和 1998 年相继颁布了相应的战略规划[2]和《国家全面能源策略》[3]。所有这些文件制定的主要目标均为:(1)能源生产和效率;(2)国家安全;(3)环保意识。

同样的,副总统切尼主持的国家能源政策发展小组于 2001 年 5 月颁布了白宫《国家能源计划》[4]。报告的副标题指明了该计划的主题是"美国将来可靠的、可负担的和环保的能源"。通过这些文件我们可以发现,自 1970 年通过《国家环境政策法》以来的几十年里,立法中言辞的变化。我们也注意到,在联合国于 1987 年发布其报告《我们共有的未来》[5]以后,政策的语言更倾向于可持续发展。尽管如此,

---

① National Energy Policy Plan (July 1995).

② Strategic Plan (1997).

③ Comprehensive National Energy Strategy (1998).

④ National Energy Plan (May 2001).

⑤ Our Common Future (1987).

《2003 年能源政策法》议案的命运仍向我们昭示，美国的能源政策一如既往。

《2003 年能源政策法》议案于该年的 11 月被提上议程，以期在年内剩余的时间内通过，以便于 2004 年再次颁布。总统全力支持该议案，该议案也被认定是布什政府国内政策的一项重大议程。这个议案在众议院的编号为 HR6，并在参议院被合并到编号为 S14 的议案中。S14 号议案包括了一个总额介于 310 亿到 600 亿美元、备受争议的税收激励清单和经修改的能源标准。在该议案的主要条款中，政府要为促进石油、天然气、煤炭和核能的开发而提供的超过 180 亿美元的税收激励计划。议案中获取两党支持的主要议项是通过税收激励，建设造价为 210 亿美元的天然气管线，从阿拉斯加向芝加哥输送天然气。替代能源也受到一些关注，法律中采用税收抵免和其他税收激励来鼓励此行业的发展。

该议案的另一个经众议院多次辩论的条款是废除《1935 年公用设施控股公司法》。该法严格限制经营跨州电力设施的控股公司的业务交易。议案也试图对《1978 年公用设施监管政策法》进行修订，特别是废止其对电力批发业务的强制购买和销售要求。本书后面章节将详细讨论这些要求。

《2003 年能源政策法》议案的相关条款最终以《2005 年能源政策法》[1]的形式出现。布什总统的国家能源政策构成了《2005 年能源政策法》的基础，并且它继续沿用以对能源生产和经济健康直接联系的假设预期为基础的能源政策

---

[1]　Energy Policy Act of 2005，Pub. L. 109-158.

设计思路。该法对电力行业的规定最为关键，这将在本书第8章详述。联邦能源监管委员会被要求就电力系统可靠性标准出台具体规定，以处理电网拥塞并避免大停电。该法还废除了《1935年公用设施控股公司法》，修订了《1978年公用设施监管政策法》，减轻了电力公司对小型电力生产商与热电联产厂商所具有的强制购买和销售义务。《普里斯·安德森法》（Price Anderson Act）规定的责任限制条款中的责任有效期被延长了二十多年，授权为先进核反应堆设计的研究与开发以及核电站技术验证项目的建设和运营提供资金。

煤炭行业同样受益于《2005年能源政策法》，该法不仅简化了联邦土地租赁程序，还授权为洁净煤发电计划及其他项目提供16亿美元的资金支持。该法还为发展页岩油和油砂项目提供一系列矿权权益金①（royalty）激励，以及生产激励与税收抵免。对天然气行业，该法使联邦能源监管委员会具有独家授权批准液化天然气接收终端项目，该法的直接目的就是缓解联邦与州之间的冲突。

《2005年能源政策法》还涉及可再生能源和非常规能源，以及资源保护。该法为太阳能、风能、生物能以及地热能提供一定的生产激励和税收抵免，并要求联邦的建筑物

① 译者注：关于"royalty"一词，中国多使用"矿权使用费""特许使用费"等译法，这些用法容易使人产生误解，实际上royalty指的是矿权所有人获得产量或收益的份额，根据美国Barron's法律词典，该词的定义是"a share of the product or the proceeds therefrom reserved by a owner for permitting another to exploit and use his or her property"。中国国土资源部在推进资源税改革的文件中使用"权益金"一词，译者同意此译法。故译者在本书中将royalty翻译成"权益金"。

使用可再生能源技术。资源保护主要是通过促进使用符合清洁能效标准的建筑与家电。此外,该法还支持氢核聚变以及燃料电池技术的研究与开发。但是总体而言,对化石燃料的资金支持与对替代能源的资金支持的比例相比还是超过了四比一。

2006 年国会大选使得民主党控制了国会,而第 110 届国会只出台了一部能源立法,即《能源独立与安全法》①。该法的立法目的正如其标题所暗示的,希望借助可再生燃料、提高能源效率以及对温室气体进行捕集与封存,实现更大程度的能源独立与能源安全。该法有一些效果。它将汽车平均燃油经济性标准(Corporate Average Fuel Economy,简称 CAFE)从每加仑燃油 27.5 英里提高到 35 英里。并且,该法支持加快发展太阳能、地热能以及能源存储的研究,其他条款还包括碳捕集和封存。但是,该法由于没有对有些问题做出规定,从而失去很大的重要性。该法没有采纳联邦的可再生能源配额制,也没能显著减少化石燃料税收补贴,也由此继续对化石燃料支持的传统能源政策。

虽然克林顿和小布什政府对于能源政策提出了许多立法建议,包括本章开始时提到的没有获得第 108 届国会前半程批准的重大立法建议,但这些建议本身也没有包含重大政策基调的改变。对此,我们可以做出两个一般性总结。第一,这些建议具有共同的战略目标,着眼于传统能源产业与传统能源。第二,虽然这些建议均在行文上关注可持续发展的主张,但都不过是着重宣传而缺少实质。实际上,这

① The Energy Independence and Security Act of 2007(EISA), Pub. L. 110-140.

些建议均是新瓶装老酒,继续沿用以化石燃料为基础的主流模式。

随着 2006 年民主党赢得国会选举,2008 年奥巴马当选总统,以及对全球变暖关注度的提高,在国家努力解决气候变化问题情况下,对能源政策进行重大改变的时机似乎成熟。但实际情况并不如此。事实上,第 111 届国会提出了两个主要气候变化法案。《2009 年美国清洁能源与安全法》①或者叫《Waxman-Markey 法案》,引入了温室气体总量控制和排放交易机制,该法在众议院得到通过。而参议院提出了另一包含总量控制和排放交易法案——《美国电力法案》(American Power Act)或者叫《克里-利伯曼法案》(Kerry-Lieberman Bill),从参议员林赛·格雷厄姆从法案标题中撤回自己名字那刻起,该法案就已经注定要失败。

奥巴马政府通过财政资金支持以及强调"美国能源安全"概念的方式,推动形成新的能源政策路径。奥巴马总统通过《美国复苏与再投资法》②即《经济刺激法》,为能源改革投入超过 800 亿美元,资助的范围包括智能电网技术、可再生能源与输电项目的贷款担保、可再生能源生产的税收抵免,以及提高能源效率与可再生能源研发。此外,总统的2011 到 2012 年度预算,将部分化石燃料研发资金调整用于可再生能源和能效研发。但即便如此,美国政府仍然坚持传统的能源路径,不仅为核能提供 180 亿美元的贷款担保,还开放近岸海域用于石油与天然气的勘探。

2011 年 3 月 30 日,奥巴马总统宣布一项能源计划,试

---

① The American Clean and Security Act of 2009(H. R. 2454).

② American Recovery and Reinvestment Act,Pub. L. 111-115.

图到 2025 年将美国石油进口削减为 2008 年的三分之一（2008 年的进口量为 1100 万桶/天）。为实现上述目标，该政策建议：(1)通过负责任的近海石油勘探与开发，重新审查联邦公共土地已被出租但仍没有开发利用的油气租物的状态，采取石油和天然气生产激励措施，安全地提高国内石油与天然气的供应；(2)提高天然气发电比例，加强生物质燃料在交通运输业的使用；(3)使生物质燃料技术商业化，包括动工建设四个大规模纤维素或生物质精炼设施。(4)提高汽车和卡车的燃料效率标准；(5)通过补助和税收抵免，到 2005 年底向道路上投放 100 万辆电动汽车；(6)提高建筑物能效；(7)通过清洁能源标准来构建清洁能源市场；(8)拓宽对能源技术创新的支持[①]。

一方面，这些政策的目标是合理的，这些政策也已经被讨论了至少三十年。另一方面，面对两党分别把控参众两院的局面，国会可能会支持发展传统产业如石油和天然气的开发，也许也能够继续实行建筑物能效计划，但就增加预算和提高节能标准无疑会遭遇阻力。清洁能源仍是进行公共普及教育和就能源未来进行协商的适当话题。

2.7 能源政策的主流模式

从尼克松时期开始，一旦形成能源政策的动因消失，相应的能源政策也无疾而终。尼克松和福特的政策针对的是

---

① White House, FACT SHEET: America's Energy Security (march 30, 2011), availableat http://www. whiteouse. gov/the-press-office/2011/03/30/fact-sheet-americas-energy-security.

石油禁运造成的经济动荡。卡特和里根的政策均背离了主流能源政策模式和当时的基本市场情况。克林顿和布什则没有挑战主流的能源意识形态。能源政策的主流模式主张支持常规能源,并认识到能源行业的某些部分拥有市场力量而该力量需要被监管。只有政府和行业在混合式的市场的、政治经济的界限内互动,方能实现稳定的能源生产、分配和消费。

国内能源政策依据的基本假设是能源生产和国民生产总值相关联。与此假设相一致,人们希望能源生产可以实现规模效益。随着能源产量的增加,能源价格可以保持稳定或有所降低,国民生产总值则相应增长。该简单推断隐含的假设是社会的总体福利水平直接随国民生产总值增加而提高。当前,能源政策仍然依赖于这样的市场基准的基本假设。

因此,国内能源政策偏爱大型的、高技术的、资本密集的、一体化和集约化的能源生产商。而这些生产商依赖化石能源。因相信这类大公司可以继续实现规模效益,能源政策的制定者更偏爱这类大公司,而不是太阳能和风能一类的小的替代能源公司。在常规化石能源公司和替代能源公司之间,政策制定者将提高能源效率的赌注压在前者身上。这些传统的公司似乎在技术改进、发现新的储量和新能源方面具有优势。这种观点可能有失偏颇,但却相当牢固。由此形成的对传统能源的偏爱,会继续将替代能源公司置于一种难于说服政策制定者改变观点的不利地位。或者说,只要能源的生产、消费和价格保持稳定,主流能源模式固有的假设也将继续保持下去。

对此,能源政策的主流模式具有下述一般目标:(1)即便是需要进口,也要保证能源的充沛供应;(2)保持合理的价格;(3)限制大公司的市场支配力量;(4)促进不同能源之间和同一能源内的竞争;(5)支持常规燃料(石油、天然气、煤炭、水电和核电);(6)允许在现行的联邦和州监管体系内制定能源政策和决策。

在主流能源政策100多年的发展历程中,该政策在长期以较低价格供应可靠能源,以及保持经济稳定方面发挥了很好的作用。考虑到历史的延续性,人们可以断言该主流政策将继续发挥作用,其他政策只能是国内能源政策的无关紧要的附庸。

即便是存在与主流模式相左的其他能源政策,该政策必定倾向于国内和国际的可持续发展、全球环保主义和发展中国家的经济发展。至少在目前看来,随着20世纪60年代中期兴起的环境运动的发展,政策制定者越来越关注人类活动对环境造成的影响。这种影响是多方面的。不断增加的能源消耗引发了包括大气变暖在内的全球范围内的环境污染,也造成第一世界和第三世界国家之间收入差距的扩大。这亦是一个环境公平和道德的问题。第11章会接着讨论清洁能源政策的细节。

第 3 章　能源监管

3.1　前言

在美国,能源法的制定与实施主要是由现代行政机关(Modern Administrative Agency)这一独特的法律主体来完成的。这些机构实际上是美国贡献给世界各国法律制度的一个发明。被公认最早出现的现代联邦监管机构是1887 年成立的、旨在管理铁路的跨州贸易署。总的来说,政府监管机构集立法权、司法权和执法权于一体。他们颁布法规(立法权),实施颁布的法律法规(执法权),并对由此引起的争议进行裁决(司法权)。这些监管机构与法院的不同在于,前者积极地寻求制定和实施具有前瞻性的政策。因此,行政机构在行使其司法职能时,其政策制定角色可能影响其中立决策者的美名。

三十年前,美国政府成立了一个负责能源问题的内阁部门,即美国能源部,它的使命是以各种方式提供可靠的能源供应和实现能源节约。能源部内设一个亦被称作独立监管机构(Independent Regulatory Agency)的联邦能源监管委员会。该委员会负责贯彻并执行《联邦电力法》《天然气法》《天然气政策法》和其他重要的联邦能源立法。有关能源问题的行政程序受制于借以建立监管机构并对其授权的组织法（Organic Legislation）与普遍适用于联邦各机构的《行政程序法》（Administrative Procedure Act）。

3.2　行政法概述

虽然行政机构被认为是除国会、总统、最高法院以外的第四极，但需要注意的是它们是由国会设立的。国会授权这些机构实施国会颁布的法律。但作为宪法问题，国会本不应将立法权授予这些行政机构，阻止这种授权又被称为"宪法不予授权原则"（nondelegation doctrine）。在现实中，很多人可能认为此原则仅是古训而没有现实意义，也不会再为法院所引用。最高法院最后一次对此原则的引用发生在 1935 年的"A. L. A 谢克特家禽公司诉美国"案①中，法院以宪法为理由废止了《国家工业复兴法》（National Industrial Recovery Act）中的《活禽法典》（Live Poultry Code）。最高法院对此案的判决认为，国会实际上试图以违宪的方式授权私人行业团体（且不说是政府监管机构）建立家禽行业的公平竞争法规，另见"巴拿马炼油诉瑞恩"案②。

不予授权原则的短暂复兴发生在 1999 年，哥伦比亚特区联邦巡回上诉法院以此原则废止了环境保护署（Environmental Protection Administration，简称 EPA）颁布的新的臭氧标准，理由是环境保护署没有在此之前提出其指

---

① A. L. A. Schechter Poultry Corp. v. United States (S. Ct. 1935).

② Panama Refining v. Ryan (S. Ct. 1935).

导实施《清洁空气法》(Clean Air Act)的"限制性标准"(limited standard)或"可被公众理解的原则"(intelligible principle),详见"美国卡车运输协会诉环境保护署"案①,"惠特曼诉美国卡车运输协会"案②也部分确认、部分撤消了该原则。然而,最高法院推翻对上述案件的判决,近乎敷衍地指出此案与"巴拿马炼油诉瑞恩"案和"A. L. A谢克特家禽公司诉美国"案之不同,并援引一系列支持国会对监管机构进行广泛授权的判例。虽然不予授权原则依然存在,但该原则目前不太可能获取支持,详见"产业工会联合会诉美国石油协会"案③④和理查德·D.卡达希的《不予授权原则:再生谣言的破灭》⑤。目前更为重要的问题是,政府监管机构是否事实上在国会的立法授权范围内行使职权。

美国政府传统上通过市场机制,对经济活动进行监管。这种监管方式假定有效竞争能够形成价格,而通常不对价格进行管制。但当竞争被排除或被削弱时,需要政府监管来取代市场力量。在本书第1章和本书的其他章节,我们列举和讨论了市场失灵的各种情况及其监管对策。你现在应该明白,放松管制实际上是将行政机构推向新的、不熟悉的领域。例如,本书第6章和第8章对天然气和电力行业

---

① American Trucking Ass'ns Inc. v. EPA (D. C. Cir. 1999).

② Whitman v. American Trucking Ass'ns Inc. (531 U. S. 457 2001).

③ Industrial Union Dept. v. American Petroleum Inst. (U. S. 607 1980).

④ 译者注:在该案中,最高法院首席大法官伦奎斯特(J. Rehnquist)仍表明他支持复兴该原则以宣布对行政机关极度宽泛的授权无效。

⑤ Richard D. Cudahy, The Non-delegation Doctrine: Rumors of its Resurrection Prove Unfounded, 16 St. John's J. Legal Commentary 1 (2002).

的情况介绍将说明,放松管制也会对市场造成显见的冲击。而在另外几个孤立的判例中,放松管制直接导致了监管活动的消失。

但在大多数情况下,直接取代行政活动更多是奢望,而非现实。这方面最有名的例子是解散经济监管方面最具有象征意义的机构之一——跨州贸易署。该署的职能、委员及多数职员被完整地转移到一个新设的、隶属于运输部(Department of Transportation)的地面运输局(Surface Transportation Board)。而解散跨州贸易署的政治原因多于监管原因。在包括能源行业的其他领域内,放松管制并没有真正降低监管活动的频度,仅仅是改变了监管的形式,并很可能是提高了监管的力度。例如,促进电力行业放松管制,结果反而引起了更广泛的监管活动,例如确保发电厂商并网发电,组织和监督电力市场以实现降低市场支配力量垄断等经济目标。

另外一个表面上放松管制,而实质上强化监管的例子是加州电力危机事件。当时,加州官员一再请求联邦能源监管委员会介入干预,对电力批发市场限价。最初联邦能源监管委员会拒绝干预,但随着危机的加剧,该委员会更多地参与了抑制电价的努力。毫无疑问,电网可靠性是需要联邦能源监管委员会加强电力市场监管的另一个领域,竞争不是解决可靠性的答案。这些例子说明虽然监管对象可能随时间而改变,但无疑监管是一直需要的。

3.3　行政法之批判

在过去一段时间内,人们以被监管的行业反而控制了行政机构为理由，大肆批评政府监管和行使监管职能的行政机构。关于"监管"的基本论点是，行政机构和受监管的行业之间保持密切关系，而包括消费者和环境保护主义者在内的外部利益集团则很少能接触到这些机构。部分由于此原因，行政机构引入了公众参与机制，详见理查德·B.斯图尔特的《美国行政法的重构》[①]。

批评"监管"的另一论据是"旋转门"问题。监管机构的官员，甚至是委员会成员，时常寻求在其监管的公司工作的机会，并的确找到此类工作。有时，"门"也向相反方向旋转。那些代表被监管公司与监管机构进行沟通的人，也试图与代表公众利益的监管机构成员一样有效地发挥作用，详见罗伯特·E.罗宾的《不确定的世界：从华尔街到华盛顿的艰难选择》[②]。该书记述了作者从投资银行高盛的总裁到克林顿总统的财政部部长，再到金融机构花旗集团的执行委员会主席的转变过程。很多人能成功驾驭这样的职业转变，但不可否认的是，人性往往倾向于将先前职务相关的态度和偏见带到新的职位。有关政府人员从业道德规范的立法，旨在避免行政机构工作人员为申请人利益通过游说其先前工作的机构，而将其与该机构的人脉关系迅速转化为金钱。此类立法有助于问题的解决，但不能根除该问题，也没有法律能做到。在行政机构中为公众利益服务所需要的技能，也正是服务于受监管行业所需要的技能。当

①　Richard B. Steward, The Reformation of American Administrative Law, 88 Harv. L. Rev. 1667 (1975). 译者注：本书中译本，见理查德·B.斯图尔特《美国行政法的重构》，沈岿译，商务印书馆 2003 年版。

②　Robert E. Robin, In an Uncertain World: Tough Choices From the Wall Street to Washington (2003).

前并没有根除"旋转门"问题的办法,所能做的只是限制和降低可能发生的利益冲突。

另一个相关的问题是,公众期望行政机构不出现失误。对行政机构的最主要的要求之一是其对所负责的领域具有或应当具有相应的专业技能。监管措施的社会成本和效益的不确定性可能会引起诸多监管问题。譬如,食品和药物管理局(Food and Drug Administration,简称FDA)就面临此问题。受监管的药品可能对一些人有益,而对其他人有害。这样,该局就很难就是否或何时应向公众提供此药品,给出肯定的答复。

对行政机构最严厉的指责可能是监管滞后。获得行政机构许可的时间,尤其是对能源项目而言,可能是一个大问题。有时,因需多个部门的批准而使此问题更加严重。申请核电站的建设和运营的许可过程,生动地说明了监管滞后问题。获得许可和建设核电站的平均时间是12年。电力需求在20世纪70年代末和80年代初趋于稳定,增速下降。此时,因监管滞后造成的困难得以彰显。在核电站运行之前12年,做出的电力负荷预测可能谬以千里,在某些情况下,一些在建的核电站因不再被需要而不得不被关停。当然,当局也试图通过限定行政机构做出决策的法定时限来解决此问题。但对违反该时限应采取什么样的处罚?我们不能简单地讲,如果一个核电站项目没有在法定的时限内被否决就意味着该项目被自动批准或取消。为此,有人建议采取"一站式审批",即由一个行政机构做出所有的决定。但由一家机构评估核电站所有的环保、安全事项以及电力需求的提议,也同样遭到大量的反对。

为了实现事实和表面的公平,行政机构也采用了与法院诉讼更接近的程序。但对此举的批评是监管机构泛司法化,并因此使其政策制定的有效性大打折扣。行政机构也被批评过分官僚化。这些观点认为,行政机构将经济活动复杂化,是创新和经济增长的障碍。近年来,与能源问题有关的行政机构非常活跃,发布了大量的规章制度。此外,放松监管造成了更多的为鼓励竞争而设立的监管。特别是,电力行业原本为鼓励竞争而实行的市场自由化运动,产生了电力供应可靠性的问题,因而需要新的监管。当放松监管政策的主要结果是创造了更多新的监管措施时,"放松监管"就有名不副实之嫌。

最后,我们谈谈政治责任问题。批评者指责那些不由总统任命和领导、所谓的独立管制机构,主要是因为这些机构不承担政治责任。就能源监管而言,能源部部长直接对总统负责。另一方面,总统任命联邦能源监管委员会的委员,且不能超过三名来自同一政党,但总统不得随意将这些委员免职。这样,该委员会就无须承担完全的政治责任。一些观察家也因此质疑此类独立监管机构的合法性。

行政机构面对不承担政治责任的指责,对策之一是在审议和决策过程中,提供更多的公众参与机制。在理论上,公众参与本身并没有回答缺乏政治责任的缺失问题。但从实际情况看,这样可以使行政机构在民意约束的框架内决策。司法审查将继续承担大部分对行政机构进行监督的责任。

显而易见,监管和民主之间有冲突。然而,鉴于现代社会尤其是混合市场经济中,行政机构是不可或缺的。立法者不可能为所有的法律制定详细的实施细则。即便是能够做到这样,535 位参众两院议员也不能实施和执行这些法律。因此,如前所述,我们需要将大部分权力授予属于执法部门的行政机构。下面我们将讨论监管型国家的具体法律规则。

3.4 《行政程序法》

所有联邦机构均须遵守的联邦基本法是《行政程序法》①。该法于 1946 年颁布,其目的在于为因新政而膨胀起来的官僚机构提供程序性的框架。但是,《行政程序法》并不总是处于优势地位。这是因为一些机构的组织法,如藉以成立能源部的《能源组织法》(Energy Organization Act),它们所包含的程序性规定,可能与该法冲突并优先于该法。但即便是在能源领域内,《行政程序法》也主导了绝大部分的行政程序。

20 世纪 30 年代新政的实施,引起了大量对行政程序的极端批评和拥护,《行政程序法》的立法精神正是为平衡批评者和拥护者的观点。在《行政程序法》实施之前,主流观点就认为,行政程序需要进行标准化,但是也应当确保行政机关组织和决策上一定程度的灵活性。

在《行政程序法》实施之前,人们对行政程序改革提出了不同建议,包括设立行政法院,用以裁决所有需要行政机构裁决的事项。该建议似乎可以使这些程序"更公平",也受到经常与行政机构打交道的律师的欢迎。但因该建议将政府行政机构的准司法职能,与其政策制定和准立法职能彻底分离,可能会损害这些机构的政策制定能力。《行政程

---

① Administrative Procedure Act (APA), 5 U.S.C. § § 551 etc.

序法》力图在确保程序公平的前提下,保持政策制定和裁决之间的联系。

《行政程序法》赋予了行政机构行政裁决和规则制定两种主要的决策形式。行政裁决是指基本可追溯的争议解决,即处理涉及个体或群体的争议行为。《行政程序法》下的行政裁决采用审判型听证的方式,而不是立法型程序,因为立法型程序更适合于规则制定。该法§554规定了裁决的一般程序。除个别情况外,在所有行政裁决案件中,均应适用§554下的"所有听证记录在案"原则。

成文法中的"听证"一词的意思模棱两可,对该词应当适用何种解释,判例法本身也存在矛盾,但共识正逐渐形成。在"Dominion Energy Brayton Point 公司诉约翰逊"案①中,联邦第一巡回上诉法院推翻之前判决,并与其他一些法院类似,认为在法律没有明确规定行政裁决要件的情况下,法院应当尊重行政机构经过听证的决定。但是还有一些法院认为,即便行政机构认为没有必要听证,《行政程序法》规定的听证依然适用。②

与行政裁决对应,《行政程序法》对规则制定做出规定,它主要涉及立法型程序。作为政策制定的一种方式,规则制定是前瞻性的,会影响很多人。《行政程序法》中规则制定最常见的形式是"非正式"或"通知和评论"式。非正式的规则制定涉及在联邦公报中发布主题事项和相关信息的通

---

① Dominion Energy Brayton Point LLC v. Johnson, 443 F. 3d 12 (1st Cir. 2006).

② Aageson Grain & Cattle v. U. S. D. A, 500 F. 3d 1038 (9th Cir. 2007).

知,邀请公众参与提供书面答复①。

3.4.1 《行政程序法》下的行政裁决

正式裁决,即所谓"记录在案的听证"或"审判型听证",由行政法官主持,主要依据是《行政程序法》的§554、§556和§557。对不由《行政程序法》管辖的事项通常采用"非正式行政裁决",该裁决或适用特别法的规定,或适用某个行政机构自己发布的规定。此外,虽然电力和天然气定价具有前瞻性,属于规则制定的范畴,但仍采用与行政法官主持的正式裁决非常相像的方式。虽然无法详述《行政程序法》下的所有正式行政裁决要求,但它们总体上与《联邦民事诉讼规则》(Federal Rule of Civil Procedure)涉及的问题比较类似。比如,必须向有权参加听证的人士发出通知,所有利益相关人均有机会向政府监管机构提供证据。② 根据《行政程序法》§555的规定,政府监管机构可以发传票。宣誓必须作证。听证官员,即行政法官,有权发传票,及允许通过书面证词和其他方式控制程序。正式裁决的主要特征之一是对证人的交叉询问。较之于法院诉讼,行政裁决的证据采纳规则更宽松。例如,法院不接受传闻证据,而行政程序可能会予以采信。正式裁决要求有程序记录,此记录构成案件的唯一档案③。

行政裁决通常也会有证据出示程序,但较之于司法程序,行政裁决中的证据出示限制更多。因此,《行政程序法》

---

① 5 U. S. C. §553.

② Public Serv. Comm'n of Kentucky v. FERC, 397 F. 3d 1004 (D. C. Cir. 2005).

③ 5 U. S. C. §556.

没有针对行政部门的证据出示要求做出规定。实际情况是，多数行政机构在裁决之前，会进行主动调查，而这些调查通常能够发现很多证据。

正式裁决也涉及所谓的机构性决定（institutional decision），即主持听证的行政法官提出初步的或推荐性决定，而最终决定是以行政机构的主任专员或成员的名义做出。行政机构不必接受行政法官的决定，不论是涉及事实或法律问题的决定，或甚至是关于行政法官的可信度的决定。但如果行政机构否决行政法官做出的关于可信度决定，该行政机构必须对此提出有说服力的理由，以便能通过司法审查。关于机构性决定的问题最初是在著名的"摩根诉美国"案[①]中被提及。最高法院指出在该案中，当成文法授予私人以"充分听证"（full hearing）的权利时，行政机构的负责人必须就此做出个人决定。但鉴于这一决定过于严格而不应按字面理解，最高法院随后澄清：做出决定的官员听取证言时不必亲自出席。

正式裁决的另一关注点是职能分离问题。行政机构的一些职员可以作为倡议者参加审判型听证。如果允许这些行政机构的职员作为公诉人与裁决者进行协商或向其提建议，则程序就不公平。因此，该法 §554(d) 规定，任何行使调查和举证的职员不得参与此案以及实际上的任何相关案件裁决与决定，或向决定做出者提供咨询。任何担任公诉人的机构职员提出任何观点时都必须以"公开听证的证人或法律顾问"的身份出现。§554(d) 也规定，鉴于为最初的许可和定价进行听证是针对技术或政策问题，而非为做

---

① Morgan v. United States (S. Ct. 1936).

出处罚,职能分离的要求不适用于此类情况。此外,行政机构的决策者在考察正式裁决程序的记录时,不应采信从其职员处获取的其他的、没有被记录在案的证据。除《行政程序法》对内部协商的限制外,有时人们也主张行政机构实行职能上的结构性分离。虽然有人认为将起诉权和决定权集于单一的行政机关很不公平,以致剥夺了法定的正当程序权利,但最高法院在"威斯鲁诉拉肯"案①中否定了这种说法。

正式裁决随着书面决定的发布而结束,《行政程序法》对行政机构最终提交文件的内容有详细要求。§557(c)要求,在行政机构宣布其建议的、最初或最终的决定之前,各方应有机会提出其所主张的事实认定与结论以及例外情况的说明。《行政程序法》还规定"包括初步的、建议性或暂时性决定在内的所有决定,应包含……所有与记录在案的事实、法律或裁量问题相关的调查、结论以及理由或依据"。这些要求促使决定做出者不得不仔细和系统地对待各方的观点;也便于法院或其他机构对行政机构的决定理由等进行审查;有助于使监管者对其决定公开负责。包括联邦能源监管委员会在内的一些行政机构有专门的意见书撰写人员,他们的任务是对上层决定者将要做出的决定书面表达。这种安排可能会减少原本由决定官员撰写意见书的制度所具有的积极作用。

3.4.2　规则制定

包括能源行政机构在内的行政机构广泛采用非正式的或者是以"通知和评论"的方式制定监管法规、政策等规则。

---

① Withrow v. Larkin (S. Ct. 1975).

根据《行政程序法》,规则(rule)是指"一个行政机构对其普遍适用或仅限于特定目的的一种全部或部分的声明,该声明是为了实施、解释或制定对未来产生影响的法律或政策",或建立行为规范①。在规则制定过程中,行政机构首先发布关于提议的规则的通知,说明"提议的规则的条款或实质性内容,或是对涉及的主题或问题进行描述",以便从受监管的行业、竞争对手、利益相关的公民和机构处获取评论意见②。诸多参与者以不同的视角分析问题,许多待解决的问题由此被揭示出来,并从不同角度得以被深入研究。获得这些信息后,监管机构便可以制定符合其政策目标的规则,并同时兼顾规则涉及各个群体的权利和利益。从 20 世纪 70 年代中期以来,能源领域内的天然气定价一直按规则制定程序进行,而非个别听证的办法进行。详见"壳牌石油公司诉联邦动力委员会"案③。

在 20 世纪 70 年代与 80 年代,行政机构明显地增加使用"通知和评论"方式进行规则制定来解决问题,详见理查德·J. 皮尔斯的《为了制定和实施能源政策而在规则制定和裁决之间的选择》④和克尼利斯·M. 科尔文的《规则制定:行政机构如何制定法律和政策》⑤。因为规则制定可以

---

① 5 U. S. C. § 551(4).

② 5 U. S. C. § 553 (b).

③ Shell Oil v. FPC (5th Cir, 1975).

④ Richard J. Pierce Jr. , The Choice Between Rulemaking and Adjudication for Formulating and Implementing Energy Policy, 30 Hastings, L. J. 1 (1979).

⑤ Cornelius M. Kerwin, Rulemaking: How Government Agencies Write Law and Make Policy (2003).

通过一次程序解决多个问题，规则制定过程可能比一事一议的行政裁决更有效。出于同样原因，较之于行政裁决，规则制定更能激发来自许多来源（包括整个行业）的对行政规则更为明确专注的反对意见。总之，规则制定已成为行政机构的首选模式，并且获取了国会的支持。法院通常也采取放任的态度，允许行政机构采用通知和评论的方式进行规则制定。见"美国石油炼制商协会诉联邦贸易委员会"案[1]。

《行政程序法》并不要求必须按照裁决或规则制定的方式，制定所有待公布的政策法规。法院一般来说也不强制在制定政策时，偏向采用这两种方式中的一种。与法院逐步发展判例法的过程相类似，一些行政机构在一定时期内偏向采用裁决作为政策制定的方式。受到影响的实体不时通过法院质疑此偏向。该情形多见于全国劳资关系委员会（National Labor Relations Board）的案件，但在这些案件中，法院均未对政策的制定方式做出任何要求。

近年来，人们对于以"通知和评论"方式的制定规则存在一些不满，理由是规则制定过程已经过于繁重，特别是在国会和白宫要求对重要的提议规则进行潜在影响分析情况下。这种趋势被某些人称为规则制定程序的"僵化"。详见保罗·R.维科尔的《评论：对僵化的规则制定的一个谨慎的建议》[2]。目前，最根本的问题是社会如何以适当机制，影响规则制定过程，而又不会使该程序负担过重以致破坏

---

① National Petroleum Refiners Ass'n v. FTC (D. C. Cir. 1973).

② Paul R. Verkuil, Comment: Rulemaking Ossification-A Modest Proposal, 47 Admin. L. Rev. 453, (1995).

了该程序的有效性。详见托马斯·O.迈克格莱迪的《焕发规则制定过程活力的一些想法》[①]。

3.5 司法审查

行政决定进行司法审查通常是被允许的,《行政程序法》或由相关机构组织法对《行政程序法》的修订,界定了司法审查的范围。但是有一些类型的行政行为不可以进行司法审查。在某些情况下,司法审查可以通过法律被排除。例如,在过去一段时间内,《退伍军人管理法》(Veterans Administration Act)中规定的退伍军人福利便属于此类情况。联邦法院也不能对一些类型的移民决定进行司法审查。在另一些情况下,完全由行政机构自由裁量的事项也不属于司法审查的范围。可能进行司法审查的例外情形范围比较广泛,并且类型较多,而最常见的是"无法可依(no law to apply)"的情形。当监管机构对行政决定的对象具有完全的自由裁决权,且无法证明其决定违法时,那么适用行政机构自由裁量这一例外规则可能就是合理的。

能否进行司法审查的另一个因素是起诉资格问题。这方面的法律已经经过现代的几个不同的法律理论阶段的发展,目前的法律要求是存在被告正在对原告造成伤害的"实质可能性",并且一个有利的判决将实质纠正该伤害,对于造成伤害的直接或间接性可能涉及因果关系的确定和可纠正性的前景,需要对判例法进行仔细研究。

[①] Thomas O. McGarity, Some Thoughts on "Deossfiying" the Rule-making Process, 41 Duke L. J. 1385, (1992).

司法审查中也存在重要的时间问题。其一是要求只有在无其他行政救济的可能时，方可在法院寻求司法审查。如果行政程序仍在进行中，法院一定不会受理对此案的审查，必须在行政决定成为最终决定之后，才能进行司法审查。实际上，《行政程序法》§704规定，除了成文法规定可被司法审查的行政行为，司法审查的对象只能是"行政机关的最终决定"。"成熟性（ripeness）"法律原则也会影响司法审查的时间。该原则实际上要求谨慎行事，并要求案件争议问题已经发展到能够由法院解决的阶段。

假定某个事项可以被司法审查，那么我们需要理解司法审查的可能范围。《行政程序法》规定了法院可以据以推翻行政决定的各种标准。《行政程序法》§706(2)列出了各种推翻行政决定的条件。其中有两条只是针对法律问题的，即是否违宪（§706(2)B）和是否违反成文法令（§706(2)C）。另两条只针对事实问题，其中§706(2)E规定了实质性证据标准（substantial evidence test），通常适用于已进行审判型听证的程序；§706(2)F规定了重新审理标准（de novo review），一般很少适用。《行政程序法》§706(2)A是关于"武断恣意标准"（arbitrary and capricious test）[①]的。在不同场景下，武断恣意标准可能涉及法律问题、事实问题和自由裁量问题。最后，§706(2)D规定了基于程序错误推翻行政机构决定的权力。这些审查标准对行政机构

---

① 译者注：如果行政行为是通过非正式的裁决或非正式的规则制定行为做出的，那么法院的审查标准将是"武断恣意标准"。这一标准在联邦行政程序法、州行政程序示范法以及各州的行政程序法都有相关的规定，行政机关的决定如果不符合逻辑、不符合理性，将不被法院支持。

的决定采取尊重的态度①,尤其是当涉及对事实和事项的自由裁量时更是如此。

对于法律问题,比如法律的解释,法院坚持认为其拥有最终解释权,并且认为在一定程度上司法的独立性受到侵害。但是,法院仍应适当地遵从国会对行政机构的授权,因为这些授权通常是开放性的,法院期待由行政机构提供其必要细节。在多数情况下,我们认为由法院来担当决定法律问题和解释成文法的权威也是合理的,法院似乎在这方面也是称职的。尤其是在确定行政机构管辖权的范围时,法院相比行政机构而言更加没有利益冲突。另一方面,较之于法院是主持司法审查的通才,行政机构的专家对诸如大气中污染物被允许的排放标准,以及核反应堆避免核泄漏所要求的应急堆芯冷却等许多技术问题更为在行。相似的观点是,事实认定者在听取了证人证言并考察了证据后所做的结论,应当得到适当的重视。

司法审查的这种职能划分有助于促进经济发展,并提高效率,法院过去对法律的一次性解释,会成为行政机构在将来所有案件可能适用的标准,此类司法判决并没有浪费司法资源。然而,法院并不承担确定案件事实的责任,而是采用由行政机构确定的事实,并对行使确定事实职能的行政机构所做出的努力给予尊重。如果不是这样的话,法院会有堆积如山的案件待审查。尽管法院对行政机构对事实的确定和自由裁量权的运用,采取了较为尊重的标准,近年来法院也更加着重地发挥其监督职能。

① 译者注:实践中美国法院奉行司法尊重原则(judicial deference doctrine)。

在对事实进行法律适用时,行政机构需要做出两个不同的决定:其一必须确定待处理问题受何种法律限制,其二决定在受限制的范围内要采取何种行动。从本质上看,行政机构对法律的理解必须经得起相对独立的司法审查。如果法院进行到下一步,即法律适用,法院实质上会更尊重监管机构的决定。行政机构将法律适用于事实的过程适用合理性标准(Standard of Rationality or Reasonableness)。

较之于对行政机构对事实的调查结果和对政策的判断,法院对行政机构的法律结论通常进行更独立的审查。然而,法院在对行政机构关于制定法的解释进行司法审查时,也会对行政机构的解释予以尊重,如最高法院在"雪佛龙美国公司诉自然资源保护协会"案①中的立场就凸显了此点。雪佛龙质疑环境保护署的旨在降低生产商污染控制成本的"泡沫"政策。该案争诉问题是行政机构是否可将清洁空气法中的"固定来源"解释为整套工业设施,而不是设施中的单个设备。最高法院支持了环境保护署的政策,规定法院在审查行政机构对制定法解释时需要遵循一种质询程序。第一步质询是国会是否"已就同样问题发表观点"。如果是,法院将"同意国会明确表述的观点"。另一方面,如果有关的制定法就涉及的问题"没有规定或规定含糊",问题就变成政府行政机构的答案是否为"可被允许的解释"或是"合理的解释"。此规定假设行政机构已合法拥有监管的权力。也就是说,当制定法存在模糊时,法院假定国会已授权行政机构以合理的方式对成文法的空白处进行补充。

尽管有雪佛龙案的指导,法院有时仍执着地认为它们

---

① Chevron U. S. A. ,Inc. v. NRDC (S. Ct. 1984).

是法律问题和成文法解释的最终裁决者。对具体的问题，法院倾向于认为国会对此已"直接述及"。此外，是否存在含糊不清本身就是个含糊的问题。据此，法院可以推翻行政机构的解释。作为一个实际问题，用雪佛龙案的话来说，问题是对立法必须"含糊不清"到什么程度以及行政机构的解释必须"不合理"到什么程度才足以由法院推翻行政机构的决定。

因此，在"MCI通信公司诉美国电报和电话公司"案[①]中，法院认为"修改"的意思仅仅是改变，从而判决联邦通信委员会（FCC）全盘废除价格管制计划具有太大的影响力，而不能被认为是"修改"。雪佛龙案也没有排除法院按照诸如成文法的总体结构和立法背景等传统的制定法解释方法进行法律解释。在一些判例中，法院以引起宪法问题为由，遵循传统的法律原则推翻监管机构对法律的合理解释。有趣的是，最高法院从没有运用雪佛龙案的判决（该判决表面上允许法院判定某监管机构的观点"不合理"）认定监管机构对法律的解释不合理而予以推翻。

在"美国诉米德"案[②]中，最高法院对适用雪佛龙案这一先例施加了一些限制，指出必须有一定证据表明国会有意授权行政机构来制定具有法律效力且适用于争议问题的规则。美国海关总署（United States Customs Services）出具的关于关税税则的"裁定函（ruling letters）"就被认定不符合雪佛龙案先例。但是，考虑到基于行政机构的知识和

---

① MCI Telecommunication Corp. v. American Tel. and Tel. Co. (S. CT. 1994).

② United States v. Mead (S. Ct. 2001).

经验而形成的说服力，我们应给予裁定函以"斯克的摩诉快递私人公司"案①中所述的尊重。另外，在行政机构解释其自己的决定，且该决定仅仅是"重复"了相关制定法的语言时，法院就不会给予行政机构尊重。虽然对尊重行政部门这一原则有其他的限制，但雪佛龙案所要求的尊重原则在平衡行政机构和法院的关系方面继续担当标志性判例的作用。

　　法院在审查行政机构的正式裁决所认定的事实时，法院可能运用"实质性证据"标准。实质性证据已被定义为"可被一个通情达理的人认为是足以支持某一结论的相关证据"，见"统一爱迪生公司诉全国劳资关系委员会"案②。要质询的是确定行政机构是否对信息进行了谨慎和足够的收集和评估。在这方面，法院认为行政机构有义务"严格审查"重要的事实问题。在适用"实质性证据"标准时，进行审查的法院必须考虑"所有的记录"。法院不能只寻找支持行政机构决定的证据，而是要考虑所有有利于和不利于行政机构调查结果的证据，并确定行政机构对事实的认定是否在"合理的范围之内"。在适用"实质性证据"标准时可能遇到的一个问题是，行政机构可能推翻行政法官对事实的初步裁定，尤其是推翻某一可信度的决定。行政机构有权这么做，但必须基于便利司法审查原则，先提供有说服力的论证，说明该行政法官的初步决定可能背离行政机构所认定的实质性证据。

　　另一个经常适用的审查行政机构的标准是，是否属于

---

　　① Skidmore v. Swift and Co. (S. Ct. 1944).

　　② Consolidated Edison Company v. NLRB, S. Ct. 1938.

"武断恣意,滥用裁量权,或违反了法律"(《行政程序法》§706(2)A)。该标准虽然适用多种类型的事实认定,但其通常适用于行政机构裁量权的行使。这类有关"任意"的审查被称为是确定"是否依据相关因素做出决定,以及是否存在明显的判断错误",见"保护奥弗顿公园的公民诉沃尔普"案①。这种标准涉及仔细审查行政机构的论证质量,对提出的问题进行严格审查,以及要求行政机构进行"经过深思熟虑的决策"。

有时,虽然行政机构基于自由裁量做出的决定符合国会立法规定,但可能与该行政机构自身规则不相一致。法院可以据此推翻此决定。行政机构背离其先前行政裁决的先例可以构成滥用裁量权,尽管审查法院并不被强制要求做出如此判决。② 审查法院并非一定会做出行政机构滥权的判决,而可能将案件发回,要求行政机构对该种背离做进一步解释,以避免破坏性的结果。③

重要的是行政机构应对其结论和做出结论的理由进行充分的解释,以便于进行审查的法院对它们进行审理。如果行政机构未能给出充分解释,审查法院可将该事宜退回,而要求行政机构对该事宜做进一步解释。在钱纳利系列案(Chenery line of cases)中,审查法院不能根据行政机构所提出理由之外的理由,来确认行政机构的决定。其原因在于,行政机构由国会授权自由裁量做出决定,法院不得替行

---

① Citizens to Preserve Overton Park v. Volpe (S. Ct. 1971).

② FCC v. Fox Television, 129 S. Ct. 1800 (2009).

③ Allied Signal, Inc. v. Nuclear Regulatory Corrim'n, 988 F. 2d 146 (D. C. Cir. 1993).

政机构做出这些决定。见"证券交易委员会诉钱纳利公司"案①。

在"摩根诉美国"案②中，最高法院认为："如果部长按照法律要求举行了听证，探究他得出结论的心理过程不是本法院的职责。"此规则假定行政机构的决定具有正当性，法院不会探究行政机构意见背后隐藏的动机。但如果行政机构行动时不对其决定做出任何解释，就可能会产生问题。在"保护奥弗屯公园的公民诉沃尔普"案③中，最高法院认为，审查法院可以通过决策者的证言或由决策者在法院作证，来调查行政机构做出决定的理由，或者法院可以采取其所偏好的行动，也就是将诉讼案件发回行政机构，要求行政机构进行必要的解释。但是如果一个行政机构确实对其决定同时给出解释，那么该行政机构的意见必须被一般认定为对行政机构论证的善意表达。

前述多个有关审查范围的原则的初衷是，当行政机构在完成正式的审判型听证程序后采取行动时，法院应按照这些原则行事。对非正式的决定（包括规则制定）的审查必须采用其他方式。通常，实质性证据标准不适用于这些非正式的程序。对于事实的审查通常要么采用重新审理标准（目前很少使用），要么适用武断恣意标准。在奥弗屯公园案中，法院认为，对于非正式的决定，如高速公路集资，必须以"部长在做出决定时所面对的全部行政记录"为基础，进

---

① SEC v. Chenery Company (S. Ct. 1947).

② Morgan v. United States (S. Ct. 1938).

③ Citizens to Preserve Overton Park, Inc. v. Volpe, 401 U. S. 402 (1971).

94

行滥用裁量权的审查。

奥弗屯公园案所确立的司法审查应依据"行政记录"原则，已被适用到相关非正式规则制定的案件中。按照此原则，法院在庭审时不再探究行政机构裁决的事实基础。现在，行政机构和被监管当事方均明白，因为审查法院不接受随后提交的任何证据，行政机构和当事方必须在行政记录的层面上把自己的案子坐实。

在非正式的规则制定的程序中，行政记录通常包括对提议拟制定的规则发出的通知、最终规则及与之随附的有关规则基础和目的的说明，以及公众提交的评论意见和行政机构编纂的可以公开的工作文件（unprivileged working paper）。如果行政记录包含的证据，包括不利于监管的相反证据，能使一个通情达理的人接受该监管的事实基础，则该规则制定便违反了武断恣意标准。行政记录已经成为对规则制定采取严格审查的关键步骤。

与依照《行政程序法》对行政机构做出的其他行动进行的审查相类似，制定的"规则"应符合政府行政机构的法定强制性要求、宪法和程序上的要求，且不属于武断恣意。在规则制定的场合中，主要的争议问题涉及政策判断和"立法事实（legislative facts）"。而政策判断和"立法事实"在规则制定中通常为不可采证据，正如在典型的裁决程序中一样。同样，像能源问题的很多决定所涉及的问题一样，许多争议问题的技术性很强。非正式规则制定的行政记录，类似于在立法委员会对一个议案举行听证之前的程序中所收集的材料。这些记录包括来自支持者和反对者的信件、电子邮件和书面声明，以及偶然获取的不属于交叉询问范围的口头证言。对这些记录进行审查时，法院必须谨慎以避免带有其自己的政策倾向,且不能与立法者"合穿一条裤子"。法院必须将其努力局限于纠正行政机构的过分之举,同时又不破坏民主原则。

最高法院在"汽车制造商联合会诉国家农场互助汽车保险公司"案①中建立了对"深思熟虑的决策(reasoned decision making)"的要求。此案涉及交通部于 1981 年废止了的 1977 年出台的规则,该规则要求汽车安装"被动防护"(passive restraints,指气囊或自动安全带)。行政机构解释其废止该规则的原因是,调查表明因使用者可能会卸去"可拆卸"的自动安全带,该种安全带不一定对促进安全有帮助。最高法院认为此解释有两点漏洞。其一,不愿系安全带的使用者可能允许自固型安全带保留在原处,而行政机构并没有就该关键论点进行论述。其二,行政机构也没有解释,即便可自动拆卸的安全带无效,该机构为什么没有另行规定要求采用气囊和不可拆卸的安全带,而两者均被该行政机构在早些时候证实对安全有效。最高法院在国家农场一案中斟酌道:行政记录中很清楚地包含了行政机构所忽视的备选方案,行政机构推翻了原本已能很好地解决问题的办法。法院指出,行政机构必须对已有证据进行讨论,并"提供已认定的事实和所做选择之间的合理联系"。

当然,对必须由多个行政机构考量的技术性很强的问题,特别是与环境和能源相关的问题,将难以适用"严格审查"和"深思熟虑的决策"原则。在处理这类问题方面,多数法院已经意识到其能力不足。最高法院本身也注意到需要

---

① Motor Vehicle Mfrs. Ass'n. v. State Farm Mut. Auto Ins. Co. (S. Ct. 1983).

对技术上的决定进行司法限制。在"AFL-CIO 产业工会部诉美国石油协会"案①中,多数意见是认为在法律对危险品进行监管之前,应证实该危险品存在重大风险。但多数意见也指出,劳工部部长不必对其结论提供"任何接近科学确定性"的支持,风险的存在只需要"由著名科研人员组成的团体"认可。在"巴尔的摩天然气和电力公司诉自然资源保护协会"案②中,最高法院做出以下评论:当行政机构在其专长领域内采用科学前沿技术进行预测时,"审查法院通常应高度尊重行政机构的观点"。

另一个偶尔会产生的问题是对于行政机构的不作为(通常是在若干情形下未能执行法律)能否进行司法审查。在"海科尔诉查尼"案③中出现了这一问题。在该案中,八名待执行的死刑犯致信食品和药物管理局(Food and Drug Administration),指出州政府通过注射致命药物执行死刑违反《食品、药品和化妆品法》。他们提请该局通过诉讼制止这一做法,但遭到拒绝。最高法院支持了行政机构的决定,理由是该行政机构拒绝进行执行程序,可以被推定为该事项不可以进行司法审查。另一方面,在"马萨诸塞州诉环境保护署"案④中,最高法院认为在法律没有直接授权行政机构能否自由裁量监管问题时,行政机构应当主动作为。该案中,最高法院采用武断恣意标准,对行政机关在温室气体影响方面的规则制定方面的不作为进行审查,并否定了

---

① Industrial Union Department, AFL-CIO v. American Petroleum Institute (S. Ct. 1980).

② Baltimore Gas & Electric Company v. NRDC (S. Ct. 1983).

③ Heckler v. Chaney (S. Ct. 1985).

④ Massachusetts v. EPA, 549 U. S. 497 (2007).

这种不作为。

显然,司法审查标准尚不严密,为当值法官的自由裁量留有很大的余地。至于司法审查是否在总体上有利于或有碍于实现法理价值尚无定论。当然,司法审查的拥护者一直强调司法审查对法治的贡献,以及对行政层面上的草率和其在遵守法规要求提供救济以实施质量控制功能方面的失职。为司法审查辩护的一个重要论点是,司法审查使得专业的行政机构狭窄而集中的视野让位于通才的视野。司法审查的怀疑者会认为,较之于缺乏资源的法院,具有专业技能和经验的行政机构更能有效地解决问题。

3.6 联邦能源监管

能源部(DOE)于1977年按照《能源部组织法》①成立。成立能源部的目的在于协调并集中全国能源方面的能力,以应对由阿拉伯国家在全球范围的石油禁运和提价造成的20世纪70年代石油危机。石油禁运直接影响其他能源的供应和价格。能源部是一个内阁级的行政机构,其下设联邦能源监管委员会(FERC),该委员会是一个独立管制机构,发挥前联邦动力委员会的全部职能。

3.6.1 能源部

在能源部成立之前,联邦对能源资源的监管职能分散于几乎所有的内阁部门。更不必说八个或九个独立的对各种能源计划具有管辖权的行政机构。开始时,能源部承担了联邦能源局、能源研究和开发局以及联邦动力委员会的

---

① the Department of Energy Organization Act (42 U. S. C).

全部职能。这些机构至少在名称上已经消失了。除同一级别的联邦能源监管委员会外，能源部还包含并负责管理其他部门和计划。如能源部还管辖国家核安全管理局，包括输配电研究在内的各种研究计划和设施，负责整理和分析能源信息的能源信息署，负责政策和国际事务的助理部长办公室，和电力市场管理局（如邦纳维尔和西南电力管理委员会）。国家核安全管理局负责保持和加强美国库存核武器的安全、可靠和性能及相关事宜。能源部内设主管能源、科学和环境的部长助理，其对包括能源效率、节能和可再生能源等事宜负有重要职责。尽管如此，在1977年的机构重组后，仍然有许多重要的能源管理部门和计划不归能源部管辖，我们下面会讲到。

《行政程序法》适用于能源部的所有行为。但《能源部组织法》对《行政程序法》规定的程序做出了一定的修改，并适用于能源部。例如，当能源部拟作出的规定可能对全国经济造成重大冲击时，必须对外提供进行口头陈述观点、提交数据及论点的机会。同样，如果能源部部长认为事实或法律存在重大争议问题，也必须对外提供进行口头陈述的机会。然而，根据《行政程序法》§553，提供书面评论即可满足正当程序的要求。如果严格遵从程序要求会损害公众的健康、安全和福利，能源部部长有权不遵守这些额外的程序要求。该程序豁免不适用于联邦能源监管委员会，该委员会通常应遵从《行政程序法》规定的程序。事实上，能源领域的主要规则由联邦能源监管委员会制定，而不由能源部制定。

3.6.2 联邦能源监管委员会

联邦能源监管委员会承担了先前的联邦动力委员会的

权力和职责。该委员会有五名委员,这些委员由总统征求参议院意见并经参议院通过后任命,来自同一政党的委员不超过三名。

联邦能源监管委员会的职员由能源开发的各个领域的专家构成,并分属若干办公室,如"能源项目办公室"。该办公室管理水电设施、天然气管道项目和其他为公众利益而建设的能源项目;"市场、价格和费率办公室",该办公室处理电力、天然气和石油管道设施和服务相关的市场、价格和费率。该机构名字中包括"市场"说明了放松管制的重要性。传统上,天然气和电力批发价格及石油管道的费率由行政法官主持的对抗性程序制定,而该程序中包含交叉询问程序。历史上,联邦能源监管委员会是《联邦水电法》《联邦电力法》《天然气法》《天然气政策法》和其他与能源相关立法的执行机构。

例如在定价方面,受监管的电力设施的电力批发价格依照《联邦电力法》§205 和§206 受制于联邦能源监管委员会的监管。对费率、收费、计费办法和服务的修改应提前60天通知联邦能源监管委员会和公众方可实施。联邦能源监管委员会可以在为期不超过5个月的调查期内暂停实施新的价格。如果联邦能源监管委员会未能在5个月的时限内就该新价格做出决定,就可以按照此价格收费。如果联邦能源监管委员会最终否决了该价格,对按此价征收的差额应予以退还。批准价格的标准是,该价格应公正和合理,且不存在任何不当的优惠或不合理的差异。

类似的,受监管的天然气公司制定的费率依照《联邦天然气法》§4 和§5 受制于联邦能源监管委员会的监管。费率调价的通知期为30天,5个月的暂停实施期要求与电力设施的费率的要求类似。同电力设施的调价一样，在暂停实施期之后，可按照新的费率征收的费用，而在该费率最终被否决时，其差额可被退还。与电力公用设施规定相类似的公正和合理标准，和禁止不正当的优惠或不合理的差异的规定均适用于天然气公司。

自 1950 年以来，最高法院对"联合天然气管道公司诉 Mobile Gas Service 公司"案[①]和 1956 年"联邦动力委员会诉 Sierra Pacific 电力公司"案[②]所做出的判决一直决定着双边合同中谈判确定价格的重要方面。这些判例确立了"Mobile-Sierra"原则，即由自由谈判达成的合同的价格应被认为是"公正且合理"的，这与《联邦电力法》和《联邦天然气法》的规定一致，联邦能源监管委员会不能强迫改变价格，除非合同价格"严重损害了公共利益"。因此，"Mobile-Sierra"原则为联邦能源监管委员会价格干预的法定权力设定了司法限制机制。最近，该原则又在两个判例中被提及并再次得到确认。

在"摩根士丹利资本集团公司诉公用设施"案[③]中，该案事关加州能源危机引起的能源价格上涨，最高法院重申了"Mobile-Sierra"原则，并拒绝允许联邦能源监管委员会调整危机期间签署合同中的历史性高价。并由此，最高法院取消了第九巡回上诉法院对联邦能源监管委员会提出的临时性要求，即由后者调查争诉的价格是否因市场失灵造

---

① United Gas Pipe Line Co. v. Mobile Gas Service Corp. , 350 U. S. 332 (1956).

② FPC v. Sierra Pacific Power Co. , 350 U. S. 348 (1956).

③ Morgan Stanley Capital Group, Inc. v. Pub. Util. Dist. No. 1,554 U. S. 527 (2008).

成的。在最高法院判决中，斯卡利亚大法官写到："单纯的一方从事违法活动的事实并不能剥夺其基于 Mobile-Sierra 原则获得远期合同收益的权利。"仅在非法活动与合同价格有关系时，"Mobile-Sierra"原则才不适用。

在"NRG 电力销售公司诉联邦能源监管委员会"案[①]中，法院需要回答的问题是 Mobile-Sierra 原则是否适用于非合同签署人对合同价格提出异议。这个案件源于新英格兰地区[②]成立独立系统运营商（ISO）管理电力输配。该组织已经与区域内 115 家公司达成协议，包括定价机制。然而，并不是每一家公司都愿意签署协议，反对者们为此向法院起诉。最高法院推翻了哥伦比亚特区联邦巡回上诉法院的判决，并认为即使非合同签署人对合同价格提出异议，Mobile-Sierra 假定原则依然适用。考虑到独立系统运营商将在管理输电系统运行方面的角色越来越重要，该判决毫无疑问将更加重要。

3.6.3 其他与能源相关的监管机构

虽然《能源部组织法》试图统一政府的主要能源计划，鉴于不同的原因，政府的一些能源监管部门仍不属能源部这个新的部门管辖。其中，最重要的机构是美国核能监管委员会（NRC）。该委员会的五名委员由总统征求参议院意见并经参议院通过后任命。总统任命一名委员作为主席和官方发言人。该委员会作为一个整体制定管理核反应堆和核材料的安全事项的规则和条例、向许可机构发布行政

① NRG Power Marketing, LLC v. FERC, 130 S. Ct 693 (2010).

② 译者注：新英格兰，是位于美国大陆东北角、濒临大西洋、毗邻加拿大的区域，该地区包括美国的六个州。

命令并就其负责的法律事宜做出行政裁决。该委员会的行政主任负责执行该委员会的政策和决定，及领导各计划办公室的工作。该委员会依据健康和安全第一的原则颁发核电站的建设和运行许可。

核能监管委员会是从前原子能委员会分离出来的机构。由于原子能委员会同时负责原子能的管控和推广，自身职能之间存在固有的利益冲突。为了解决此问题，原子能委员会的职能被分配到核能监管委员会和能源研究和开发局（Energy Research and Development Administration），后者负责原子能应用的研究、开发和推广。不将核能监管委员会的职能并入能源部的主要原因是为了强调核电站安全的重要性，以避免由于监管部门的职责过宽而疏于对核电安全的监管。核能监管委员会通过其在全美的四个区域办公室展开工作。

另一个对能源有着深刻影响的监管部门是美国环境保护署。环境保护署制定并实施法规，贯彻并执行国会颁布的环境法律。环境保护署负责研究和制定各种环境计划的全国标准，并授权各州和部落颁布许可，监督并强制上述法规被遵守。当出现违反国家环境标准的情况时，环境保护署可以予以制裁，并采取其他措施帮助各州和部落达到期望的环境质量水平。鉴于能源的开发和利用对环境有巨大的影响，环境保护署的监管措施是影响能源的生产、开发、运输和分配的一个主要因素。环境保护署的很多规定和法规直接影响能源活动。环境保护署的使命是保护人类健康，及保护生命赖以生存的包括空气、水和土地在内的自然环境。能源部的主要职责是确保能源的充分和可靠的供应，而环境保护署的主要职责是避免能源的利用对环境造成不利的影响。鉴于能源部和环境保护署使命之间存在的潜在冲突，由能源部管辖环境保护署是不妥当的。

在前述马萨诸塞州诉环境保护署案中，最高法院认为环境保护署作为，基于《清洁空气法》对其已有的授权，能够并且应当监管温室气体排放，以避免不受待见的气候变化。相应的，环境保护署做出了大量努力，制定对电力设施及其他能源供应商等温室气体排放大户的监管规定。虽然就《清洁空气法》中的监管规定是否是应对气候变化的适当手段仍存在争议，试图改变或废除此司法判例的努力也将持续，但该判例的影响将是能源未来需要考虑的一个主要因素。

另一个承担了很多能源相关职责的重要监管部门是由国会于 1849 年成立的内政部（Department of the Interior）。内政部的使命之一是妥善管理能源和矿藏资源。内政部管理占美国国土面积约五分之一的 5.07 亿英亩（约 2 亿公顷）土地。在联邦管理的土地和近海上的能源项目生产了全国 28％的能源，包括 34.5％的天然气、32％的石油、35％的煤、17％的水电和 48％的地热能。内政部下属机构垦务局（Bureau of Reclamation）运营着 58 座水电站。内务部下属机构土地管理局（Bureau of Land Management）管理大约 7 亿英亩（约 2.8 亿公顷）的埋藏在联邦土地下的矿藏资源。联邦的内陆土地生产了全国 33％的煤、11％的天然气和 5％的国内石油。内政部的另一个下属机构是为实施《1977 年露天采矿的控制和地面恢复法》[①]而成立的露天开采办公室。该办公室的使命是保证露天煤矿在开采期

---

① Surface Mining and Reclamation Act of 1977.

间能够保护居民和环境,开采之后对地表进行恢复以便利用,以及对弃用的矿井进行积极的恢复以降低其环境影响。因此,内政部在美国的能源政策中起重要作用。没有将内政部的相关职能并入新近设立的能源部有很多原因,其中之一就是考虑到内政部的规模和历史。

因 2010 年"深水地平线"石油钻井平台在路易斯安那海岸持续 87 天溢油事件,内政部处于动荡中。部属的矿产管理局是签发海上石油生产租约的部门,一直被指责受石油和天然气公司所"左右",也因为这场灾难受到了严格审查。该局也因此被重组和更名为海洋能源管理局(Bureau of Ocean Energy Management)与监管和执行局(Regulation and Enforcement)。随着单位名称的更改,也更换了包括局长在内的部门负责人。

除此之外,美国政府中还有许多行政机构的政策也影响能源行业。这类机构数量繁多,难以一一列举。

联邦行政机构的能源监管职能的界限不是一成不变的。能源技术的进步,可能会带来新的监管管辖权冲突问题。一个很好的例子是对开发近海可再生资源日益受到关注,尤其对风能和海洋能(潮汐或波浪)项目的开发。这些项目引起内政部和联邦能源监管委员会之间的监管权竞争。内政部负责近海大陆架联邦水淹地上的能源(传统上是石油生产)项目的租约,而联邦能源监管委员会之前的排他监管的领域之一是水电项目。2009 年内政部和联邦能源监管委员会就这些项目达成谅解备忘录,内政部对海上风电项目的许可拥有排他管辖权,并与联邦能源监管委员会共同负责对潮汐和波浪能项目的许可。

3.7 州能源监管

为了公众利益进行监管的渊源可以追溯到中世纪神父倡议的"公平价格"（just price）原则。该理论不同于罗马法中来自于斯多葛学派的"自然价格"（natural price）理论和其"justus pretium"理论。自然价格理论认为，任何具有交易意向的买卖双方通过协商达成的交易价格即为合理价格，因而与现代经济原则无甚不同。另外，公平价格原则认为，在贸易商向生产者支付一个公平价格后，其在转售时将价格提高的程度应该通常是足够给予其经济支持的程度，此时的交易才具有合法性。详见杰瑞·Z. 穆勒的《情感和市场：当代欧洲人对资本主义的思考》[①]。

中世纪的行会内部的商业亦受上述思潮影响，以合理价格对所有的客户提供服务。当普通法法院取代这些行会、领地和城镇行使管理权时，若干职业被挑选出来，并赋予特殊的权利和义务，这些职业被称为"公共职业"（common callings）。而公共职业的特性主要体现在其进行商业运作的方式，即从事该职业的人与私人职业的不同在于前者的客户是大众。很明显，英国最高法院首席大法官黑尔（1609－1676）在其论著《海港论》中首先使用了该术语，他指出公共职业是影响公众利益的职业。受英国国会监管的公共职业包括面包师、酿酒师、出租车司机、渡船工人、旅馆主、磨房主、铁匠、外科医生、裁缝和码头管理人。

---

① Jerry Z. Muller, The Mind and The Market: Capitalism in Modern European Thought, ch. 1(2002).

上述思想在殖民美洲不断发展,这体现在该地对诸如啤酒、面包、玉米和土豆等产品的价格监管上面,其中对水陆公共运输人的管控最为细致。在 1812 年战争之后,前述的诸多监管被解除,当时普遍的观点是自由竞争是促进公共福利最好的方式。随着美国国内战争的进行,竞争被证明不如经济学理论预期的那样有效,通过监管来保护公众利益的思潮有所抬头。主要的垄断和准垄断首先在铁路运输行业出现。19 世纪 70 年代,格兰杰立法①(Granger legislation)纷纷涌现,以建立州对铁路运输的监管机构。1887 年,美国最高法院在"莫恩诉伊利诺伊州"案中的判决是,根据黑尔大法官的理论,谷仓业务"影响公众利益",因此伊利诺伊州能够对芝加哥地区的谷仓收费进行监管。但 1890 年之后,为了公众利益而进行监管经济活动的观点被冷落,自由放任政策在法院中占据主导地位。尽管如此,一些被称为公用设施的企业仍是公共监管的对象。虽有例外,但公用设施地位通常被赋予垄断企业地位。通常,公用设施公司被授予排他特许权向规定地域提供服务时,其有义务以相同的条件和公平合理的价格向所有的申请服务的客户提供服务。

在法院干预、立法机关直接监管和地域性许可这些监管因各种原因失败后,州监管机构对市政设施的监管机制开始发展。州政府通过公共服务机构进行监管在能源尤其是电力领域十分重要,因为州政府或市政当局最早向在其

①　译者注:为检验经济变量间的因果关系,格兰杰于 1969 年利用滞后分布的概念提出了以其名字命名的因果性定义,并给出了这种因果关系的存在性检验,即"格兰杰因果律"。

辖区内的公用设施发放排他性许可,并对辖区内发电商向当地用户提供的输配电的服务进行监管。在1935年《联邦电力法》通过之前,联邦没有进行电力监管的法律依据。1907年5月,纽约州率先通过了第一部《公共服务委员会法》,从而建立了对快速交通、铁路、天然气和电力公司进行监管的管辖权。仅一个月后,威斯康星州立法机构将已有的铁路监管机构的监管权力和责任扩展到天然气、电灯、电力和电话公司。

萨缪尔·英萨尔是美国早期电力设施的重要开发商。正是他在其1898年对全国电灯协会的讲话中,提议和倡导州政府对电力进行监管。威斯康星州监管机构的成立在很大程度与著名的经济学家约翰·康门斯的著述有关。到1920年,超过三分之二的州成立了监管委员会。大萧条后,大部分监管委员会的权力得到加强。今天,所有50个州和哥伦比亚特区均有被称为公用设施委员会或公共服务委员会、公司委员会或商务委员会的监管委员会。绝大部分监管委员会对行业准入、设施的建设和弃用等相关事宜具有发放许可、特许经营或批准的权力。就费率而言,这些监管委员会有权要求公用设施经营者在调整费率之前,先获得监管委员会许可,也有权暂停提议的费率变动,以及提出临时性的费率和对费率展开调查。绝大部分监管委员会有权控制服务的质量和数量,制定统一的记账系统和要求制备年度报告。超过四分之三的监管委员会有权监管有关公司的证券发行。

联邦和州对包括能源公司在内的公用设施的管辖权目前多有清晰的界定。《联邦电力法》尽其所能为各州保留管辖权,相关的监管委员会在很大程度上也避免超越其管辖权。就天然气而言,联邦法规涵盖天然气的输送,州管辖权仅限于天然气的分配,联邦法规的管辖范围更宽。另外,电力一直主要由州进行监管。但随着电力市场的自由化,联邦监管对电力越来越予以关注。

州监管的另一个重要领域是各州通过控制温室气体排放,应对气候变化。对此,一些州已经远远走在联邦政府的前面,例如实施区域性总量控制与排放权交易体系和制定能效标准。并且,大多数州已经通过了自愿性或强制性的"可再生能源配额制"(RPS),要求地方电力公司在指定的日期前,必须有规定比例的电力来源于可再生能源。这些州的可再生能源配额在范围和实现方式上差别很大。

最具特点的是加利福尼亚州,该州建立了本州环境标准,包括可再生能源配额制、建筑物和家用电器的能效标准以及汽车排放标准。2006 年,加州通过立法建立了严格的温室气体减排机制,目标是将 2020 年温室气体排放下降到1990 年的水平。加利福尼亚州的选民在 2010 年的选举中拒绝撤销这些新的环境法律的提议。

3.8 影响监管管辖权的宪法原则

美国宪法的若干条款在联邦和州政府之间监管的权力分配,以及对联邦和州监管的权力的限制方面有重要意义。这些规定包括贸易条款(commerce clause)、联邦至上条款(supremacy clause)、宪法第五修正案规定的征用条款(taking clause),及宪法第十四修正案就征用条款对州政府的适用。

3.8.1 贸易条款

美国宪法的贸易条款授权国会监管美国联邦政府与外国、各州及与印第安部落间的贸易。此条款在正式授予国会权力的同时，也限制了州的监管权力。就权力限制而言，该条款禁止各州通过增加州外竞争者负担的方式使州内经济获利。鉴于能源既在同一州内市场生产和销售，也在各州之间进行运输和销售，贸易条款对能源法尤其重要，见"新英格兰州诉新罕布什尔州"案①。换言之，这些业务受制于两个或多个监管机构，且存在发生市场扰乱（market disruption）的可能性（该种扰乱已经发生，将于后面章节介绍）。长期以来，本地电话业务由州政府监管，长途电话业务则由联邦政府监管。"哪级政府对州内铁路运输业务具有管辖权"这一问题会引起另一个有趣的问题。乍一看，州内运输业务似乎应属州政府管辖，但此业务可能是跨州运输的一部分，州内运费可能对跨州运输的费用有重大影响。因此，联邦机构应对州内运输和跨州运输的费率有最终决定权。伊利诺伊州立法机构为帮助本州煤炭与州外煤炭竞争而付出的努力也提出了一个有趣的问题。在"洁净煤联盟诉米勒"案②中，美国第七巡回上诉法院判伊利诺伊州败诉，从而为这一宪法问题提供了答案。

国会监管的权力并不是无限的。根据贸易条款，国会无权监管与贸易无关的事项。除了监管贸易外，国会无权干涉贸易。也就是说，国会对贸易的监管必须与贸易的若干部分具有实际且重大的联系。如果某法律监管的活动与

---

① New England v. New Hampshire (S. Ct. 1982).

② Alliance of Clean Coal v. Miller (7th Cir. 1995).

贸易或经济企业无关,或不是另一个对经济活动的更高层面的监管的实质部分,并且除非对州内活动进行监管,否则更高层面监管会大打折扣时,那么国会颁布此法律就超出了贸易条款对其授权,该法律就会被认定无效。至少这种无效的情形在某法律不包含任何管辖因素时是真实存在的,该管辖因素通过判例确保该法律禁止的事项影响了跨州贸易,从而使得该法律的适用局限在那些个别与跨州贸易存在明显联系或影响的活动。然而,如果该法律禁止的活动对跨州贸易有重大负担,并足以使司法机关认可立法机关对被禁活动实质影响了跨州贸易的判断,当国会做此结论时,该立法依然有效。见"美国诉洛佩斯"案①、"纽约州诉美国"案②和"联邦能源监管委员会诉密西西比州"案③。

3.8.2 联邦至上条款

联邦宪法规定,宪法是根本法,任何法律的制定都要依据宪法,任何州的宪法或法律中与之相抵触的部分无效。国会依照宪法对其授权,合宪地通过的法律是美国最高法律的组成部分。因此,由于国会的立法优于州的立法,州法律在违背国会发布的有效法律时无效。见"太平洋天然气和电力公司诉州能源保护和开发署"案④。

在联邦法优于州法原则的背后,最关键问题是国会是否意欲让联邦法取代州法。在一个与法律优先相关的案件

---

① United States v. Lopez (S. Ct. 1995).

② New York v. United States (S. Ct. 1992).

③ FERC v. Mississippi (S. Ct. 1982).

④ Pacific Gas & Electric Co. v. State Energy Resources Conservation and Development Comm. (S. Ct. 1983).

中，只有在州法律与联邦法律实际上相抵触时，或联邦法律的适用范围表明国会期望联邦法律是相关领域中唯一适用法律时，州法律才会被联邦法律所取代。显然，在界定联邦和州法对同一类活动如能源活动的管辖权边界时，联邦法优先于州法原则非常重要。在"路易斯安那州诉联邦通信委员会"案①中，最高法院判定，在联邦通信委员会已根据有效的联邦政策规定了折旧率的情况下，路易斯安那州公共服务委员会依照联邦政策制定的州内电话设备折旧率没有优先权。

当涉及电力的相关事项时，国会总是小心避免侵犯州监管委员会的特权及其对当地配电服务所具有的管辖权。但《联邦电力法》赋予联邦能源监管委员会对跨州贸易中的电力输送的管辖权。该管辖权可能是排他性的并且已经得到"纽约州公共服务署诉联邦电力监管委员会"案②判决的支持。随着电力市场的自由化的进展，区域电力市场发挥着更为重要的作用，我们有理由相信更多的联邦管辖权将取代或优先于州管辖权。

由于各界对国家输电网络可靠性和充裕性的担忧，联邦机构扩大了对输电线路建设的监管权。最重要的是，当州选址监管机构未能采取行动为重要的输电项目提供许可时，《2005年能源政策法》赋予了联邦能源监管委员会以全权发布联邦许可。该规定颠覆了长期以来由州监管部门负责输电线路许可的传统。将输电领域的监管权从州层面调整到联邦层面，可能不是放松监管的初衷，毕竟州内输电网

---

① Louisiana v. FCC (S. Ct. 1986).

② New York Public Services Comm'n v. FERC (S. Ct. 2002).

络并不影响竞争。

3.8.3 征用条款

根据美国宪法的第五修正案及该修正案依据第十四修正案对各州的适用规定,在没有公平补偿的情况下,不得为公用之目的征用私有物。联邦政府须为其实际的征用补偿财产的所有权人。与能源法有关的征用主要是管制性征收(regulatory taking),即监管行为永久地剥夺了对私有财产的所有使用权(见"塔霍-山地保护区理事会有限公司诉塔霍区域规划署"案[①]),或对与公共目的无关的土地附加只能用于公用目的的条件。就依据宪法进行的征用而言,即使法规否认财产所有权人对在经济上受益或生产上对土地的使用的权利,州在某些限定的情形下可能抵制就征用给予补偿。这些情形包括州可以证明业主所有的权利,从不包括以法规禁止的方式使用土地的权利,见"艾奥瓦煤矿公司诉门罗县"案[②]。

能源领域关于征用的争论,最常涉及的是那些据称拒绝给予公用设施公司对投资获取公平回报权的监管程序。在"杜奎斯尼电灯公司诉巴拉什"案[③]中,宾夕法尼亚州法律规定,电价的确定不应考虑已规划建设但在完工前停建的发电设施的花费,即使建设发电设施时的花费是谨慎和合理的。最高法院对此的判决是:"宾夕法尼亚州最高法院的判决认为,该法律没有以违背宪法第五修正案的方式征

---

① Tahoe-Sierra Preservation Council, Inc. v. Tahoe Regional Planning Agency (S. Ct. 2002).

② Iowa Coal Mining Co., Inc. v. Monroe Country (Iowa 1996).

③ Duquesne Light Company v. Barasch (S. Ct. 1989).

用电力设施公司的财产。我们同意该结论并裁决,不能仅因为州公用设施规定不允许对未被公众使用、也对公众无用的设施回收投资资本,就认定其对该设施进行了征用。"

然而在监管的历史中,公用设施公司曾多次以被征用的名义提出诉求。目前,有关征用的诉求仍是受监管的公司提起诉讼的一件利器。

你在本书余下的章节中还会碰到这几个法律原则。这也说明了能源问题既是政策问题,也是法律问题。然而,监管政策的实现必须严格遵从适用于该监管州的实体法和程序法。

第4章 能源决策

我们在前三章介绍了能源监管所涉及的基本因素——经济学、政治学和法律。本章介绍这三种因素的组合所形成的能源决策过程。

虽然我们难以准确预测立法活动中可能要提议的法律，但我们仍有一定信心预测监管立法[1]方面的一些因素。对任何的情况下，我们可以说只有在政治、经济和法律方面均合理的立法建议，才能被通过，如在北极国家动物保护区钻井开采石油。有关监管的立法必须在经济意义上有效且公平，在政治上获取立法者和行政当局的支持，并且符合宪法和法律的要求，见约瑟夫·P.托梅因和西德尼·A.夏皮罗的《分析政府监管》[2]。换言之，作为学习监管立法的学生，虽然我们不能预测立法或政治活动中可能产生的立法建议，但我们可以评估被提出的立法建议能够通过立法程序或政治程序的可能性。

监管立法建议通常有两种来源。如果行政机构（如联

---

[1] 译者注：也可译为规制立法，即以监管或规制为目的的立法，包括国会立法以及监管机构制定的法律规则。

[2] Joseph P. Tomain & Sidney A. Shapiro, Analyzing Government Regulation, 49 Admin. L. Rev. 377 (1997).

邦能源监管委员会），已经被法律授权监管某个领域（如州际电力或者天然气批发销售），那么联邦能源监管委员会就有权行使其对该领域监管的权力。如果国会希望能解决新领域的问题，比如总量控制与排放交易，那么国会也会通过立法，并指定具体行政机构执行这一法律。历史上，诸如《天然气法》或《联邦电力法》第2章这样的法律以常规语言起草，指定诸如联邦能源监管委员会这样的与大多数行政机构类似的行政机构，负责提供具体的细节和实现立法的目的和目标。在过去的几十年间，能源立法与其他复杂和争议领域（如医疗和财政改革领域）的立法一样，是大量政治游说的结果，所形成的法案长达数百页。

不论是一般性立法还是特别立法，人们很容易想象到，立法者将立法权授予行政机构有以下几点好处。第一，立法者不可能是所有领域的专家；第二，行政机构负责对具体领域进行专业性监管；第三，授权行政机构制定法规既能使立法者因法案通过而捞取名声，也能避免因实施过程中出现的差错而受到责难。

这就有了摩擦。一旦行政机构得到法律授权，它也将被要求必须按照法律的指令行事。行政机构当然也必须遵从宪法与成文法。然而，行政机构也将承受政治压力。我们想象一个场景，比如出现总统来自一个政党，而国会由另一政党控制的分裂政府。由于大多数行政机构属于行政部门，不难想象行政机构应当向总统负责。然而，行政机构又是由国会通过立法设立的，国会能够通过听证或更加非正式的渠道对行政机构发挥监督功能。简言之，尽管行政机构是在总统管辖领域内工作，但它们同样也要承受立法者们的政治压力。

采用尽可能客观和非政治的决策办法,是行政机构履行其法定职责并减少政治压力的一种方式,尽管这样远不能避免政治压力。一些人可能认为,目前计算机强大的能力已允许开发和依靠不受党派影响的、客观和科学的决策过程。但世事并不这么简洁有序,作为一门行为科学的政治学,总是要干涉政府监管。行政机构还得尽其所能,以制定可靠、透明和客观的规则。当涉及经济和财政问题时,情况更是如此。

本章介绍能源法领域中的行政机构所采用的两项决策办法,即定价和成本效益分析。鉴于这两种办法的既定目标均是为了经济有效地解决被监管的问题,这些办法应是定量的。尽管这样,我们还需指出,这些定量的办法也不可避免地要受到非定量的规范性政治影响。

我们从介绍公用设施监管开始本章的理由是:第一,公用设施法早于能源法出现,公用设施监管的发展历史本身也富于启迪,早期适用于公用设施的原则依然有效;第二,公用设施是解释"政府监管是政府和市场之间相互作用"的一个很好的例子。具体讲,公用设施监管是自然垄断造成市场失灵、从而需要政府干预的绝好例子。我们也应注意到,虽然我们将集中讨论天然气和电力公用设施,但公用设施还包括水、有线电视和电话等行业。现今时髦的说法是将这些行业归入"管网产业",这只是新瓶装老酒,无甚新意,见约瑟夫·P.托梅因的《政府对管网产业的监管》①。

---

① Joseph P. Tomain,Networking-industries gov. reg.,48 U. Kan. L. Rew. 829(2000).

4.1 公用设施监管

当前能源监管的基本理由至少可以追溯至 19 世纪,公用设施一词本身就指出了监管的原因。因某私人企业影响公众利益,政府对此企业进行监管是否构成法律上的征用?如此提问,需要很多口舌来回答。有关监管的先例具有历史价值,且表明了监管的范围和理由。例如,在其 1670 年的论著《海港论》(De Portibus Maris)中,英格兰的黑尔首席大法官(Lord Chief Justice Hale)也正是以海港涉及公众利益为理由,说明政府需要对其进行监管。约翰·斯图亚特·穆勒在其 1848 年出版的《政治经济学原理》[①]中采用了同样的观点。在大西洋的此岸,政府监管的起源是早期针对美国宪法中贸易条款的一些诉讼。这些诉讼包括确认联邦对汽船法规拥有至高无上的权力的"吉本斯诉奥格登"案[②]。

虽然联邦对很多事项的监管涉及美国宪法的贸易条款,但对公用设施的监管则是基于对自然垄断进行监管这一较窄的概念。对垄断监管的早期判例有"查尔斯河大桥特许经营者诉沃伦大桥"案[③]。该案的焦点是州政府是否应保护(实际上是向其授予垄断权)垄断经营大桥的收费经营者。查尔斯河大桥公司依据州政府对其的许可,收费经

① John Stuart Mill, The Principles of Political Economy. 本书中译本,见约翰·斯图亚特·穆勒《政治经济学原理》,金镝等译,华夏出版社 2013 年版。

② Gibbons v. Ogden (S. Ct. 1824).

③ Proprietors of Charles River Bridge v. Warren Bridge (S. Ct. 1837).

营查尔斯河大桥。但是该许可并没有明确授予该公司垄断经营权利,法院也拒绝认定该许可有授权进行垄断经营的含义。假设当时该公司通过谈判获得垄断保护,那么其就有理由要求州政府保护其投资和预期财务收益。

铁路监管是公用设施监管的直接先例,对两个行业进行监管的理由也相同。现代第一个也是最重要的公用设施监管判例是"莫恩诉伊利诺伊州"案。该案的焦点是伊利诺伊州是否可以对谷物储存的收费限价。最高法院的判决是该州的立法者可以通过限价保护公众利益。该案涉及两个要素:(1)监管的对象,此案中谷物储存被认定为公众利益;(2)谷物储存商具有垄断地位。简言之,谷物储存商被认定对储存谷物的农民收取了超过市场价的费用。

需要厘清的基本问题是,宪法是否授予了政府干涉私人经营的权力? 鉴于目前政府监管的范围,该问题似乎有些离奇。但其隐含的重要性依然存在,我们的宪法也说明,解决政府和市场之间的关系问题也不是轻易而举的。

为了说明此问题,不妨设想你自己在经营一家私人企业,而由政府决定你的业务范围、经营地点和销售价格。政府的这些要求无疑是对任何自由市场理论的诅咒。但是,在现今监管的各州中,政府限定经营地域和制定价格的权力恰恰是对公用设施进行监管的基础。

在整个 20 世纪,我们对政府监管的看法经历了巨大的变化。在新政之前,最高法院对定价和经济性监管采用严格司法审查。正如"洛克纳诉纽约州"案[1]所展示的那样,最高法院以国家干涉合同自由违反美国宪法第十四修正案

---

[1] Lochner v. New York (S. Ct. 1905).

为理由，否决对工人工作时间进行限制的立法。但其后，新政法院在"内比亚诉纽约州"案①中却对同样的纠纷做出了完全相反的判决。在该案中，法院的判决是：作为州"治安权"②的一部分，只要法律与正当的立法目的之间存在合理的关联，州政府就有权监管价格。

时至今日，在立法目的和监管对象之间存在合理的关联关系的要求依然有效。在内比亚案中，最高法院对定价的观点如下。

"州可以不受限制地采用可以合理地被认定为有助于促进公众福利的经济政策，并通过与该政策相适应的立法来实行此政策。法院无权发布此类政策，也无权推翻立法者业已颁布的此类政策。如果通过的法律被认为与适当的立法目的之间存在合理的关联关系，且该法律不是武断的或歧视性的，则正当程序的要求便被满足……同样清楚的是，如果立法的政策是通过非武断和非歧视的措施来限制不受约束的和有害的竞争，法院也无权决定该政策是否明智。就采用的政策所需要的智慧，以及支持该政策而制定的法律的适当性和实用性而言，法院没有资格和权力过问。"

---

① Nebbia v. New York (S. Ct. 1934).

② 译者注：州管理经济和社会各个方面的权力综合到一起，在美国宪法性法律中称为治安权(police power)，也有人译为警察权，是美国宪法性法律中用以指代政府在全体公民的利益管理安全、卫生、福利和伦理等方面事务上的权力的名称，由于宪法中体现了州处理内部事务的原则，所以大部分的治安权属于州，更常见的术语是"州治安权"。州治安权一直在社会生活中发挥重要作用。但这并不等于说联邦政府完全被排除在州事务之外，即使在南北战争之前联邦政府相对比较弱势的时期，联邦政府仍然在州内事务中发挥作用。

因为公用设施涉及公众利益，内比亚案所建立的原则也适用于公用设施的定价。公用设施背后的公共政策是，应以合理和有竞争力的价格向公众提供产品和服务。不巧的是，公用设施的行业结构，使得从业公司能够制定垄断价格，监管的目的就在于解决此问题。

4.2　自然垄断理论

公用设施的行业结构使其被称为"自然垄断"行业。一个公司能够不断增长，并且价格随公司规模增长而降低，直到该公司成为相关市场上的唯一公司，此时自然垄断就产生了。理查德·波斯纳（Richard Posner）法官对有线电视行业的自然垄断现象的描述如下。

"电缆网络的成本似乎是有线电视系统最大的成本项目，且在很高程度上不随有线电视用户的数量而变化。我们前面已谈到，一旦网络铺设安装完毕，增加新用户的额外费用可能很低。如果真如此，在任何地区由一家公司提供有线电视服务会使平均成本达到最低。这是因为，如由多于一家公司提供此服务，就需要一个以上的网络，每个网络的成本就会在较少的用户之间分摊，使得每个用户的平均成本（进而价格）更高。"

"如果上述情形准确地描述了印第安纳波利斯的情况，那就说明存在经济学家所说的'自然垄断'。在自然垄断情况下，竞争的价值和可能性都有限。假定，开始时允许充分的竞争，不同的有线电视商就会疯狂地扩建其网络和吸收新用户，以期较竞争对手更快地降低平均成本。在成为市场上唯一的服务商之前，公司就有动机通过扩展降低平均成本,造成最终只能有一家公司存在。在形成垄断之前,重复的设施引起浪费。这种重复至少在短期内,不仅会提高有线电视用户的接入价格,也会因有线电视公司与公众争夺道路使用,提高了公众使用道路的成本。一种变通的办法是一开始就挑选最有力的竞争者,允许其垄断经营,并保证由其以合理的价格提供服务。见'欧米伽卫星电视公司诉印第安纳波利斯市'案①。"

能源行业也同样存在自然垄断。例如,当某天然气公司已经铺设了天然气管道,或电力公司已经架设了电力线路,就没有很好的经济理由再行铺设另一管道或架设另一线路。额外的管线是重复的,也是浪费的。为了杜绝这种浪费和避免滥用市场地位进行垄断定价,政府和公用设施企业会签署监管协议。因此,政府对自然垄断问题的回答是"保护垄断",这似乎有些违背直觉。通过设定有竞争力的价格和服务质量来监管公用设施,政府允许公用设施公司维持其垄断地位。正如以下阐述所说明的那样,监管协议对公用设施的提供者和使用者均有好处。

"公用设施业务靠很多协议支撑。政府向公用设施公司提供在某一地域内从事某一服务的垄断经营权(伴之以州政府授予的公共利益权力)或征用权。作为获取该垄断地位的代价,公用设施公司接受包括价格监管在内的大量监管,这与自由市场完全不同……协议的各方从讨价还价中得到实利。作为一般原则,较之于投资自由竞争行业和受到较轻程度监管的行业,投资于公用设施行业在收益和价值方面被赋予更高的稳定性;同样,公用设施的使用者不

---

① Omega Satellite Prods. Co. v. Indianapolis (7th Cir. 1982).

仅获得统一可承受的定价和非歧视的服务，还因政府对企业进行行政性控制而免遭垄断利润之害"。见肯尼斯·斯塔尔（Kenneth Starr）法官对"泽西中部电力和电灯公司诉联邦能源监管委员会"案[①]的判决。

　　监管协议使得政府和公用设施公司双方以公平、合理和非歧视的方式各自承担重大义务。为了获取政府保护的垄断地位，公用设施公司允许政府定价。公用设施公司也因此获取了征用权、特许或特定服务区，并成为特定区域内唯一有权销售规定产品的公司。事实上，公用设施公司也排他地承担了为所在地区提供服务的义务。政府通过定价限定服务的价格。通常，公用设施的价格能使谨慎经营的公司在收回经营费用的同时，为资本性投资挣取合理的回报。对自然垄断的监管手段有：（1）限制市场准入；（2）定价；（3）控制利润；（4）施加提供服务的义务。监管协议的中心是定价过程。正如读者将会学习到的，定价过程包含政治和经济双重维度。

4.3　定价目标

　　由于政府定价试图将价格限定在有效的（即非垄断的、竞争的）水平，定价有其经济内涵。被限定价格的产品通常是社会必需品，定价对不同阶层的用户必须平等，所以定价也是一个政治过程。此外，也可以通过定价实现其他的社会目的。虽然我们可以说所有的监管包含了政治和经济因素，但在进行技术性很强的定价时，我们往往会忽视从兼顾

---

　　① 　Jersey Cent. Power & Light Co. v. FERC (D. C. Cir. 1987).

两者的视角来分析问题。

政府定价有五方面的作用:(1)吸引投资;(2)提供价格合理的能源;(3)鼓励提高效率;(4)控制需求或配给;(5)收入转移。主要见庞布赖特的《公用设施定价原理》[①]和菲利普斯的《公用设施监管:理论和实务》[②]。

这些监管目标之间可能相互矛盾。例如,第二个目标"提供价格合理的能源"与第三个目标"鼓励提高效率"之间就存在矛盾。当价格低于市场价时,就达不到提高能源效率的目标。相反,当价格高于市场价时,就达不到提供价格合理能源的目标。在公用设施监管的历史中,这两种情况均发生过。这五个目标试图兼顾投资人、用户和公众这几个公用设施相关方的利益。

4.3.1 吸引投资功能

尽管公用设施是受到监管的行业,但其大部分仍为私有。为使一个私有企业运营,它需要借得资金或找到投资者。简言之,私人企业必须能吸引到投资者。由于美国宪法的征用条款,政府必须保证私人企业获取公平的营业收益。反之,企业就不能借到资金或吸引到投资者。因此,监管者必须平衡两个相互竞争的需要:其一,私人企业必须有机会挣得利润;其二,监管者必须保证公用设施公司不通过垄断定价欺诈消费者。价格不能过低,那样会使公用设施公司不能长期从事该业务;价格也不能过高,那样会使消费

---

① J. Bonbright, A. Danielson & D. Kamerschen, Principles of Public Utility Rates (2nd ed. , 1988).

② C. Phillips, Jr, The Regulation of Public Utilities: Theory and Practice (3rd ed. , 1993).

者处于不利地位。因此,监管者试图将价格限定在能使公用设施保持竞争力的水平。允许私人公司挣得"合理利润",以便鼓励投资者能以与不受监管的行业相当的回报率投资于公用设施公司的股票和债券。

政府定价的构成除了能够回收运行成本和费用外,也应使企业能够投资于建设新厂以扩大生产。也就是说,吸引投资的职能要求定价能够使公司找到其发展需要的资金。传统上,对公用设施的投资是安全的,能够提供稳定的回报。在1970年前的行业发展时期,公用设施行业被认为是持续发展的行业。基金管理经理和个人投资者均视公用设施为可稳健投资的行业。任何多元化投资组合一定会包括具有近乎确定分红的公用设施公司的股票。在这段时期内,由于人们认为公用设施的债券和股票具有更低的投资风险,公用设施的股东的收益较竞争行业稍低。

然而,从20世纪70年代起,公用设施公司的财务风险加大了。国际卡特尔影响了资源价格,提高了业务成本,使得通货膨胀率奇高,政治气候也强调节约资源和能源。所有这些因素都抬高了能源价格,也引起了公众和能源消费者的关注。公用设施公司也开始积极争取投资资金,价格监管当局不得不密切关注公用设施公司从市场上获取资金的能力。财务压力增加的直接后果是,投资者对公用设施公司要求更高的回报率。在遭遇公众对过分上涨的公用设施价格予以抗争(有时被称为价格冲击)之前,监管者总是谨慎地批准提价申请。随着联邦和州政府于20世纪90年代开始对管网产业实行自由化,公用设施行业的情况也变得愈发复杂。进入21世纪以来,公用设施监管机构不仅需要直面能源政策、安全政策以及环境政策的改变,还需应对能源独立与气候变化。所有这些都不仅影响着公用设施价格,也改变着公用设施行业。其后的电力和天然气章节将对此期间行业的变化做更详细的说明。

4.3.2 价格合理的能源

如第 2 章指出的那样,国家总体能源政策的一个要素是低价能源。高价的公用设施与偏爱低成本或合理定价的能源政策不符。因此,当公用设施价格上升时,监管机构更加严格地审查公用设施公司对提高价格的申请。在一段时间内,来自用户要求的降价压力和监管机构对提高价格的阻力一起加剧了天然气和电力行业的竞争。就电力行业而言,新的发电商进入此行业是竞争加剧的主因。对天然气行业而言,增加的供应加剧了竞争。正如微观经济学理论所指出的那样,"竞争打压价格"。放松监管使政府定价进一步复杂化。如后面章节介绍的那样,放松管制的进展并不顺利,目前仍处于分娩前的阵痛阶段。换言之,电力和天然气行业仍处于从监管到自由化的过渡阶段,放松管制对公用设施监管的"价格合理的能源"的既定目标的影响尚不明了。

4.3.3 效率刺激功能

什么是有效的价格?可能有些令人意外的是,当前对效率并没有一致的定义,经济学家仍在争辩最好的效率度量办法。尽管如此,微观经济学认为,竞争形成有效价格。由于受监管行业不存在竞争,必须通过政府管控价格来模拟市场。对受监管的公用设施而言,有效的价格是指销售收入能够支付成本,并为投资者带来"公平收益"的价格。监管机构将此价格约定为,能使公用设施公司在回收谨慎经营成本的同时对资本投资挣得合理的收益。随后我们将更详细地讨论定价公式。定价结果必须能使公用设施公司与财务风险相当的其他公司具有同样的竞争力,且最好能有同样的效率。总之,鉴于信息的不充分和政策之间的不一致,受到监管的价格将永远不会是最佳的价格,要么太高,要么太低。

4.3.4 控制需求或配给功能

微观经济学理论的另一观点是价格影响消费。价格越低,消费越多。单个企业可以通过降价鼓励人们购买其更多的产品。同样,需求随价格升高而降低。因此,监管者可以通过定价影响对公用设施的消费。

监管者可以通过价格或价格结构来倡导不同的能源政策。比如,在 20 世纪 70 年代中期之前,公用设施采用了累进递减(declining block)的价格结构,以鼓励消费。图 4-1 说明了累进递减价格结构。

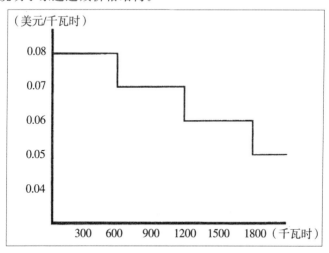

图 4-1

127

该图是关于每千瓦时电力的价格。1千瓦时是指使用1000瓦的电力1小时对应的电量。一个居民的月用电量大约为2000千瓦时。该图说明,消耗的第一个600千瓦时电力的价格是0.08美元/千瓦时。其后的每个600千瓦时电力消耗对应的价格依次为0.07美元/千瓦时和0.06美元/千瓦时。当电力消耗超过1800千瓦时后,其价格保持在0.04美元/千瓦时。递减的价格结构鼓励购买。因为最初的购买已支付了公用设施公司的固定成本,公用设施公司也愿意以递减的价格尽可能多地销售。当电力供应充足或市场处于膨胀阶段时,这种定价结构能够很好地发挥作用。

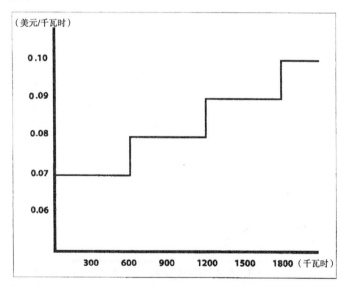

图 4-2

当电力供应不够充裕时，比如当夏季天气炎热时，由于空调满负荷运行引起用电高峰和电力公司遇到发电容量限制，可以采用电价随用电量增加而提高的办法来降低电力需求。图 4-2 是这种不够常见的、理论上的递增定价结构，以便说明此定价结构如何在用电高峰时达到限制消费的目的。

从此图可以看出，每千瓦时的电价随用户用电量的增加而升高。因此，如果节约是期望的目标，监管者可以通过提高价格来倡导节约。另一种定价办法是采用平直的价格线，即在确定的时间段内，电价不随用电量变化而变化。

4.3.5 收入转移功能

在最一般意义上，政府定价实现了财富从消费者到公用设施所有者之间的转移。因此，政府定价的功能之一是影响消费者向公用设施的股东支付的金钱数量。换言之，政府定价不仅是价格管控，也是利润管控。

定价也涉及在各用户群体之间和同一用户群体内财富的再分配。通常，公用设施的用户可以被分为三大类，即居民、工业和商业用户。每类用户还可以被分为若干个子群体。例如，可以按收入水平或按居所的用途（平时居住或度假用），对居民用户进行再分类。

每类用户涉及的成本也不同。例如，一个大型工厂消耗大量电力，但不需要昂贵的配电服务。单个的居民用户的用电量要小得多，却需要将供电线路引入每个用户，引起更高的服务成本和用户成本。监管机构可以通过定价结构对不同的用户采用不同的价格。

降低居民用户用电成本的途径之一，是对工业用户征收稍高的价格，由工业用户补贴居民用户。另一种财富分配的途径是采用生活保障价格，即对低收入和老迈居民用户征收较低的价格，以便由其他用户对他们进行补贴。

公用设施公司对其产品实行价格歧视的能力，有经济学的原因和合理性。不同的用户具有不同的需求弹性。当电价上升时，工业用户较居民用户能更容易地更换能源。较之于工业用户，居民用户的消费则更不具弹性。因此，他们比工业用户具有更高的"支付意愿"（willingness to pay），可以根据"支付意愿"制定不同的价格。

我们能够看到，实现定价的不同目标的办法有两个。第一个办法是前面提到的递减定价、递增定价和生活保障价格例子所采用的价格设计或价格结构。该办法通过对不同类别的用户采用不同价格，来达到既定的政策目标。另一个办法是下文将要介绍的用以审定公用设施公司经营收益的价格公式。为了符合宪法，价格不能过低以致达到了罚没（confiscation）的地步。按照法律规定，公用设施价格必须是公平、合理和非歧视性的。

4.4 定价公式

传统的定价公式主要被用于计算公用设施要求的经营收益。该公式是：

$R = O + (V - D)r$

传统的定价公式中的变量的定义如下。

R：公用设施要求的总收入或价格水平，即监管机构允许公用设施公司挣取的经营收益的上限；

O：公用设施公司的运营费用；

V：公用设施公司的有形和无形资产的总值；

D:公用设施公司已计提的折旧。(V－D)构成公用设施公司定价基准(rate base)的资本投资;

r:允许公用设施公司对其资本投资或定价基准获取的回报率。

这些变量的定义比较简单,但确定各变量的内容和具体应用则要困难得多。

4.4.1 运营费用

为了维持其持续经营,公用设施公司应能够回收其诸如工资、薪水、供应品、维护、税收、研发等的运营费用。通常,运营成本是要求的经营收益的最大构成部分,且最容易确定。有时,运营费用的一些项目也会引起监管机构和法院的注意。这些项目包括燃料成本自动调整、价格听证和监管费用、薪水、工资和福利、广告和公关费用,以及慈善捐助。针对这些项目的审查也更严格。

监管机构必须做出两项决定:首先是确定哪些项目可被允许作为费用项目,其次是这些项目的具体费用是多少。一般来说,费用的金额的决定应由公用设施公司的管理层做出。这样做所依据的理论是,这些问题本质上属于业务决定,在相信管理层的操守的前提下,不宜由监管机构和法院质疑。虽然法律授权监管机构和法院监督公用设施公司管理层的工作,然而除非管理层滥用其独立决断权,监管机构和法院主要依赖管理层的判断,见"密苏里州西南贝尔电话公司诉密苏里州公共服务署"案[①]。因此,很少有涉及运营费用的诉讼。

---

① State of Missouri ex rel. Southwestern Bell Tel. Co. v. Public Service Comm'n of Missouri (S. Ct 1923).

4.4.2 定价基准

确定价格水平的下一步是核实公用设施公司的资本投资的净值,即有形和无形资产在计提折旧后的净值,也被称为定价基准。有形资产包括公用设施公司用以提供服务的厂房和设备。无形资产包括诸如流动资金、租赁合同和许可等项目。因为定价基准是计算投资回收率的基数,它对于公用设施公司的盈利水平至关重要。因此,定价基准常是诉讼的对象。定价基准也构成判断定价是否导致罚没因而构成违反宪法的征收条款的违宪审查标准。

确定定价基准的焦点是确定资本投资的价值。应注意的是存在不同的确定价值的方法。现以新建的发电厂为例说明如何确定其投资的价值。由于存在可以参照的可比建筑物的销售价格,商用和民用建筑物的价值确定相对容易。但由于没有新建的公用设施的市场,就不存在参照价格。那么,其价值应该是原始建设成本,目前的重置成本,公用设施公司的账面价值,税务当局确定的计税基础价值,还是当前的借贷成本确定的价值? 如何计算在建项目的投资? 对由核电站改建成的燃煤电站,又如何考虑对核电有关部分的投资? 如何计算项目在完工之前被取消时已做出的投资? 这些都是确定定价基准需要回答的问题。

在成本固定或没有通货膨胀的期间,采用原始成本法确定投资价值或许已足够准确。当存在通货膨胀时,采用厂房和设备的原始成本作为定价基准大大低估了设施的价值。在这种情况下,公用设施公司希望采用重置成本法确定价值。在任何情况下,折旧都应从定价基准中扣除,并作为运营成本处理。将折旧作为运营成本处理的目的是为扩展业务积累资本。

我们已提到过价格不能过低而导致构成罚没。早期的定价立法规定了判断是否构成罚没价格的标准，见"莫恩诉伊利诺伊州"案。其后，司法判断取代了立法制定的标准。在"史密斯诉埃姆斯"案[①]和其后的"蓝田水厂和帝国公司诉公共服务委员会"案[②]中，最高法院罗列了监管机构在确定公司的资产价值和投资收益率时应考虑的因素。最高法院在史密斯案的判决中写道：

"我们认为合理定价的计算基础……必须是用以提供公共便利的财产的公允价值。为了确定该价值、原始建设成本、用于永久性改进的成本、公司的股票和债券的市场价值、原始建设成本的现值、在法律限定价格下的公司赢利能力以及所有的运营费用的总额均是应予考虑的对象，且应根据具体情况给予公平和正确的权重。在估算资产的价值时，可能还存在其他应予考虑的因素。公司有权要求对其为公众提供便利进行的投资获取公平的回报。另外，公众有权仅为其使用的高速公路支付与所获取的服务相当的价格。"

布兰代斯（Brandeis）大法官是史密斯案的批评者。他认为，判决书中的定价公式的一些变量相互矛盾，也存在逻辑循环。在其主持判决的"密苏里州西南贝尔电话公司诉密苏里州公共服务委员会"案[③]中，他给出了另一个定价公式：

---

① Smyth v. Ames (S. Ct. 1898).

② Bluefield Waterworks & Imp. Co. v. Public Service Commission (S. Ct. 1923).

③ Missouri ex rel. Southewestern Bell Tel. Co. v. Missori Pub. Serv. Comm'n (S. Ct. 1923).

"……投资者在其向公用设施投资时,同意向公众收取合理价格,他的公司因代替州政府为公众提供服务而成为公仆。为此,宪法保证的投资收益是挣得为从事此业务发生的合理成本。这些成本不仅包括运营费用,也包括资本成本。不论通过发行何种债券获取投资,资本成本以利息的形式对使用的资本予以回报。该回报应包括风险补偿,也应足以吸引到投资。监管机构规定的公用设施的合理价格可能使有效管理的公司获取更高的回报。但宪法规定的价格仅是补偿性的,如果允许公用设施公司为提供的服务获取的成本是……"

"目前有关定价的争议千奇百怪,也使诉讼变得特别费时和在很高程度上没有结果。当前定价争议主要集中在两方面,即采用谨慎投资的资本额作为定价基准,以及使用资本成本衡量投资回报率……当对公用设施完成投资后,投资额应予以固定,仅当对设施进行扩建时方可增加,并以运营运费按折旧的方式进行扣减。"

布兰代斯大法官的上述法则没有排除法院在决定定价方面的作用。相反,该定价法则将法院的关注点转移,法院需在谨慎发生的投资和重置成本之间进行选择。

威廉·道格拉斯(William O. Douglas)大法官对"联邦动力委员会诉希望天然气公司"案[1]的判决,则更有重大和持久的影响力。该判决使得法院不再是价值确定机构,并确立了最终结果标准(end result test),该标准是确定定价何时构成罚没的违宪审查标准。自此,法院开始服从联邦和州监管机构的决定。法院通过该案确立了这样一个原

---

[1] Federal Power Commission v. Hope Natural Gas Co. (S. Ct. 1944).

则,即只要"最终结果"是"合理"和"公允"的,司法部门应服从监管机构确定的公用设施价格。如果监管机构以法院接受的方式确定定价所涉及的因素,则法院不再干涉监管机构的决定。否则,法院可能会推翻监管机构的决定。该案之后,被普遍接受的定价基准标准是谨慎做出的原始投资,并扣减折旧。

核电在20世纪60年代后期及70年代出现停滞。部分原因是铀是价格更低廉的燃料,公用设施公司计划建设几十个核电站。不利的是,核电站的建设成本要比燃煤电厂高得多,建设周期也更长。随着能源价格的升高和人们对核电站的安全更加关注,公用设施公司不太可能花费几十亿美元建设核电站,不得不停建一些核电站,或将核电站转变为采用其他燃料的电站。

简言之,尽管对核电的投资是谨慎的,但这些投资没有最终形成生产能力。目前核电行业已经不再纠结于"搁置成本"[①](stranded cost)问题,但电力行业仍大量投资于传统化石燃料,并将对可再生能源的要求视为昂贵的额外负担,如果监管者对电力公司提出强制性可再生能源责任,那么电力行业就将再次面临"搁置成本"问题。无论是哪种情况,这里涉及的定价问题都非常清楚,即:如何处理有关的投资?应将其归入运营费用或是计入定价基准,甚至不予考虑?最根本的问题是:在股东和消费者之间"谁应出钱"?

监管机构和法院面临两个相互竞争的标准。"谨慎投资"(prudent investment)标准允许将这些投资计入计价公

---

① 译者注:搁置成本特指过去对发电厂的投入难以在现行市场竞争中回收的投资成本。

式,因为投资者以诚信的方式进行了投资,不应受到惩罚。而"被使用和有用"的标准则将这些投资排除在定价公式之外,因为没有形成发电能力,消费者不应为其没有收到的产品买单。因此,监管机构就要在投资者和消费者之间做出选择:认可公用设施公司的"谨慎投资"就保护了投资者的利益,依照"被使用和有用"(Used and Useful)标准就保护了消费者的利益。毫不奇怪的是,联邦和州监管机构对此问题给出了一系列的答案,通过在投资者和消费者之间以不同的比例分摊费用,大体上实现了公平,见约瑟夫·P.托梅因的《核电的变迁》[①]、"杜奎斯尼电灯公司诉巴拉什"案[②]及"泽西中央电力和电灯公司诉联邦能源监管委员会"案[③]。

4.4.3 投资收益率

最后,还需要确定公允的投资收益率。请注意,定价的功能之一是吸引投资,而吸引投资的前提是投资者有挣取投资收益的合理机会。投资收益率是对作为定价基准的投资回报的百分比。

有债券和股票(普通股和优先股)两种投资者。必须根据预期的风险考虑每种投资所要求的投资收益。实际上,投资收益率反映了债券的利息和股票在考虑价值增长调整后的分红。最终的投资收益率是债券和股权投资收益率的加权平均值,是吸引各种投资者所必需的投资收益。换句话说,各种投资者要求的投资收益率,与投资的风险相

---

①　Joseph P. Tomain, Nuclear Power Transformation (1987).

②　Dusquesne Light Co. v. Barasch (S. Ct. 1989).

③　Jersey Central Power & Light Co. v. FERC (D. C. Cir. 1987).

一致。

投资收益率也可被作为引导公用设施公司行为的激励机制。例如,监管机构可以采用更高的投资收益率,来奖励在节约能源或提高效率方面有良好表现的公用设施公司,以达到相应的政策目的。当然,价格不能太高以免损害消费者利益,也不能太低而引起投资者的不当损失。因不存在制定适当价格的精准的经济学或财务模型,财务专家需要验证多种市场因素,监管机构也需相应地在合理的区间内确定投资收益率,见"联邦动力委员会诉天然气管道公司"案[①]。

4.5 当前定价问题

由于传统的定价公式对定价基准采用既定的投资收益率,这种定价方式鼓励资本投资。换言之,公用设施公司的投资越高,挣钱就越多。这种政策只有在整个行业和国民经济处于膨胀阶段时才是适当的。在 20 世纪的大部分时间内,多数管网产业处于这样的阶段。同样,当公司或行业的(平均)成本随其容量增加而递减时,这样的政策在为经济增加更多的生产容量方面也是有效的。但当成本上升时,鼓励资本投资的监管政策的负面影响是引起过度投资和形成能力过剩。传统定价公式鼓励过度投资的倾向被称为 A-J 效应(Averch-Johnson effect)。例如,当电力需求在 20 世纪 70 年代后期不再增长时,出现了发电容量过剩和由此引起的经济浪费。除鼓励资本投资的定价方式外,导

---

① Federal Power Com'n v. Natural Gas Pipeline Co. (S. Ct. 1942).

致这一时期电力公用设施过度投资的其他原因还包括对需求的错误预期、对电力需求弹性的错误假设和通货膨胀等因素。在此情况下，监管机构对定价基准包括的资本投资的审查也更为严格。

在过去几十年间，由于价格的不断攀升，传统的基于成本的定价方式日益受到更加严格的审查。例如，对于供应能力充裕的电力行业，是否应沿用特别是鼓励传统电力公司资本投资的定价机制？并且，当前能源政策受到的挑战包括出现了更多的非电力公司发电商、国内新天然气田的发现、不再依赖于中东石油、气候变化以及对清洁能源经济的需求，要求监管者审视传统的监管机制和实施该机制的定价公式，并考虑替代的定价办法。

4.5.1　边际成本定价

边际成本定价是改变传统定价办法的尝试。在著名的判例"麦迪逊天然气和电力公司"案[①]中，威斯康星州公共服务委员会采用了该定价办法。另见理查德·D. 卡达希等人的文章《电力高峰定价：麦迪逊天然气及其他》[②]。此定价办法的基础是第 1 章介绍的边际成本定价的经济学概念。传统的定价办法是按历史平均成本定价，即通常在价格听证的前一年（验证年），监管机构从公用设施公司收集财务数据，并根据此财务数据，计算分摊到每千瓦时电力或每单位天然气的成本。这种办法对消费者收取的是产品的平均成本。请回忆，平均成本并不一定反映当前生产的真

---

①　In Re Madison Gas and Electric Co. (Wis. 1974).

②　Richard D. Cudahy & J. Robert Malko, Electric Peak Pricing: Madison Gas and Beyond, 1976 Wisc. L. Rev. 48 (1976).

实成本,而边际成本则是生产下个单位公共服务的总成本。假定某公用设施公司已满负荷运行,为了向下一个消费者提供服务,在理论上需要增加容量。因为需要资源来提供此额外的服务,该额外容量所需的递增成本是其生产的真实成本。

边际成本定价的支持者认为,边际成本较历史或平均成本,能更好地反映公用设施公司产品的真实成本,见阿尔福来德·E.卡恩的《监管经济学:原理和机构》[1]。事实上,如果公用设施果真按照边际成本定价,消费者对使用的服务就要按照届时产品的真正价值付费。按照边际成本定价的一个简单例子是实时价格,即电力消费者按照用电当时的电力生产成本付费。由于在用电高峰时的电力生产成本更高,电价也应反映此时的成本。另一个例子是季节定价,即在热浪到来时,因空调用电增加而引起需求增加。同样的,在上班时间商业用户的电力需求更大。相应的,这种实时的或季节性的定价应能反映成本。

4.5.2 激励定价

正如我们在本书电力部分将要详细介绍的那样,行业监管制度的历史和发展的结果是,传统结构的公用设施公司设施过度投资,引起电价升高。由于传统的公用设施生产的电力的价格较高,新进入该行业的公司便有机会生产更便宜的电力,从而获取市场份额。消费者当然愿意购买低成本的电力。这种更便宜的电力引起了一系列的放松监管和重组计划。其中,鼓励传统公用设施公司之间竞争的

---

[1] Alfred E. Kahn, The Economics of Regulation: Principles and Institution, ch. 3 (1991).

措施之一是改变定价办法。

传统的定价机制显见的特点是激励投资。如果产品的价格超出市场价格,则需要对公用设施公司采用其他的激励。激励价格是将价格与生产商的利润挂钩的一类定价办法的统称,包括封顶价格(price caps)或区间价格(price levels)。其基本想法是将定价机制与历史成本和运营费用相分离,即将价格限定在某个区间内或封顶价格以下。这样,生产商就有动机将成本降低到区间价格或封顶价格以下,以获取利润。

实施激励定价也存在一定难度,包括制定正确的区间价格或封顶价格等。同样,监管机构应避免定价过高而牺牲消费者利益,或过低而造成对生产商的"罚没"。参照诸如消费者价格指数、生产者价格指数或国民总产值指数等,采用替代定价机制可以解决此问题。其他的问题包括是否在生产者和消费者之间进行利润分配,此定价机制是否真正地有利于形成竞争价格,当价格过低时是否造成可靠性问题,对按照从前的监管机制形成的投资的补偿是否充分等。

简言之,激励定价的正面作用是撇开了历史成本,并鼓励生产商赚取利润。但尚未得以回答的问题是,该办法的具体设计和实施细节,是否真正能达到模拟竞争市场的目的。此外,还存在的一个重要法律问题是,联邦和州对电力和天然气行业的立法均要求定价是"合理和公允的"。这一标准既保护生产商,也保护消费者。虽然立法对具体的定价办法没有要求,但采用的任何定价办法都必须符合此标准。过高的价格违背这一立法标准,见"农场主联合会中心交易公司诉联邦能源监管委员会"案①。

电信行业目前采用另一不涉及历史成本的定价办法，该办法得到了美国最高法院的认可，见"Verizon 通信公司诉联邦通信委员会"案②和"AT&T 公司诉艾奥瓦州公用设施局"案③。该定价办法的学名是"总体长期递增成本"（Total Element Long-Run Incremental Cost，简称 TEL-RIC）。TELRIC 定价的依据是电信公司的前瞻性经济成本（forward economic costs），而不是历史成本（Historic-embedded costs）。该定价办法要求得到补偿的公司必须依法允许其他公司使用其资产，以利于电信市场开放。TELRIC 定价的特点是，价格不能太高而伤害了此行业新的进入者，也不能太低而伤害了当前的从业者。请注意，尽管该定价办法的目的是开放当地的电信市场，但在上述两个判例中，两种安排均妨碍了竞争。在天然气和电力行业中，输送环节保留了垄断地位。电信行业的本地数据交换中心也是垄断经营。因此，需要开放使用权，以促进竞争。我们将在本书的天然气和电力章节继续探讨开放使用权的法规。

4.5.3　市场定价

由供需双方通过协议确定价格，可以避免选择有效价格区间和封顶价格带来的问题。在联邦能源监管委员会批准的情况下，公用设施公司可以通过议价购买大量电力。通过议价达成的价格即为"市场价格"。买卖双方具有等同

---

①　Farmers Union Cent. Exchange，Inc. v. FERC (D. C. Cir. 1984).

②　Verizon Communications v. FCC (S. Ct. 2001).

③　AT&T Corp. v. Iowa Utilities Bd. (S. CT. 1999).

的议价能力是成功实施此定价办法的核心。换言之，任何一方都不能通过实施市场力量来牺牲另一方的利益；否则，就会有操纵市场的情况发生，加利福尼亚州 2000 年发生的能源危机是这方面沉痛的教训，见威廉·T. 米勒的《价格和关税》[①]。

只有在有多个买方和卖方和信息可靠时，方可有公允的议价。联邦能源监管委员会降低市场支配力量的办法之一是，将开放接入输电线路作为批准采用市场定价的条件："如果卖方和其关联公司不具有发电和输电的市场支配地位，或可以降低此支配地位，且不能建立其他的限制市场准入的障碍，比如要求满负荷运行或规定电站地点时，联邦能源监管委员会允许采用市场定价销售电力。总的来说，关联的公用设施公司必须就开放接入电网的输电价格获取批准，并在委员会备案。"见詹姆斯·H. 麦格鲁的《联邦能源监管委员会》[②]。

4.5.4　搁置成本[③]

在很多方面，定价问题均是 20 世纪大部分时间内公用设施监管的核心。在该世纪即将结束时，传统的定价公式受到了更为严格的审查。向更具竞争的市场机制过渡，一些新的定价办法也得以使用。目前仍处于此过渡过程中。由于新旧机制的冲突，必须通过定价或其他办法解决在旧

---

①　William T. Miller, Rates and Tariffs, Energy Law and Transactions § 80.01[3] (David J. Muchow & William A. Mogel eds. , 2002).

②　James H. McGrew, FERC: Federal Energy Regulatory Commission 163 (2003).

③　译者注:所谓搁置成本(stranded costs)是指由于规制政策的变化,投资方没有来得及回收的成本。

机制下已做出投资的问题。旧机制中最难以解决的问题是所谓的搁置成本问题。

随着新旧监管机制的更替,能源行业尤其是天然气和电力行业,目前正在进行重大的结构调整。但对公用设施公司依据旧的机制进行的投资应采取什么样的解决办法?监管的结构调整对受监管的公司构成重大威胁,这些公司的股东对受到监管且符合政府和法规要求的公司进行了投资。应该对此"搁置"的投资找出解决办法。如果因政府对监管机制做出重大修改,而使受到监管的公司的资产无力满足竞争要求而在一定程度上贬值时,那么新的监管机制是否构成征用?

试想一个依赖传统定价公式经营的公用设施公司的情况。当经济环境出现波动时,该公司就会出现经营困境。同时,该公司对其消费者具有提供服务的义务,对其股东具有尽职的义务。该公司通过一个鼓励资本投资的定价机制来履行这些义务。当然,有关的投资决定必须可靠,但事情不总是如此。另一方面,继续投资将造成超出由新的进入者出现时的市场价格。试想,为了满足预期的电力需求,公用设施公司的管理层谨慎地做出诚信的投资计划,以投资五亿美元建设新的发电设施,并且了解按照当时有效的定价公式计算,该投资的回收年限是 40 年。

如果监管机构以加强竞争为理由,特别是为了能够使新的竞争者进入此行业,决定放弃这一传统的定价公式而采用鼓励竞争的定价办法,从而威胁受到监管公司的竞争地位,那么,我们将如何看待这五亿美元的投资?受到监管的公司是否有理由认为自己的五亿美元投资被征用? 见 J. 格里高利·希达克等的《放松监管引起的征用和监管协议:美国管网产业竞争性的转型》①。

对这个问题的答案是非常有趣的,答案既是"是"也是"否"。答案是"是",是因为监管机构、政策制定者和评论家都大体同意应对因监管机制变化受到影响的资产的"搁置成本"进行补偿。答案是"否",是因为虽然法院支持对搁置成本进行补偿的立法,到目前为止尚没有法院裁决认为发生了征用。因此,虽然已对搁置成本的投资获取适当的回报达成共识,但事情依然复杂。首先,应如何定义搁置成本?其次,当搁置成本被确定之后,如何对其进行补偿?对搁置成本的确定已演变成专家之间的一场争斗:代表公司及其股东的专家试图将更多的项目归入搁置成本,而代表监管机构和消费者的专家的立场则相反。

最终,为搁置成本买单的不外乎公用设施的用户、股东、新的进入者和纳税人。公用设施的用户将通过附加费用买单,股东的损失是得不到补偿的部分成本,新进入者则通过付费使用公用设施公司的资产。如果这一切均不奏效,纳税人可能要破费拯救面临破产的公用设施公司。

4.5.5　价格脱钩

向清洁能源过渡的办法之一,是为公用设施公司提供激励,以改变其做生意的方式。② 例如,供电公司应认识到,他们从事的不仅是电力销售生意,也提供能源服务和产品。供电公司依靠更多地销售电力获得利润。在未来的能

---

① J. Gregory Sidak & Daniel F. Spulber, Deregulatory Takings and the Regulatory Compact: The Competitive Transformation of Network Industries in the United States (1997).

② Joseph P. Tomain, "Steel in the Ground" Greening the Grid with the iUtility, 39 Errv̌T L. 931 (2009).

源经济中,供电公司必须销售源自可再生能源的电力,也必须销售提高能效服务。当供电公司销售提高能效服务时,它们所销售的电力会相应减少。尽管如此,作为受管制的法人,供电公司必须获得收益回报,方案之一是将电力(或天然气)的价格与销售脱钩。

价格脱钩背后的逻辑是去除与销量挂钩的激励,鼓励对能效、可再生能源、分布式能源及智能技术等领域的投资。这种定价机制允许公用设施公司在不影响净收益时,可以回收固定成本。一种形式的价格脱钩是直接的固定和变动定价机制(SVF)。采用该机制,供电公司可以回收其所有固定成本,包括固定成本部分的资本成本以及包括变动的能源成本的所有变动成本。在这种机制下,公用设施公司的收入与电力销量脱钩,因供电公司既对其资本投资(例如投资可再生能源)获得了回报,也回收了变动的能源成本。结果是,供电公司不必关心其实际销售的电量,因为定价机制能够回收所有的固定和变动成本,与销售量变化有关的财务风险也降低了。

仅靠固定和变动定价机制,可能不能为生产者或消费者提供最精准的价格信号。这种机制可以通过能效费用补偿机制(revenue-neutral energy efficiency feebate,简称REEF)加以改进。REEF 背后的基本思路是设置基准电价。节约用电且在非用电高峰期间用电的消费者将获得电价折扣,而用电更多(或在用电高峰时间用电更多)的消费者将支付更高的电价[①]。这种收费和折扣之间能够相互抵销,但可以引导消费者行为,提高能效和节约用电,如此将

---

① 译者注:即采用峰谷电价。

导致减少用电量,降低电网拥塞和电网其他的压力。当然,这对供电公司没有什么不同,因为它们的收益不受此影响。

4.5.6 上网电价

另一种定价机制是旨在加大对可再生能源利用的上网电价制度(FIT)。上网电价制度在欧洲应用得更加广泛,美国只有加利福尼亚州、佛蒙特州等少数几个州实施。上网电价是由电力设施公司与能源供应商(大多数是可再生能源发电商)之间达成的协议。电力设施公司同意以监管者规定的价格购买一定的电量。对于从特定能源供应商或项目采购的可再生能源,电力设施公司的销售电价是在上网电价的基础上加上合理利润,从而获得收入。通过这种方式,可再生能源项目开发者获得可靠的收益,公用设施运营商也知道如何确定价格。

上网电价可作为可再生能源发电配额制度的补充,使电力设施公司与可再生能源发电商达成长期电力购买合同。这一安排有如下好处。第一,协议双方能够拥有可信赖的价格信息,降低财务和商业风险。第二,输电投资将更加安全,因为可再生能源项目本身将更加安全和可预测。第三,消费者也将获得与购电成本相关的更加精准的价格信号。第四,长期合同能够为技术创新提供更加安全的环境。

4.6 成本效益分析

4.6.1 引言

成本效益分析(cost-benefit analysis,简称 CBA)是监管过程的主要部分。通常教科书中对此的定义是"当资金有限时,如何在多个投资项目 A、B、C 之间选择需要实施的项目",见 E. 米山的《成本效益分析:简明教程》①。

因此,成本效益分析是一种投资决策方法。公共政策的决策者可以采用此方法在一系列的可选方案中找出效益超过成本的有效方案。如此看来,成本效益分析不仅合理,且似乎是颠扑不破的。但应注意公式的精练,因为长期以来,成本分析不仅受到了来自规范经济学方面关于价值取向的批评,也收到来自实证经济学方面关于技术合理性的有力批评。成本效益分析因容易受政治影响和操纵,变得政治化而非客观中立而遭受批评。②

成本效益分析帮助决策者在一系列相互竞争的公共项目之间做出选择。成本效益分析的起源,可以追溯到福利经济学家帕累托(Vilfredo Pareto)、尼古拉斯·卡尔多(Nicholas Kaldor)和希克斯(Sir John Hicks)。成本效益分析被美国法律的首次引用是《1936 年防洪法》③。其后的《国家环境政策法》,特别是其环境影响声明部分④,引申了联邦政府对此分析方法的使用,见"赛拉俱乐部诉莫尔顿"案⑤。虽然《国家环境政策法》没有直接提及成本效益分析,但法院的判决允许以一定的形式使用该方法。数个成文法和多个法规要求进行成本效益分析,但也有几个成文

---

① E. Mishan, Cost Benefit Analysis: An Informal Introduction, xxvii, 4th ed. (1988).

② Frank Ackerman & Lisa Heinzerling, Priceless: On Knowing the Price of Everything and the Value of Nothing (2004).

③ Flood Control Act of 1936 (33 U.S.C. §701a).

④ 42 U.S.C. §4332.

⑤ Sierr Club v. Morton (5th Cir. 1975).

法有效地限制此法的应用,见"AFL-COI工业工会部诉美国石油协会"案①和"美国纺织制造商协会公司诉多诺万"案②。虽然并不是所有的监管决定,都要依据成本效益分析制定,但该方法是收集和整理决策有关信息,以及辨识和探讨公共能源项目决策所涉及诸多因素的有用工具。

在过去几十年间,行政机构的决策一直使用该方法。里根总统的"12291号行政令"要求所有的行政监管机构采用成本效益分析法,且每个"重要"决策都需要进行"监管影响分析"。重要决策是可能导致起下述情况的决策:(1)对经济的年度影响不低于一亿美元;(2)引起消费者、个别产业、联邦、州或地方政府机构,或某个地域的成本或价格的显著增加;(3)对竞争、就业、投资、生产率、创新或美国企业与国外企业在国内外市场的竞争能力造成明显的负面影响③。

克林顿总统通过"12866号行政令"也实施了类似的要求,其监管思想如下。

"联邦监管机构只能颁布那些法律要求的、解释法律所必需的,或因公共迫切需要所必需的监管条例。这里,公共迫切需要是指在市场失效时,为维护和改善公众健康和安全、环境或全体美国人民的福利之需要。在决定是否进行监管和监管的方式时,监管机构应评估已知的监管方案的成本和效益,包括不予监管的成本和效益。应对可以量化

---

① Industrial Union Dept. AFL-COI v. American Petroleum Inst. (S. Ct. 1980).

② American Textile Manufacturers Inst. Inc. v. Donovan (S. Ct. 1981).

③ 46 Fed. Reg. 13,193 (Feb. 17 1981).

的成本和效益,以尽可能精准的程度进行定量分析,对难以量化但对决策重要的事项进行定性分析。另外,在成文法没有相反的要求时,监管机构应选择净效益最大的监管方案,这里的净效益包括可能的经济、环境、公众健康和安全及其他的优点,以及分配环节的影响与公平"①。

类似的,奥巴马总统也发布了"13563 号行政令",补充并重申了 12866 号行政令中的原则,要求各监管机构"采用已有的最佳技术,尽可能精确地量化预期的当前与未来的成本收益。在适当且法律允许的情况下,各监管机构应当考虑(定性讨论)难以量化或不能量化的价值,比如公平、公正、人格尊重以及对分配的影响"。②

虽然三个行政令之间存在语言差异,但供监管机构使用的程序相同。这些行政令适用于诸如能源部和内务部的行政机构,但不适用于如联邦能源监管委员会这样的独立的监管机构。

成本效益分析可在几种能源项目中使用。例如,大量成本效益分析文献涉及环境污染,尤其是成本效益分析法在燃煤电站的决策中的应用。此处涉及能源成本效益与环境成本效率相冲突的问题。就此提出适当的问题并不容易。可能提出的问题包括"发电的效益是否超过洁净空气的成本"或者是"洁净空气的效益是否超过额外的发电量带来的效益"。换句话说,提出正确的问题是成本效益分析过

---

① 58 Fed. Reg. 51,735 (Sep. 30 1993).

② White House, Improving Regulation and Regulatory Review (January 18, 2011) available at http://www. whitehouse. gov/the-press-office/2011/01/18/improving-regulation-and-regulatory-review-executive-order.

程的重要步骤。在深水油气勘探开采项目、租用公共土地开发太阳能与风能的项目，以及其他的任何传统和非传统能源项目中，我们能够也必须提出类似问题。

成本效益分析法对相互竞争项目之间的取舍也很有用。应允许在阿拉斯加野生动物保护区开采石油，还是应保护（该区的）野生状态？应延长水电站的经营许可，还是应保护捕捞三文鱼的渔民的利益？应建设新的核电站，还是继续建设燃煤电站？成本效益分析的过程中充满了此类问题，每个问题的解决有赖于成本和效益的取舍，并涉及大量的政治因素。

4.6.2 成本效益分析法的应用

成本效益分析过程包括四个阶段：第一，对成本和效益的识别和分类；第二，将风险转换为成本；第三，对成本和效益量化；第四，以可用的形式总结和提交成本效益信息。其中的每个步骤都面临难点和选择。也正因如此，该过程饱受诘难。

1. 识别

识别包括决定哪些变量进入成本效益等式，和这些变量中哪些是成本，哪些是效益。例如，当决定是否要求燃煤电站安装尾气净化器时，应当如何衡量净化器的成本和效益？直接的效益可能包括使用国内资源（即用国产煤取代进口石油）和生产的电力的价值。但安装净化器也有成本。如果决定是要求安装净化器，由于净化器的成本过高，一些燃煤电站可能永远得不到建设；或者即使予以建设，相应的高成本也限制了发电量。那么，净化器本身是成本还是效益呢？比如净化器制造业能够提供多少工作？

如果不采用石油、天然气和铀这些昂贵的资源发电，而采用煤发电,行业研究机构就要花费时间和金钱来研究洁净煤发电技术。该行业中为治理污染而进行的研发所花费的金钱将被如何计入成本效益公式?这应该是成本,否则这些资金可以用于其他目的。或者,这应该是效益,因为洁净煤燃烧的研发创造了一个新的行业。如果该研发最终成功,空气就会变得清洁,就会有更多的燃煤电站,该行业就会因其集中度的降低而更具竞争力。产品的价格会因此降低,消费者会满意。同样可以做出其他的假设,即这种解决煤污染的工业没能成功,洁净煤发电站技术不可行,行业的集中度升高,空气污染加剧,人们需要为产品支付更高的价格,创造的就业机会更少,诸如此类。

对成本和效益的推断可以没完没了地进行下去。例如,在对尾气净化器的讨论中,对就业、劳动生产率、洁净空气和水的影响最多也只是隐含的。一个追求穷尽的成本效益分析将包括这些和其他更多的因素。对此的批评有两方面。一方面,确定哪些属于成本而哪些又属于效益的过程本身就充满疑义;另一方面,成本效益分析的过程没有逻辑上的终点。在这两种情况下,均需进行价值判断。尽管如此,我们在现实生活中进行决策时就是要面临无数的不确定性,现实本身并不否定采用成本效益分析法。

2.风险分析

要识别风险涉及的成本,并将风险转化为成本。例如,在衡量建设核电站的成本和效益时,发生核岛堆芯熔化的风险很低,但该事故的造成的负面后果很严重,两者的乘积应为成本效益分析等式的一个部分,并必须被予以分析。核电站发生事故的风险有多大?如果发生事故,会损失多少生命?可能发生多少短期和永久的伤害?损失的生命和造成的伤害的代价是多少？如何将这些代价折现？见斯蒂芬·布雷耶的《打断恶性循环，以实现有效的风险管理》[1]。类似的，波斯纳法官对此就曾写道："美国和全世界能无视气候变化带来的风险吗，或者我们自己能无视对我们的威胁吗？"[2]

仔细地考虑一下对核电站核岛堆芯熔化的风险的分析。涉及的变量和需要的计算量巨大。发生堆芯熔化的风险是每两百年、五百年，还是一万年一次？最可能发生熔化的位置是哪里？多少生命会受到影响？因在短期、中期和长期患上癌症而使生命受到影响的时间有多长？但可能最难以回答的问题是：生命价值几何？我们是否需要考虑年龄、预期寿命、工作年限、财富、对社会的贡献？很明显，这些问题不仅从技术上难以回答，在伦理上也充满争议。

尽管如此，风险分析仍有其价值。虽然对风险的认知程度各不相同，但风险仍是我们从事的任何事情的固有部分。人们对个人愿意承担的风险和强加给公众的风险的看法不同。个人每天都在面对风险进行选择。一些人冒着生命风险从事危险职业，另一些人冒着受伤的风险进行体育娱乐。个人房产所有者对核废料的存放地点没有多少发言权。虽然飞行较驾车更安全，很多人仍喜欢驾车。同样，虽然人们通常认为造成众多人员伤亡的大规模自然灾害的代价更高，但较之于同等人员伤亡的个案，大规模自然灾害对社会的代价更小。需要注意的是，不论对风险的性质和程

① Stephen Breyer, Breaking the Vicious Cycle: Toward Efficient Risk Management (1993).

② Richard A. Posner, Catastrophe: Risk and Response 253 (2004).

度分析的技术准确性有多高,人们对风险的看法依然不尽相同。不幸的是,生活在任何复杂的社会必需面对强加给公众的风险,而此风险则引起政治冲突。成本效益分析仅考虑强加给公众的风险。

3. 量化

分析的第三步是量化效益、成本和风险。例如,国会曾通过旨在保护煤矿工人健康和安全的立法,而这些法律一定会增加煤的生产成本。如何量化这些矿工生命的经济价值是一个典型的成本效益问题。那么,成本效益等式如何考虑矿工的生命呢?联邦政府对生命价值的很宽的估价范围说明了回答此问题的难度。一个研究报告指出,各种联邦计划对其拯救的生命的估价范围从每个生命 35550 美元到 624976000 美元不等。

估算生命的价值的一种办法是将其等同于 6000 个工作日的现金价值。此法可能适用于对特定的行业的分析,但不能应用于不同的行业之间的比较。煤炭行业损失一个工作日的价值,能否在经济上等同于一个神经外科大夫或一个投资银行家失去一个工作日的价值?此外,不同年龄、性别和种族人群之间存在经济上的差异。计算生命的价值是否应该考虑这些差异?如果对分属不同职业和人群的生命等同对待,经济分析的结果将被扭曲。简单的事实是,多数神经外科大夫和参加主要联赛的橄榄球选手,要比清洁工或学院教授挣得更多。同样,收入在不同性别、种族或年龄的人群中的分配不一。这是否能说明决策者可以按照挣取收入的能力,平等地将生命金钱化?这是否意味着生命的非经济价值或生活质量可以被忽视?这些是对于决策者而言特别敏感和难以回答的问题,结果是这些问题通常没有被直接或以有意义的方式被回答。见罗伯特·W.汉的《风险、成本和解救的生命》[①]、黛博拉·G.梅奥等的《符合要求的证据：风险管理的科学和价值》[②]、卡斯·R.桑斯坦的《风险和原因：安全、法律和环境》[③]及 W.吉帕·维斯库斯的《致命的取舍：公众和个人对风险的责任》[④]。

4.总结和提交

成本效益分析的最终阶段，是对有关信息的总结和提交。与此阶段相伴的问题，是由解释信息的主体和提交信息的目的所决定的对信息的选择和解释。不难想象，如果由能源部、有良知的的科学家联盟或当地的房产主联合会，分别做关于核废料堆放场地的报告时，他们提交的信息会不同。信息的接受者也影响信息的内容。如果有关核废料堆放场地的信息接受者，分别是法官、核监管委员会或当地的土地规划局，提交的信息也将不同。

对于成本效率分析的主要批评之一是，它提交的信息经常与监管不一致。量化的成本经常被夸大，收益经常被低估，而定性问题如审美等则经常被忽视。其他的评价见下一部分所述。

5.成本效益分析之批判

成本效益分析并不乏批评者，对该方法有规范性和实

---

① Robert W. Hahn, Risks, Costs and Lives Saved (1996).

② Deborah G. Mayo, Rochelle D. Hollander, Acceptable Evidence: Science and Values in Risk Management (1991).

③ Cass R. Sunstein, Risk and Reason: Safety, Law and the Environment (2002).

④ W. Kip Viscusi, Fatal Tradeoffs: Public & Private Responsibilities for Risk (1992).

证性批评意见。一些评论家认为，只要该方法要求将不能转化为现金的价值量化和商品化，就会涉及不恰当的价值选择。但该方法确实要求为生命或健康规定现金价值。这些评论家也指出，对自然景色的美学欣赏和物种保护的价值不能量化。另一些评论家则认为成本效益分析法是偏爱生产和聚集财富的功利主义，而不主张在以"小即美"的哲学范畴中保护资源。"大"和"小"到底哪个更好？还有批评者认为，一些复杂的多头监管、涉及多代人的不确定问题不适合采用成本效益分析，例如气候变化就属于此类问题。①

说到底，这些评论家既正确又错误。他们正确地指出了成本效益分析存在排除以其他方式看待世界的规范问题；他们错在给予按此程序进行的决策太多的职能。毕竟，成本效益分析通常不过是一种分析手段，而不是决策唯一的工具。

技术或实证的批评不太关注成本效益分析法可以用来做什么（即收集数据、分析信息、对敏感的规范和实证事宜予以强调），但他们更多地批评此法的应用范围和决策者对不同因素所给予的权重。该法的倡导者认为，它是处理大量通常是相互矛盾的数量信息的一种办法。批评者则认为该法非常不准确，也不应该用来掩盖在分配稀缺资源时遇到的微妙的道德、社会和政治事项。

不论批评者的观点是什么，公共决策者必须在相互竞争的可选方案中进行选择，并辨析其选择的理由。成本效益分析法能够有效地帮助决策者在识别成本、风险和效益

---

① Nicholas Stern, The Economics of Climate Change：The Stern Review（2007）.

方面对做出的决策进行辨析。为了做出合法决策，公共决策者必须有明确的决策依据。如果决策的目的和目标经不起推敲，决策就可能不被公众接受。宪法规定的决策程序，也要求行政决策者提供其决策的理由，以便使决策更透明和更负责。最近的两个讨论成本效益分析法及其缺陷的报告是马修·D.阿德勒等的《成本效益分析：法律、经济和哲学观点》[①]和卡斯·R.桑斯坦的《成本效益状况：监管保护的未来》[②]。

---

①　Matthew D. Adler & Eric A. Posner, Cost-Benefit Analysis：Legal，Economic and Philosophical Perspective (2001).

②　Cass R. Sunstein, The Cost-Benefit State：the Future of Regulatory Protection (2002).

第5章 石油

在过去一个多世纪里,石油一直是美国国内和国际能源政策的中心。见丹尼尔·耶金的《石油风云》[1],罗伯特·谢里尔的《1970—1980 的石油荒唐剧:看石化行业如何抢尽风头》[2],汤姆·鲍尔的《石油:21 世纪的金钱、政治和权力》[3]。正如 1973 年的阿拉伯石油禁运和 1993 年伊拉克入侵科威特所证实的那样,石油供应的中断影响国内和全球经济。事实上,本章也将讨论美国 2003 年入侵伊拉克,以说明中东石油与美国利益攸关。简言之,石油的故事是跨国公司和全球政治的故事。本章主要讨论国内石油行业的监管,同时也论及国际事件的影响。

在美国国内,1970 年是石油政策的分水岭,国内石油产量在这一年达到顶峰后逐年下降。此外,国内石油生产也遇到更多的环境问题,开采的成本也越来越高。尼克松

---

① Daniel Yergin, The Prize:The Epic for Oil, Money, and Power (1991). 中文版见丹尼尔·耶金《石油风云》,东方编译所上海市政协翻译组译,上海译文出版社 1997 年版。

② Robert Sherrill, The Oil Follies of 1970-1980:How the Petroleum Industry Stole the Show (And Much More Besides) (1983).

③ Tom Bower, Oil:Money, Politics, and Power in the 21st Century (2010).

总统的独立工程（Project Independence）开始于 20 世纪 70 年代中期。自此，美国石油政策的核心是最终不再依赖进口石油。不幸的是，因国外（尤其是中东）石油的生产成本较美国国内低而受到美国国内炼油商和用户的欢迎，独立工程的进展不大。

可能与常理相谬的是，虽然石油是美国能源的主角，但目前的国家能源政策对石油的监管措施很少。采用较宽松的监管措施的主要原因是，各界普遍认为石油行业存在充分的竞争，而没有实施市场垄断的力量。因此，联邦政府不必采用广泛的监管。而在 19 世纪末，垄断是该行业的主要问题。该问题随着标准石油托拉斯在 1911 年的瓦解而解决，见"标准石油公司诉美国"案[①]。自此，政府只是偶尔对此行业进行反垄断评估（评审的结果也总是表明此行业存在充分竞争），而没有采取指令性监管的必要。

5.1　行业概述

作为消费者，我们每天的汽车交通依靠汽油这种重要的石油产品，我们平时也经常使用其他石油和石化产品。石油为我们提供了一半的能源。毫不夸张地讲，我们日常生活的质量依赖石油。

虽然上述情况真实地反映了我们的生活状况，但也带来两个后果。其一，维持稳定的石油供应的能力成为国家安全和全球政治的大事。其二，作为化石能源的石油的勘探和开采造成多方面环境问题。

---

① Standard Oil Co. v. United States (1911).

被普遍接受的理论是,原油是长期埋藏在地下的动植物有机物的残存物。地压使它们游弋到砂石和石灰岩的缝隙中,并转化为其目前的形态。石油通常存在于被称为石油沉积层的地质构造中,与石油一起存在于此地质构造中的天然气被称为"伴生气"。石油并没有固定的化学成分。实际上,石油的化学结构复杂,主要由碳氢组成,也含少量的氧、氮和硫。

目前,世界每天消耗8500万桶石油,其中大约一半被西欧和北美国家使用。2009年美国每天的石油消耗量大约是1870万桶。与此同时,美国国内每天大约生产720万桶,进口约1170万桶,出口约200万桶。

就行业石油消费而言,运输业消耗了三分之二的石油。工业是第二大石油用户,每天约消耗500万桶石油。居民也使用石油取暖,发电也用去了少量的石油。

石油的生产和利用可被分为四个环节:勘探和开采、运输、炼油和销售。包括英国石油公司和埃克森公司在内的大型石油公司的业务涉及所有这些环节,实现了业务的一体化,而被称为"主要"石油公司。一体化的石油公司涉足从勘探到加油站的所有业务环节。美国目前有大约四万家非一体化的、仅涉及某个环节的独立石油公司。其他的是部分一体化的公司,它们可能从事两个或三个环节的业务。

由于石油和天然气通常蕴藏在一起,它们的行业结构也大体一样。虽然石油地质学已非常先进,但发现石油的唯一办法是钻井。难以想象的是,"干井"的数量超过出油井的数量,钻探也非常耗时和昂贵。据估计,仅有3%的钻探油井具有商业价值。一旦发现石油,可以依靠自然或人工压力来采油。对存在自然压力的油井,岩缝中的压力将石油从井口压出。当自然压力消失后,可通过注水或加气产生的人工压力采油。当主要压力用尽后,必须采用其他的措施。

当从某个储油区采集一定量的原油后,需要采用更昂贵的二次采油技术。随着旧井中的原油被采空,需要在如大陆架外沿等更难钻探的地点钻取更深的油井。原油通过油轮、卡车或管道被输送到美国各地的约 300 家炼油厂。在那里,原油被分解成从航空燃油到生产塑料的石化原料等 3000 多种产品。汽油是最大宗的石化产品,占石油炼成品的约 50%。

5.2　监管概述

5.2.1　各州监管

除了 20 世纪初期的反垄断和对跨州石油管道监管外,联邦在过去的一个世纪里对石油行业的监管并不多。相反,联邦通过资源枯竭补贴和海外税收抵免等税收优惠来支持该行业。虽然难以掌握补贴救济措施的去向,但它们确实大量存在。据皮尤慈善信托基金会(Pew Charitable Trusts)的估计,2009 年能源补贴和税收优惠就达 250 亿美元。①

需要注意的是,地表土地的所有者无从知道石油储油区的具体地点和位置。油井必须钻探到"油藏"的上方,但储油区的地下边界并不与其地表边界一致。为此,需要制定特殊的财产法。从经济学的角度看,任何想要进行石油

---

① Subsidy Scope：Energy at http://subsidyscope.org/energy/.

勘探和开采的人，都没有能力为此目的拥有所有地表土地的永久所有权（fee simple）。相反，他们从地表土地所有者手中购买采油租约（oil lease），并向地表土地所有者支付权益金。这样，双方通过协商确定这些租约的矿藏利益和权益金。显然，具有矿藏利益的一方也对地表产权（surface estate）拥有一定的权利，该权利的范围和期限由双方的租约和所在地的成文法确定。

第一口油井于 1859 年在宾夕法尼亚州的泰特斯维尔钻成。当时普遍依据"上天入地法则"（ad coelum doctrine）①确定财产权，即土地所有者对其土地的权利上至青天，下至地底。该法则仅适用于块状矿藏，而不适用于流动性的资源。因其在界定财产权范围方面的不确定性，该法则没能很好地促进石油工业的发展。

因此，有助于石油和天然气行业发展的"捕获法则"，取代了"上天入地法则"。简单讲，捕获法则的意思是，油井经营者可以开采另一土地所有者的土地下的石油和天然气，而不承担责任，见"巴纳德诉孟农加希拉天然气公司"案②。一经开采，获取该资源者拥有所有权。只要油井经营者不侵入他人土地，他便有权利开采这些资源。

捕获法则具有不当的经济后果。因该法则通过人们去钻井以获取石油，促使对资源的过度消费，而不够有效。各州对该法则的适用不同。例如，得克萨斯州采用了相邻权

---

① 《元照英美法词典》将"ad coelum doctrine"翻译为"上空原则"，即对土地的所有权及于其上空的原则。在油气行业，该原则主要针对地下的油气资源，因此译者将该词翻译成"上天入地法则"。

② Barnard v. Monongahela Gas Co. (S. Ct. 1907).

（correlative rights），即（储油区）地表的土地所有者，有权获取公平的油气资源份额，且有权受到保护，不因采油对其他业主造成的过失损失承担责任。即便是采用了相邻权，在大型石油和天然气田被发现的 20 世纪初期，捕获法则仍然造成了浪费。

在一段时间内，石油的生产大于市场需求，超过了石油管道的输送能力，也超过了炼油厂将其加工成可销售产品的能力。通常，未被销售的原油在露天大坑中存放，很容易引起火灾和泄漏。一些油井也在其经济寿命完结之前被遗弃。

在 20 世纪的前 30 年内，各州通过其石油和天然气保护法来解决这一浪费问题，见诺斯库特·伊雷的《石油天然气保护法注解版》[①]和《通过跨州协议保护石油资源》[②]。各州试图通过联营（pooling）、制定开采率、限制油井间距和按比例限产等措施，来达到影响一定时间内的石油产量和销售的目的。为了其石油工业的持续发展，得克萨斯州、路易斯安那州和俄克拉荷马州等石油生产州纷纷立法，以保证向市场提供的石油量，不对市场造成冲击，从而避免石油价格暴跌至引起浪费的程度，见州际石油委员会的《各州关于石油和天然气生产的法律和法规的总结》[③]。

20 世纪 60 年代中期之后，特别是 1970 年之后，美国

[①] Northcutt Ely, The Oil and Gas Conservation Statues（annotated）（1933）.

[②] Northcutt Ely, Oil Conservation through Interstate Agreement（1933）.

[③] Interstate Oil Compact Commission, Summary of State Statutes and Regulations for Oil and Gas Production（1986）.

国内石油产量达到高峰和进口增加,所有州都开始允许以最大的生产能力生产。尽管如此,一些相关的法规还继续有效。比如,大部分州规定在一定地域范围内的油井数量,通过限制油井间隔来保持井压力,以降低钻探成本。一些州也通过合营经营的规定,要求不同的土地和利益所有者,分摊钻探成本和分享开采收益。一些州也继续采用开采许可制度,并要求采尽已钻探的油井。此外,各州沿用了"最大有效开采率规定"(Maximum Efficient Rate Regulation,简称 MER),以提高石油开采效率。同样,达到要求规定的开采率,被普遍认为是避免浪费的最好办法。目前,对需要在整个油藏区加压的二次和三次采油项目而言,开采率要求至关重要。

5.2.2 联邦早期监管

与其他行业一样,包括石油行业在内的能源工业,最初都是竞争性行业。随着行业集中度的提高,联邦开始干预。石油工业在 19 世纪末也经历了行业集中度显著提高的阶段,石油公司之间以及石油公司与银行和铁路公司之间,通过兼并以期达到经济规模。石油行业的高集中度,使得为数不多的几家公司具有了实施垄断力量的能力,其中包括约翰·洛克菲勒的公司。洛克菲勒认识到石油生产与消费之间最关键的联系是炼油,他因此成立了旨在控制炼油环节的标准石油公司。到 1870 年,该公司拥有了东北部地区的多家炼油厂。此时,洛克菲勒开始收购铁路和输油管道,以控制运输环节。由洛克菲勒成立或收购的多家公司于1879 年成立了标准石油托拉斯。开始时,该托拉斯主要从事炼油厂的合并。其后,该公司获得了连接油田和炼油厂、炼油厂和用户的输送管道。由于洛克菲勒正确地意识到油田是整个石油行业财务风险最高的环节,该托拉斯拥有不多的石油生产设施。

美国最高法院对 1911 年"标准石油公司诉美国"案① 的判决是,标准石油控股公司对其三分之一的下属公司股票的收购,构成非法地限制石油业务的跨州贸易,违反《谢尔曼反托拉斯法》,法院判决解散该托拉斯。该判决导致标准石油托拉斯解体为若干个独立经营的公司。到 1920 年,由标准石油托拉斯解体形成的公司之间开始相互竞争。到 20 世纪 30 年代初期,由解体分离形成的八家公司已发展为美国八大一体化石油公司,见阿瑟·M. 约翰逊的《由标准石油剥离学到的关于石油工业纵向一体化的教训》②。

早期的联邦监管主要为实现石油的供需平衡,并关注行业的集中度。例如,1906 年出台的《赫伯恩法》③,限制铁路公司在跨州贸易中运输其直接或间接拥有的石油公司的石油,以减少自利交易(self-dealing)的可能性。

20 世纪 30 年代初期,在得克萨斯州东部和俄克拉荷马州相继发现了若干个富集油田。这些州既有的石油节约法不能有效地遏制生产,石油价格跌至低谷。联邦政府试图通过立法来限制销往其他州的石油,以补充州立法在这方面的作用,于 1935 年颁布了《石油和天然气节约的跨州协议》④,该协议也被定期更新。这个由七个主要石油生产州州长代表组成的委员会起草的协议,制定了非强制的和

---

① Standard Oil Company v. United States,221U. S. ,(1991).

② Auther M. Johnson,The Lessons of the Standard Oil Divesture in Vertical Integration in the Oil Industry,191-214 (1976).

③ 34 Stat. 584,Pub. L. No. 59-337,已被废止。

④ Interstate Compact to Conserve Oil and Gas (49 Stat. 939).

自愿的石油生产限额,并鼓励通过合作节约石油和天然气。最初只有六个州签署了该协议。目前大约有 29 个石油生产州加入此协议,并接受石油协议委员会的管理。尽管石油生产州之间存在此限产协议,各州常常超限额生产。

由于各州不能控制跨州的石油贸易,超限额生产的石油不可避免地进入国内市场。超出州石油资源保护法限额生产,并被跨州销售的石油被称为"热油"。富兰克林·罗斯福总统的行政令首先禁止热油。此后,该行政令的内容成为他的《国家工业复兴法》(National Industrial Recovery Act)的一个部分,但该法后来在两个著名的反对授权(anti-delegation)判例中被宣布无效(见"巴拿马炼油公司诉瑞恩"案①和"谢克特家禽公司诉美国"案②)。为此,联邦政府于 1935 年通过了《康纳利热油法》③。据此,联邦政府有效地协助了各州实施限产的法律。其后不久,因战时调拨需要,石油的需求增加。

第二次世界大战后,石油市场发生了变化。首先,通过从第一次世界大战期间开始的过渡过程,石油最终取代煤成为美国的主要燃料。其次,在世界范围内,石油的生产得以发展。最后,美国的石油进口于 1948 年首次超过出口。这样,主要一体化石油公司的全球生产,帮助全球经济达到了脆弱的平衡。

在其后的二十年里,州和联邦政府及私人企业组成的石油资源保护和生产控制体系,很好地发挥了作用,美国基

---

① Panama Refining Co. v. Ryan (1935).

② Schecter Poultry v. United States (1935).

③ Connally Hot Oil Act, 15 U. S. C. §§ 715 etc. (1935).

本上保持了"石油独立"，国内石油市场也不受国外生产商的竞争压力。国外石油（特别是中东石油）的绝大部分，都是由美国八大石油公司的子公司或他们与英法公司组成的联合体生产的。尽管这样，当国外石油比国产石油便宜时，国内炼油商更喜欢前者。国内石油生产商则希望采取保护措施来限制进口。这样，商界和政界领袖均开始关注进口石油。

美国大石油公司对来自中东（如沙特阿拉伯、科威特、巴林、伊朗和伊拉克）的石油的有效控制，始于 20 世纪 20 年代，并持续到 1970 年。美国公司能够控制这些国家石油的主要原因是，这些国家需要大公司提供石油勘探、开采、炼油和销售技术。如果没有这些公司的参与，中东国家没有进入石油市场的能力。大石油公司和东道国政府建立联营公司，并签订关于权益金等有利于这些大公司的长期供应合同。东道国政府通过一系列对石油设施的征收和国有化，以及将特许权（concessions）授予给独立石油公司的方式，最终结束了这些大公司对石油的控制。

后来，石油输出国组织（OPEC）成立，开始有组织地影响世界石油的供求关系。目前，石油输出国组织有十三个成员国，包括阿尔及利亚、厄瓜多尔、加蓬、印度尼西亚、伊朗、伊拉克、科威特、利比亚、尼日利亚、卡塔尔、沙特阿拉伯、阿拉伯联合酋长国和委内瑞拉。[①] 这些国家一起拥有世界可采的石油储量的四分之三，其中超过一半的储量位于波斯湾地区。相比之下，美国只有世界已探明石油储量

---

① 原书如此。但加蓬、印度尼西亚已分别于 1994 年、2009 年退出；安哥拉于 2007 年加入；截至 2015 年底，该组织成员国为 12 个。

166

的约 2%。[1]

在 20 世纪 50 年代中期,由于国内生产成本增加和国外石油的运输成本相对下降等原因,石油公司对进口石油的利润率超过国产石油。结果,美国的石油进口大量增加。大的石油公司可以直接从其在国外的低成本生产地进口石油,并进行加工和销售,它们在与国内的独立石油公司和炼油商的竞争中,有把握取得胜算。联邦政府担心利润微薄的国内石油生产行业的进一步萎缩,会危害国内石油行业,并影响国防需要的石油储备。联邦政府开始时采用自愿的限制石油进口措施,这些措施大多没有达到其预期销果,见《总统特别工作组对改革联邦能源管理条例的报告》附录 F[2]。

自愿限制石油进口措施的失败,更多的公司获取国外石油开采权,新的大油田特别是中东地区油田的发现,以及苏联增加在欧洲市场销售石油,这些共同增加了国际石油市场的产量,并加剧了竞争,进而给国内石油市场带来困难。国外石油的竞争,不仅导致国产石油价格降低,产量也随之下降。

根据《1958 年贸易协议延期法》[3]的授权,联邦政府于 1959 年通过总统宣言制定了"强制石油进口方案"(Mandatory Oil Import Program)。该计划以大量进口石油威

---

[1] EIA,World Proved Reserves of Oil and Natural Gas(March 3,2009)available at http://www. eia. doe. gov/international/reserves. html.

[2] The Report of the Presidential Task Force on Reform of Federal Energy Administration Regulations,Appendix F (1977).

[3] Trade Agreements Extension Act of 1958,Pub. L. No. 85-686 (72 Stat. 673).

胁国家安全为理由，设定了石油进口量的上限。该方案的实施使美国石油生产有效地避免了国外低价石油的竞争。对国产石油的需求增加，国产石油产量上升，利润提高。

到 20 世纪 60 年初，强制石油进口方案变得非常复杂，并受到了批评，被指责该方案会使国内石油储备耗竭和提高国内石油产品价格。到 1970 年，国内石油产量达到顶峰，减少了强制石油进口方案与限制进口的压力。到 1973 年，强制石油进口方案的实施办法也由绝对进口限额，改为由能源部管理的一种许可费（licensing fees）。对限制石油进口的宪法依据的评论见"美国诉乔治·S. 布什公司"案[1]、"挪威氮产品公司诉美国"案[2]和"J. W. 汉普顿二世公司诉美国"案[3]。

在 20 世纪的前半叶，大石油公司和外国政府之间的力量发生转移。在 20 世纪之初，大石油公司拥有技术，外国政府则拥有油气资源的所有权。随着这些外国政府学习和获取技术，石油合同被重新谈判。结果是，权力由这些大公司转移到外国政府。

国有化和主导权由大型私人所有的石油公司转移到外国政府手中改变了石油行业的结构。这些大石油公司风光不再，失去了主导地位。尽管诸如埃克森美孚、雪佛龙和康菲石油等仍位列世界十大石油公司，但世界 90% 的原油储量被国有石油公司所掌握。例如，沙特阿拉伯石油公司所掌握的石油储量是埃克森美孚的十倍，并且能够满足全球

---

[1]　United States v. George S. Bush & Co. (1940).

[2]　Norwegian Nitrogen Products Co. v. United States (1933).

[3]　J. W. Hampton, Jr., & Co. v. United States (1928).

石油数十年所需。埃克森美孚公司估计只有大约 120 亿桶已探明储量,而沙特阿拉伯石油公司拥有 2500 亿桶已探明储量,伊朗国家石油公司也拥有 1600 亿桶已探明储量。

石油从私人掌握向政府控制方面移转过程中,最重要的标志是石油输出国组织的成立,及该组织通过施展力量,于 1973 年开始实施阿拉伯石油禁运。在那一年,数个阿拉伯国家为抗议美国在 1973 年阿以战争中支持以色列,组织了对美国的石油禁运。禁运发生的时间,正好是美国国内石油生产开始下降、需求开始上升的时候。与禁运相伴的是石油输出国组织的产量下降,导致了短期供应短缺和价格上升。价格上涨了三倍,由之前(1973 年)的每桶平均 12 美元上涨到每桶 40 美元。禁运持续了大约六个月。此后,美国的石油进口由 1973 年的大约 26%,上升到 1977 年的 36%。能源价格的大幅上涨,被普遍认为是 20 世纪 70 年代中期出现的经济萧条的主要原因。在禁运之后一段时间出现了大量的能源立法。

1978 年开始的伊朗政治危机,导致其每天的石油产量下跌 400 万桶,也因此出现了供应紧张。20 世纪 80 年代伊朗和伊拉克之间的战争,也引起石油产量下降,导致价格由 1979 年初的每桶 14 美元上涨到 1981 年 1 月的每桶 35 美元。价格最终稳定在每桶 28 到 29 美元。石油的高价格刺激了在阿拉斯加北坡、墨西哥和北海的石油勘探和开采。在美国,高价石油也降低了消耗,并刺激燃料的置换和资源保护。

美国政府于 1981 年初停止了 1978—1980 年为应对石油危机而实施的价格和分配控制。解除价格管制的直接表现是,允许生产商将价格提高到市场出清水平(market-clearing level），国内市场价格开始向国际市场价格靠拢。价格上升的自然结果是需求下降。于是 1986 年世界石油价格暴跌。例如，石油输出国组织的石油价格由 1985 年 12 月的每桶 32 美元跌到了 1986 年 7 月的每桶低于 10 美元，美国国内石油产量上升的势头也受到逆转。同样，需求随价格下降而上升，美国继续从国外购买石油。

20 世纪 80 年代中期出现的石油价格下跌的部分原因，是石油输出国组织未能控制产量。从 20 世纪 80 年代初到其中期，超过四分之一的过剩石油来自石油输出国组织的非波斯湾成员国，美国的石油进口也上升到 41%。石油输出国组织是一个非常不稳固的卡特尔组织，其成员经常超定额生产。在一段时间内，沙特阿拉伯独自降低产量以应对其他成员的作弊行为。当沙特阿拉伯在 1985 年发现其石油出口降低了 80%，由每天 1000 万桶降至 200 万桶时，该国开始试图恢复其在国际石油市场上的份额。其他石油输出国组织成员国做出了相同的反应，引起供应过剩。在 1986 年，沙特阿拉伯的石油出口增加到每天 600 万桶，导致油价降低到每桶 10 美元以下。其后不久，石油输出国组织重新降低产量，以期将石油价格稳定在每桶 15 到 18 美元之间，见能源信息署的《每月能源回顾》[1]。

① Energy Information Administration, Monthly Energy Review, (April 1987).

5.3 1970 年到 1980 年,价格、分配和均权控制的年代

5.3.1 价格管制

石油的价格、分配和均权控制(entitlements)始于 1971 年 8 月 11 日尼克松总统依据《1970 年经济稳定法》[1]实施的全国工资和价格管制,终于 1981 年 1 月 31 日里根总统的 12287 号行政令[2]。联邦政府实施这些控制的目的,是为解决因限制石油进口引起的一系列国内政治和经济问题。由于这些政策已被废止,今天讨论它们的意义主要在于其历史价值。当遇到经济困难(如发生主要战争期间),美国政府倾向于通过控制价格来控制通货膨胀、避免价格欺诈和其他问题。而价格控制,只是成为可供决策者和政策制定者适用的第一个工具。

20 世纪 70 年代的石油监管,主要是通过以下三个法律实现的:《1973 年紧急石油分配法》[3]《1975 年能源政策和资源保护法》[4]和《1976 年能源资源保护和生产法》[5]。为了实施这些立法制定的计划,总统成立了联邦能源办公

---

① Economic Stabilization Act of 1970, Pub. L. No. 92-210 (85 Stat. 743).

② 46 Fed. Reg. 9909.

③ Emergence Petroleum Allocation Act of 1973, EPAA, Pub. L. No. 93-159 (87 Stat. 627).

④ The Energy Policy and Conservation Policy of 1975, EPCA, Pub. L. No. 94-163 (89 Stat. 871).

⑤ The Energy Conservation and Product Act of 1976, ECPA, Pub. L. No. 94-385 (90 Stat. 1125).

室,该办公室于 1974 年中被依据《1974 联邦能源管理法》①成立的联邦能源署(Federal Energy Administration)所取代,后者于 1978 年被能源部所取代。

能源决策者在 20 世纪 70 年代前期面临窘境的原因有很多,从经济学上看,就是政府试图干预国际原油市场,促使国产石油取代进口石油。这种做法人为地使国产石油价格低于进口石油价格,以削弱进口石油的竞争优势。然而政府的价格管制不得人心,很难维持下去。

随后,如果没有联邦政府干预,国产石油的产量和价格都有继续上涨的倾向。换言之,石油价格和产量将下降而趋同于国际水平。在价格上涨的刺激下,国内石油生产商增加投资以勘探和建设新油井,并提高已投产油井的产量。同时,国内已达到稳产油井的产量,也不会低于没有政府干预时的情况。

如果维持其他因素不变,当价格上升到市场出清的水平时,国内石油生产和供应商在不增加成本的情况下,获取了更高的投资回报。这一更高的回报被分别称为经济租金、意外利润或财富从消费者转移到生产者。这时,联邦政府出于政治考虑,开始调整干预政策,以期通过下调价格和征税,来阻止财富转移或意外利润。政策制定者通过配给措施,来消除使用稳产油井生产的低成本石油的炼油商(如大石油公司)和最终用户,相对于那些必须在公开市场上购买高价油的独立炼油商或最终用户所拥有的不当竞争优势。

---

① Federal Energy Administration Act of 1974,Pub. L. No. 93-275 (88 Stat. 96).

所有这一切都发生在 20 世纪 70 年代。为解决通货膨胀问题，《1970 年经济稳定法》[①]要求冻结几乎所有的工资和价格。对石油和石油炼成品（refined oil products）的监管是联邦应对通货膨胀立法的一个部分。总的来说，由监管机构实施的工资和针对所有商品的价格管制于 1974 年的年中结束，但是石油除外，因为阿拉伯石油禁运引起的供应短缺，延长了对石油的监管。

为应对国内石油价格上涨，联邦根据《紧急石油分配法》制定了石油生产、加工、批发和零售环节的多重限价的体系。该定价体系将国产石油分为三种，对每种石油生产环节的价格（生产商销售给炼油商的价格）要求不同。将产量不高于 1972 年生产水平的油井生产的石油称为"旧油"（old oil），旧油采用 1973 年 5 月 15 日的市场价格，并允许小范围调整。此定价的根据是该价格反映了这些油井的生产成本。由同一油井生产的超产石油被称为"新油"，新油不受价格限制，以达到刺激生产的目的。此外，与新油等量的旧油被称为"被释放的"石油，也不受价格限制。此外，进口石油不受此限。

旧油/新油监管措施所涉及的经济学原理并不高深。如果石油行业具有均匀的行业结构，该措施应能很好地发挥作用。我们随后将讨论石油行业的结构。该措施的经济学原理是，管控旧油的价格以避免经济租金或意外利润，放开新油价格以刺激投资和增加产量。

除了一体化石油公司外，石油行业里还有独立生产商、

[①] Economic Stabilization Act of 1970，Pub. L. No. 91-379 (84 Stat. 799).

进口商和炼油商。由于石油行业的公司结构不统一,采用新旧价格的双重价格体系对不同公司的影响也不同,需要一套体系来处理这些例外情况。这样,整个价格体系的规则就变得异常复杂。

例如,"供应商-采购商计划"将国内石油生产商、炼油商和零售商的价格限定在 1972 年的水平,其目的是限制一些炼油商获取额外的(价格受到控制的)更便宜的旧油。

同样,"买-卖计划"要求拥有超出比例的(便宜的)旧油的炼油商,按照规定的价格将旧油卖给其他炼油商。最后,"原油均权计划"试图通过要求能够获取(便宜的)旧油的炼油商购买这种低价油的采购权,以期国内所有的炼油商具有相同的石油成本。

正如可预见的那样,石油行业对价格管制的反应是,当美国国内石油价格维持在低于国际市场的水平时,石油勘探投资和石油产量均下降了。同时,价格下降和需求上升引起了短缺,进而引起了汽油短缺和配给控制,由此也导致政府对"石油危机"做出进一步行动。

联邦对能源经济的另一个重要的干预政策是《1975 年能源政策和节约法》[①]。该法的立法目的是,通过提高价格刺激石油生产并最终解除价格管制,建立战略石油储备和提高汽车燃油效率,以最终取消新旧油的价格差异。石油战略储备的目的是储备 100 万桶石油,以备新的石油供应中断。至今,石油战略储备已购买了 7.25 亿桶石油。该法还制定了提高汽车平均燃油效率的"平均燃油经济性"

---

① Energy Policy and Conservation Act of 1975, EPCA, Pub. L. No. 94-163, 89 Stat. 871.

（Corporate Average Fuel Economy,简称 CAFE）强制标准,即要求各种车辆达到每单位燃料行驶一定里程的燃油经济性标准。

《能源政策和资源保护法》的定价结构,起到了促进石油的生产和勘探的作用,也为增加石油进口提供了经济激励。为符合公司平均燃油经济性标准要求,汽车生产商开始生产和销售更多的紧凑（compact）和半紧凑（subcompact）型汽车。自从该标准实施以来,宽敞型汽车的销量逐年下降。

公司平均燃油经济性标准的积极作用是,提高了 1975 年到 1978 年间的汽车燃油经济性,将每加仑（1 加仑≈3.79 升）汽油的行驶距离由原来的 15.8 英里（1 英里≈1.61 千米）提高到 28.6 英里。随后,根据《2007 年能源独立与安全法》规定,到 2020 年,上述标准将提高至 35 英里/每加仑。

5.3.2　分配控制和均权控制

《1970 年经济稳定法》[①]授权总统对石油和石油产品进行分配,该措施被认为是维持各公司在采用新旧石油价格之前相对竞争地位的必要步骤。一种担心认为,垂直一体化的大石油公司可能会将旧油据为己有,对其加工和以低于新油能达到的价格出售,并将新油出售给与其竞争的独立炼油商。开始时,行政分配部门（executive allocation authority）实行自愿分配计划,鼓励供应商按比例将短缺的石油和石油产品销售给用户。随着石油和石油炼成品短缺的加剧和自愿分配计划的有限成功,联邦政府开始在不同用

[①]　12 U.S.C. §1904

户群体之间强制分配已有供应。《1973 年紧急石油分配法》要求总统制定具体分配办法,该办法于 1974 年 1 月 15 日生效①。

根据此分配办法,联邦能源办公室冻结了供应商和采购商之间 1972 年的采购量,并在出现短缺时,对石油和石油炼成品的供应量按比例缩减。随后,能源部按照 1976 年供应商和采购商之间的采购量,冻结分配量。因此,从 1974 年起,石油的生产和利用各环节上的供应方,应向其采购方销售与 1972 年等量的石油和石油炼成品。如果石油和石油炼成品的供应方和采购方同意中止其购销关系,应报联邦能源办公室批准。另外,如果新的采购方不能找到供应方,可以向联邦能源办公室申请,以获得指定的供应方和分配额。对一些用户群体指定优先等级,又可能会打乱以 1972 年供应量为基准的分配制度,这使得整个分配体系更为复杂。例如,农场主、国防部和一些提供重要服务的用户可以按需购买,而不必参照其 1972 年的采购量和分配额。包括私家车车主的非优先用户,可能购买不到任何石油或汽油。即便是非优先用户不能购买到其 1972 年的基准量,也要保证满足优先用户的需求。简言之,联邦的分配计划已演变成政府配给制度。

最终,不论炼油商的规模是否隶属于大石油公司,均依照其炼油能力按比例获取原油供应。获得更多配给量的炼油商应将石油出售给配给不足的炼油商。此外,对石油供应短缺的各州,联邦能源办公室及后来的能源部应将一定的供应量划拨给这些州的能源办公室。后来,能源部有权

---

① 39 Fed. Reg. 1924.

将石油和石油产品的供应，直接调拨到短缺最严重的地区。

在 1974 年年底实施的均权计划，目的是使得所有的炼油商具有相同的原油成本。主要因为阿拉伯石油禁运引起的石油价格上涨，使得新油和旧油的价差变得非常大。一段时间内，该价差达到每桶 8 美元。结果是，较之于仅可使用价格较高的新油的炼油商，获得更多低价的旧油的炼油商具有竞争优势。

根据均权计划，炼油商从联邦能源署获取全国平均旧油使用比例的"均权"。如某个炼油商希望使用超过该比例的旧油，它就要从那些具有多余"均权"或旧油的炼油商那里购买"均权"。联邦能源署变成了全国均权买卖的结算所或经纪人。均权计划也存在偏向小炼油商的安排，为其提供更多的均权，以便使它们能够与大的石油公司竞争，见"帕斯卡公司诉联邦能源署"案①。对石油炼成品的分配没有相应的均权计划。

旧油均权计划授权联邦能源署依据例外原则，为不具经营竞争优势的公司提供救助。在"新英格兰石油公司诉联邦能源署"案②中，争论的焦点是联邦能源署以实行例外救助的名义对旧油均权的处理情况。新英格兰石油公司是一家国外的炼油商和国内的石油供应商。因联邦能源署准许该公司的部分例外救助申请而否决另外的救助申请，该公司挑战能源署的一系列行政令。埃克森公司也加入诉讼，质疑能源部和其前身联邦能源署为新英格兰石油公司提供任何例外救助的权利。因被告的证据不足，对于原告

① Pasco Inc. v. FEA (TECA, 1975).

② New England Petroleum Corp, v. FEA (S. D. N. Y. 1978).

简易判决(summary judgment)的申请,联邦地区法院判决维持联邦能源署的行政令,但不支持该署对新英格兰石油公司于 1975 年 12 月和 1976 年 1 月提交的救助申请的否决。法院要求能源部退还新英格兰石油公司在这两个月内缴纳的均权费。

在上述期间,在一体化和非一体化石油公司之间、大小炼油商及很多石油生产商之间形成了市场扭曲。国产和进口石油的价差被拉大。一些炼油商认为,双重定价使炼油商承购了更多而非更少的进口石油。此外,美国不同地区的市场也出现了价格差异。为解决此异常现象,能源部获取了对价格管制进行例外救助的授权,见"岩岛石油公司诉能源部"案[1]和"新英格兰石油公司诉联邦能源署"案。均权计划的例外(救助措施)保护了因政府监管受到不利影响的石油公司的竞争地位,见皮特·H. 舒克的《当例外成为规矩时:监管的衡平和通过例外制定能源政策》[2]。最终,这种价格体系、配给控制及均权计划都因其本身原因而宣告失败。

5.3.3 执行

价格管制也包含执行因素。如果被控制产品的销售违反价格监管,能源部有权要求违反者退还超收的价格,见"昆西石油公司诉联邦能源署"案[3]、"普拉克曼石油销售公

① Rock Island Petroleum Corp. v. DOE (S. D. N. Y. 1978).

② Peter H. Schuck, When the Exception Becomes Rule: Regulatory Equity and the Formulation of an Energy Policy Through an Exception Process, Duke L. J. 163 (1984).

③ Quincy Oil, Inc. v. FEA (D. Mass. 1979).

司诉联邦能源署"案①和"纳福－索尔炼油公司诉城市石油服务公司"案②。超收的数额可能巨大。在"美国诉埃克森公司"案③中,政府控告埃克森公司,要求退还138000000美元。此外,在"菲利普斯石油公司诉能源部"案④、"标准石油公司诉能源部"案⑤、和"美国诉大都市石油公司"案⑥中,石油公司均被要求退还数额巨大的超收资金。

1979年11月12日,作为对伊朗扣押美国人质的回应,卡特总统下令禁止进口伊朗石油。伊朗政府随后也对美国进行石油禁运。为了应对供应中断造成的困境,能源部实施了强制分配计划(mandatory allocation program)。按照此计划,因禁运受到损失的国内炼油商,可以从国内其他的炼油商处获取便宜的石油,见"马拉松石油公司诉能源部"案⑦和"新英格兰石油公司诉联邦能源署"⑧案。能源部也规定了供应商向其用户销售的石油产品量,见"壳牌石油公司诉尼尔森石油公司"案⑨。

能源部供应分配的权力,对因市场供应短缺而受影响的用户也很重要。通过强制分配计划获取的石油,使一些公司保持了竞争力。当伊朗的石油禁运降低了石油供应

---

① Plaquemines Oil Sales Corp. v. FEA (D. La. 1978).

② Naph-Sol Refining Co. v. Cities Service Oil Co (D. Mich. 1980).

③ United States v. Exxon Corp. (D. D. C. 1979).

④ Phillips Petroleum v. DOE (D. Del. 1978).

⑤ Standard Oil Co. v. DOE (TEAC 1978).

⑥ United States v. Metropolitan Petroleum Co., Inc. (S. D. Fla. 1990).

⑦ Marathon Oil Co. v. DOE (D. D. C. 1979).

⑧ New England Petroleum Corp. v. FEA (S. D. N. Y 1978).

⑨ Shell Oil Co. v. Nelson Oil Co., Inc. (TEAC 1980).

时，普遍的担心是位于石油生产和使用链条末端的消费者将不加区分地受到影响。对消费者最直接的影响是在加油站实行的配给，见"李维斯诉西蒙"案[1]。为以公平和平等的方式分配汽油，国会也通过了《1979年紧急能源节约法》[2]。该法律要求总统制定"备用"的汽油和柴油配给计划。

国会实施的另一个执行机制是对意外利润的征缴。由石油输出国组织卡特尔引起的一个特殊情况是，国内石油生产商获取的经济租金，即当货物价值的上升与其成本无关时出现的额外利润。例如，在阿拉伯石油禁运期间，世界石油市场的价格由每桶20美元上升到每桶40美元。国内的石油生产商不费吹灰之力，就可以将以前每桶20美元的石油卖到40美元。政客们认为这种额外的经济收益为不期收益，并试图将其征缴到美国国库。

为配合卡特总统于1979年提出的逐步解除对石油和石油产品价格管制的倡议，国会通过了《1980年原油暴利税法》[3]，以期通过税收，从石油生产商和权益金收入者处，分得因解除价格监管而引起的额外收益的公平份额。由此获取的税收收入，将用于为节约能源和可再生能源的生产提供税收优惠，并补贴低收入家庭以克服能源价格上涨造成的困难。虽然《1980年原油暴利税法》和其例外情况被

---

[1]　Reeves v. Simon（TEAC 1974）.

[2]　the Emergence Energy Conservation Act of 1979（42 U. S. C. § 8501）.

[3]　Crude Oil Windfall Profit Tax Act of 1980，Pub. L. No. 96-223，94 Stat. 229.

质疑合宪性，但"美国诉帕特森斯基"案[1]的判决认可了该法的合宪性。

5.3.4　解除价格管制

我们注意到，在诸如第一次、第二次世界大战和 20 世纪 70 年代石油禁运等非常时期实行了石油价格管制。价格管制通常难于监控，不适用于竞争性行业，也无效。美国已在 20 世纪 70 年代末制定了解除价格管制的具体机制，价格管制解除的初步形式是免除适用各种制定法和法规中关于价格和分配控制的规定。汽油是最后一个不受监管的石油产品，但在卡特任期内和福特任期开始时，已制定出解除汽油管制的计划。经济恢复署（Economic Recovery Administration）于 1979 年 4 月发布解除石油价格管制的第一阶段计划。根据此计划，解除石油价格管制将分阶段进行，于 1980 年 1 月开始，并于 1981 年 9 月结束。

石油价格管制一直被认为是一项临时措施。卡特政府的石油立法目标是在 1981 年 10 月结束石油价格管制，但里根总统在其任期内的第一项行政令便是于 1981 年 1 月内结束石油价格管制。由此，国产石油价格自 20 世纪 70 年代初以来，首次被允许提升到市场水平。解除价格管制措施也放松了对石油产品出口的管制。放松管制的一个负面影响是，很多在价格管制期间受惠于均权计划的小炼油厂开始倒闭。从 1981 年到 1995 年间，有超过 100 家的美国炼油商倒闭。随着炼油商数目的减少，剩余技术更先进的炼油商对特定品种石油的进口增加了。

解除价格管制使得石油生产商能够将价格提高到市场

---

① United States v. Ptasynski (1983).

出清水平。受此影响，20 世纪 80 年代前半期的石油勘探和生产活动均有所增加。对解除价格管制的担心是引起价格上涨。但实际情况是，在经过价格震荡后，解除控制后的价格反而下降。在 1986 年石油价格暴跌后，石油的勘探和生产活动也大幅降低。

5.3.5 价格波动

国际原油市场仍在演变。在美国消费了全球 25％的石油的同时，中国和印度的石油需求增长迅速。令人同样或更加担忧的是，国际原油市场经历的价格波动，使得资源和经济的规划更加困难。在 2008 年 7 月 11 日，基准原油价格达到了每桶 147.27 美元。一年后，价格跌至 59.27 美元，甚至达到 32.4 美元底价。本书写作时（2011 年春天），油价大约是每桶 105 美元。

简言之，新的石油行业的价格波动已经引起了我们的注意和担心。由于能源价格影响所有的开支预算，价格波动不仅对于原油投机商和对冲基金经理非常重要，也对传统消费者和各类商业实体非常重要。价格波动也是原油期货市场的重要关注点，因为期货市场的日交易量是消费量的 10 倍以上。价格波动意味着投资者面临更高的风险，消费者也不得安稳，并对能源市场和世界经济构成威胁。因此，未来石油的新篇章中，故事将是：价格波动；日益发展的印度和中国经济不断增长的能源需求；对安全日益关注；重视环境；以及继续寻找新资源。

5.4 联邦土地

5.4.1 陆上石油

联邦政府拥有超过 6 亿英亩(约 2.4 亿公顷)的公有土地(public lands),其中包括密西西比河以西一半以上的土地。内务部下属的土地管理局被授权管理与公共土地相关的天然气和石油资源。传统上,石油资源被定性为可定位矿藏资源(locatable mineral)①,《1897 年石油矿藏法》(Oil Placer Act)即采用了此定性办法。《1872 年一般矿业法》(General Mining Law)②也将石油资源作为矿区发现者的权利(placer claim)。由于石油在 20 世纪初期成为重要的战略物资,塔夫脱总统以国家安全的名义,使石油资源不再属于可定位的矿产资源,见"美国诉中西部石油公司"案③。

国会于 1920 年通过了《矿藏土地租赁法》(Mineral Land Leasing Act)④(经修订后,散见于 30 U. S. C. 的不同部分),该法将石油资源定性为可租赁的矿藏,联邦政府对在其土地上生产的石油和天然气收取权益金。国会于 1987 年通过了《联邦陆上油气租赁改革法》(Federal Onshore Oil and Gas Leasing Reform Act)⑤,该法改革了租赁办法,规定由联邦所有的陆上土地(除不多的特例外)应

---

① 译者注:可被理解为,获取地表的所有权,即获取开采权的资源。

② General Mining Act of 1872 (30 U. S. C. § § 21-54).

③ United States v. Midwest Oil Co. (1915).

④ Mineral Land Leasing Act,Pub. L. No. 66-146 (41 Stat. 437).

⑤ Federal Onshore Oil and Gas Leasing Reform Act,Pub. L. No. 100-203 (101 Stat. 1330).

通过竞标的方式出租。目前，《矿藏土地租赁法》和《联邦陆上油气租赁改革法》均有效。按照这两个法律和联邦的其他制定法，联邦政府必须对其拥有的不予出租的土地进行标识说明。

内务部长通过联邦土地管理局执行《矿藏土地租赁法》，联邦土地管理局通过竞标和议标的方式出租由内务部和农业部森林服务局所管辖土地下的石油、天然气和其他矿藏的开发权。

有意承租的各方提供报价，报价最高的一方获得租赁权。年租赁费前五年，每英亩（约 0.40 公顷）每年 1.5 美元；其后，每英亩每年 2.0 美元[①]。虽然租赁费由国会确定，但可以通过法规予以调整。一旦在出租的土地下发现石油和天然气，承租方必须支付最小额权益金，该金额不得少于租赁费。通常，承租方向联邦政府支付的提成费是所发现资源的销售收入的 12.5%，其中 50% 直接由所在州收缴，但阿拉斯加州的收缴比例为 90%。

内务部部长全权管理土地的出租。竞标出租的土地，租期为五年。如承租方承租的土地在五年内没有石油或天然气产出，租赁合同结束。只能对处于生产期的土地的租赁合同展期。但在钻探已开始之后和生产开始之前，租赁合同可被延展两年。

5.4.2 海上石油

我们所讨论的海上石油，主要指在外部大陆架（outer continental shelf，简称 OCS）上进行的石油开采活动。大陆架是与陆地海岸相连的海床地带，有时也被称作外部大

---

① 43 C.F.R. §3103.2-2(a).

陆架。这是一片范围很大的领土,美国的大陆架面积超过1000亿英亩(约404.7亿公顷)。大部分的海洋石油开发活动局限于加利福尼亚沿海和墨西哥湾,其总面积约为2500万英亩(约1011.7万公顷)。如图5-1所示,海上石油和天然气的产量约占美国总产量的25%。对海洋更深处的深水石油和天然气开采也将要开始。

各地总生产率

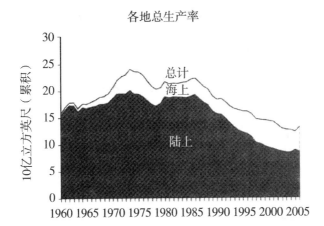

图 5-1

杜鲁门总统于1945年9月28日签署了关于《美国对外部大陆架海底资源政策》[①]的宣言。此宣言在国内通过两个立法获得效力。这两个立法是:《水下土地法》(Submerged Land Act,简称 SLA)[②]和于1978年修订的《外部

---

①　Policy of the United States with Respect to the Natural Resources of the Subsoil and Sea Bed of the Continental Shelf, 4 Whiteman's Digest of International Law §756, D.O.S. (1987).

②　Submerged Land Act, SLA(43 U.S.C. §§1310-1315).

大陆架土地法》(Outer Continental Shelf Land Act,简称OCSLA)①。

《水下土地法》规定各州对浅海土地的管辖权始于海岸低水位线,终于距离海岸三英里(约 4.8 千米)处②。《外部大陆架土地法》规定,"浅海土地界限以外的"外部大陆架海底土地的管辖权属于联邦③。因此,从海岸三英里开始到国际法认可(通常为离海岸 200 英里,约 321.9 千米)的外部大陆架范围属联邦管辖。最高法院判定大陆架的管辖权属于联邦,见"美国诉路易斯安那州"案④、"美国诉得克萨斯州"案⑤及"美国诉加利福尼亚州"案⑥。国会对此管辖权有更具体的规定,内务部部长授权矿藏管理服务局负责大陆架土地的租赁。

根据《1978 年外部大陆架土地法修订案》,各州在租赁中担当了更大角色,并且该修订案加强了与《1972 年海岸带管理法》⑦的协调,见"内务部部长诉加利福尼亚州"案⑧。该修订案责成内务部部长对出租的土地进行环境影响评估和管理,及制定和实施"大陆架石油和天然气信息计划",以便公众了解大陆架石油和天然气的勘探、开发和生产情况。

《外部大陆架土地法》及其修订案的核心是其租赁体

---

① Outer ContinentalShelfLand Act,OCSLA (43 U. S. C. §§1331-1356.

② 43 U. S. C. §1301(b),1978.

③ 43 U. S. C. §§1331(a).

④ United States v. Louisiana (1950).

⑤ United States v. Texas (1950).

⑥ United States v. California (1947).

⑦ Costal Zone Management Act of 1972 (16 U. S. C. §§1451 etc.).

⑧ Secretary of the Interior v. California (1978).

系。为了平衡包括自然资源利用和环境保护等各种利益，出租的决定过程是冗长和复杂的。出租过程包括对可能的生产商的提名和提供这些生产商的信息、划定拟勘探的区域，及按照《1969 年国家环境政策法》[1]的规定编制最终的环境影响评价书。在最终的环境影响评价书公布之后，通过招投标系统发布销售通知书（Notice of Proposed Sales）。根据《外大陆架土地法》的 1978 年修订案[2]，内务部部长可以采用包括定额现金和基于配比的权益金的办法招租，租约的权益也包括勘探和开发。投标的形式可以是现金红利（cash bonus）加上固定的权益金（fixed loyalty），或者权益金加上固定的现金红利，或者这两种方法的各种组合。

招投标办法拟达到的目的是平衡开发离岸土地所涉及的经济、社会和环境利益，并保证政府按照市场价格获取公平的财政收入。在"瓦特诉能源行动教育基金会"案[3]中，一个由环境保护群体组成的原告，要求在内务部对其部长负责的投标制度设定监管要求之前，暂停所有的租赁活动。最高法院的判决是原告的要求缺乏宪法依据，并允许使用不同的招租办法。

因为涉及资源的价值巨大，向美国财政部支付的权益金达数十亿美元。权益金受制于《1982 年联邦石油和天然

---

[1] National Environment Policy Act of 1969（42 U. S. C. §§4321 etc.）.

[2] 43 U. S. C. §§1337(a)(1).

[3] Watt v. Energy Action Educ. Foundation (1981).

气管理法》"①。该法还对档案保管、审计和调查,款项收取以及分配和支出做出了决定。违反该法会招致罚款和其他处罚。

虽然联邦政府对土地租赁具有很宽的权限,但若未能对承租方履行义务也会招致司法审查。在"美孚东南石油勘探和生产公司诉美国"案②中,两家石油公司要求政府返还它们在租约项下向政府支付的 1.56 亿美元租赁费,该租约给予它们在北卡罗来纳州沿海勘探和开发石油的权力。它们的理由是,因政府拒绝它们获取必需的额外许可,而构成拒绝履行合同。最高法院的裁定是,政府确实违背其允诺,必须向石油公司退还上述费用。

然而石油公司不可能总是法庭上的胜利者,它们也不总是全额公平地缴纳权益金。例如,根据美国总审计局估计,1996 年至 2000 年的五年间,深水石油和天然气开采所减免的权益金大约是 210 亿至 530 亿美元之间。③ 在"约翰逊依据美国法律告发④壳牌石油公司"⑤案中,几个大型石油公司被要求向财政部补缴少报的 4.5 亿美元权益金。

---

① Federal Oil and Gas Management Act of 1982 (30 U. S. C. § §1701 etc.).

② Mobil Oil Exploration and Production Southeast Inc. v. United States (2000).

③ Subsidy Scope:Energy at http://subsidyscope. org/energy/regulations/.

④ 译者注:告发人可以根据美国《虚假申报法》(False Claims Act)告发虚假申报行为,并与政府分享收益。

⑤ United States ex rel. Johnson v. Shell Oil Co. (E. D. Texas Dkt. No. 9:96CV66).

5.5 石油和环境

在 20 世纪 60 年代到 70 年代初这段时间内,有大量的环境法律法规颁布。石油勘探对美国公民的环境意识有重要影响。

1969 年 1 月 28 日发生的圣巴巴拉石油泄漏事件,是引发 1969 年开始的大规模环境立法的催化剂。联邦政府从 1966 年开始,对位于太平洋沿岸的圣巴巴拉海峡颁发石油租约。联合石油公司在该海峡的一号石油钻井平台上钻探第五号油井时发生了井喷。井喷持续了 11 天,共有24000 到 71000 升原油泄漏到海峡和附近海滨,见"弗雷德·博斯曼等人著的《能源、经济学和环境》[①]。

上述著作作者认为,圣巴巴拉海峡的原油泄漏事件引起了国会一系列的环境立法。这些立法包括《1969 年国家环境政策法》[②]《1972 年海洋研究、保护和保护区法》[③]《1972 年海岸管理法》[④]《1972 年海洋哺乳动物保护法》[⑤]《1973 年濒危物种法》[⑥]《1977 年洁净空气和洁净水法》[⑦]和《1978 年对外部大陆架土地法的修订案》。

[①]　Fred Bosselman, Jim Rossi & Jacqueline Lang Weaver, Energy, Economics, and the Environment 349 (2000).

[②]　National Environment Policy Act of 1969.

[③]　Marine Research, Protection and Sanctuaries Act of 1972.

[④]　Costal Zone Management Act of 1972.

[⑤]　Marine Mammal Protection Act of 1972.

[⑥]　Endangered Species Act of 1973.

[⑦]　Clean Water and Clean Air Acts of 1977.

对原始地带的开发会造成严重环境问题。艾森豪威尔总统提议建立了隶属于联邦的国家北极野生动物保护区。该保护区位于北极圈内，与环绕北冰洋的普拉德霍湾相邻。其目前面积为 1900 万英亩(约 768.9 万公顷)，与南加州面积相当。区内有起伏的苔原、候鸟群、北极熊、驯鹿、雪鹅等野生动植物群，以及泻湖、障壁岛、大型海湾、海岸、入海口、河道群、冰湖湿地等自然景观。世界野生动物联合会指出该区是世界上仅有的对北极和次北极环境进行全面保护的地区。现在，几十年前留在区内苔原上的吉普车胎印仍依稀可见。

保护区内具有油气勘探开发前景的土地约 150 万英亩(约 60.7 万公顷)，与区内原始野生画面形成对比的是，这些土地上有 2000 英亩(约 809.4 公顷)被管道和设备所占据。这些土地是进行石油开发的"空降点"。相对于 150 万英亩土地，2000 英亩看似很小，但为了开发区内的石油，需要 20 个类似的场地以建设 30 个油田及相关的道路和输油网络。

政府面临这样的选择：是开发石油还是保护环境？内务部的环境影响评估报告指出，在保护区的平原地带开发石油，将对野生动植物和生态环境造成严重影响。但布什政府希望继续进行这些开发项目。开发北极野生动物保护区的石油，经常是党派间能源辩论的一部分，应从不同的角度分析其重要性。该保护区已评估的地区可开采石油总量介于 57 亿到 160 亿桶之间。保护区内总石油储量从保守估计的 32 亿桶，到美国地质勘探局(USGS)估计的 160 亿桶之间。再看这些储量数字，32 亿桶仅够美国 160 天的石油消耗，而 160 亿桶也只是美国 800 天的石油消耗量。按照能源信息署的估计,在保护区内开发石油至少需要十年才能达到其每天 80 万桶的高峰产量。该署认为,产自保护区的石油将能使美国 2020 年的进口石油比例从 62% 降至 60%。

对大陆架的开发也面临类似问题。能源部有权对大陆架进行开发,国家也可能因此获取更多的石油和天然气供应。在可预见的将来,外部大陆架和联邦陆地是国内剩余的待开发的"边疆"。但开发大陆架的石油要求采取很多额外的措施,以避免对生态的危害,这里面临的主要挑战是,内务部对近海石油开采的环境影响报告是否满足自然环境政策法的要求,见"萨克福县诉内务部部长"案[①]和"自然资源保护协会有限公司诉赫道尔"案[②]。如果环境影响评估报告不够充分,相关的租赁应被制止,见"马萨诸塞州联邦诉安德鲁斯"案[③]。

在马萨诸塞州诉安德鲁斯案中,应美国第一巡回上诉法院的要求,州地方法院以开发计划缺乏防止石油泄漏措施为理由,发出了制止内务部对新英格兰区域沿海大陆架进行石油开发租赁的禁令。为了应对石油泄漏的危险,国会又对《外部大陆架土地法》进行了修改,建立石油泄漏基金。

正如埃克森公司发生在威廉王子海峡的瓦尔迪兹事故所表明的那样,井喷、管道破裂或油轮泄漏等事件均可引起

---

① Suffolk County v. Secretary of Interior (2nd Cir. 1977).

② Natural Resources Defense Council, Inc. v. Hodel (D. C. Cir. 1988).

③ Commonwealth of Massachusetts v. Andrus (1st Cir. 1979).

严重的环境问题。于 1989 年 3 月发生在瓦尔迪兹的埃克森公司油轮泄漏事件可能是同类事件中最严重的一起。装载了 5300 万加仑(约 20.1 万立方米)原油的油轮拟驶往加利福尼亚州的长滩,其船长酒后驾驶。油轮撞上布莱暗礁,致使其 11 个油舱中的 8 个泄漏,向威廉王子海峡泄漏了 1080 万加仑(约 4.09 万立方米)的原油。虽然触礁没有造成人身伤亡,但其后的油污清理过程中有 4 人丧生。事故对当地渔业、旅游业、野生动物和生态环境造成的损失则无法计量。油污在触礁发生后的两个月内扩散到周围 500 英里(约 804.7 千米)内的海域。

埃克森瓦尔迪兹事故引起的官司一直打到最高法院。最高法院认为,该案最初判决对埃克森公司处以 45 亿美元惩罚性赔偿的处罚(大约是该公司一年的收益)数额过高,并将该案发回第九巡回上诉法院。下级法院审理后将赔偿额减少到 5 亿美元。[①]

石油泄漏造成很多问题。在"太阳石油公司诉美国"案[②]和"鲍利石油公司诉美国"案[③]中,联邦近海土地的多个承租方公司以圣巴巴拉井喷事件后联邦采取新的更严格的勘探限制措施侵害了它们就租赁离岸土地的权利而状告美国政府,法院驳回了这些公司的赔偿要求。石油公司花去数亿美元获取的租赁权变得毫无价值,石油公司不得不消化这些成本,并最终将其转嫁给消费者和投资者。

石油泄漏可能危及海岸线、水族生物、野生动物和整个

[①] Exxon Shipping Co. v. Baker, 554 U. S. 471 (2008).

[②] Sun Oil Co. v. United States (Ct. Cl. 1978).

[③] Pauley Petroleum Inc. v. United States.

生态系统的平衡。在"波多黎各联邦诉 SS 左伊－科洛科洛尼"案①中，州地方法院至少部分地支持要求油轮公司支付油污清理费用的诉求。按照《清洁水法》,政府可以获取清理费的补偿,见"美国诉迪克西船队公司"案②。在"北坡镇诉安德鲁"案③中,环境保护主义者获取了禁止内务部在环境影响评价报告实施之前,对阿拉斯加北坡地区的土地发放租赁权的禁令。该案的诉讼涉及《国家环境保护政策法》《外部大陆架土地法》《濒危物种法》《海洋哺乳动物保护法》《候鸟保护协议法》和《保护北极熊的协议》。

为应对埃克森瓦尔迪兹事件造成的灾难,国会通过《1990 年石油污染责任和补偿法》④来解决石油泄漏问题。该宏大立法建立了一种补偿和责任机制,其中包括创立石油泄漏责任信托资金和罚款及处罚体系。

该法对(石油泄漏的)报告、责任归属、清理和预防做出了规定。最初,该法规定由油轮或石油设施的业主或操作者承担责任,并由他们承担找到责任方并提供法定辩护的义务。该法规定陆地石油设施承担的责任限额为 3.5 亿美元,也要求油轮或石油设施的业主通过保险、担保函或信用证达到承担责任的目的。此外,该法禁止就此制订额外的州立法。就事故预防而言,该法对改进油轮设计和运营、培训和紧急情况预案也有规定。

---

① Commonwealth of Puerto Rico v. SS Zoe Colocotroni (1st Cir. 1980).

② United States v. Dixie Carriers Inc. (5th Cir. 1980).

③ North Slope Borough v. Andrus (D. D. C. 1980).

④ Oil Pollution Liability and Compensation Act of 1990 (33 U. S. C. § § 2701 etc.).

最近发生的最严重的环境灾难，是 BP 石油公司在墨西哥湾的石油钻井平台爆炸事故，它也是美国历史上最严重的石油灾难。钻井平台的运营方 BP 石油公司，之前称为英国石油公司，在过去十年里一直在试图重塑它的公共形象，以绿色石油公司的形象示人，并打出"超越石油"的口号①。然而该公司真实形象远非如此。近些年，BP 石油公司至少要为数起灾难性石油事故负责，至少造成 500 万桶石油泄漏，更不用说所使用的引起墨西哥湾环境灾难的数万立方米石油驱散剂。与环境灾难同等重要的是，这起事故本应该能够避免，却由于政府监管机构的松懈而最终发生。② 参见 BP 深水地平线石油钻井平台溢油和近海钻井的国家委员会调查报告③，以及艾莉森·弗卢努瓦的《监管爆发：监管如何失败使得 BP 灾难成为可能，监管体系如何调整以避免事故复发》。

总统委任的调查委员会已经发布了 BP 溢油事故的最终报告，并对未来深水石油天然气勘探和开发提出了一系列建议。该委员会将其建议归纳为七点：（1）提高岸上业务的安全性；（2）保护环境；（3）强化漏油事故应急反应、计划

---

① 译者注，"Beyond Petrolum"（超越石油）是 BP 公司的宣传口号，其首字母的简写是 BP，即公司名字。

② National Commission on the BP Deepwater Horizon Oil Spill and Off-shore Drilling，available at http://www. whitehouse. gov/the-press-office/executive-order-national-commission-bp-deepwater-horizon-oil-spill-and-offshore-dri.

③ Alyson Flournoy Et Als. ，Regulatory Blowout：How Regulatory Failures Made Bp Disaster Possible And How The System Can Be Fixed To Avoid A Recurrence，available at http://www. progressivereform. org/articles/BP_Reg_Blowout_1007. pdf.

和能力;(4)加强油井堵漏能力;(5)克服深水地平线漏油的影响,恢复海湾;(6)确保财产责任;(7)推动国会参与构建负责任的近海石油钻探。

该委员会的总结很有力。这起灾难是石油公司的过错,也是相应监管部门的过错,它所引发的严重后果,考验着国家处理应对能源环境危机的能力。报告认为,只有进行了监管改革,才能确保墨西哥湾以及其他深水区域的钻井的安全。并且,作为监管改革措施的一部分,美国必须重新审视其能源生产与利用的模式。报告还指出,美国"必须开始将能源转向更加清洁、能效更高的未来。否则,国家的安全和福利会越来越依赖于日益减少的不可再生的资源的供应,并更加依赖国外供应"。

显然,石油在未来的一段时间内将继续是主要的能源,也将继续是国内外政治的焦点。作为一种化石燃料,石油也将继续是世界范围内环境问题的关注点。

第 6 章　天然气

联邦对天然气和电力的监管情况相似,成立监管机构所依据的组织法也很接近。在过去的近百年里,两者均采用传统的定价公式定价。两者的行业结构也相像,即具有很多生产商,但向最终用户或分销公司输送产品的手段有限。电力输送的手段是高压输电线路,天然气的输送途径是管道。因此,私有的输送手段是这两个行业的瓶颈,也是最初对它们进行监管的基本原因,也是目前行业重整和监管所面对的主要限制。目前,这两个行业都在进行改革,以使经营环境更具竞争性。

从第二次世界大战结束到 20 世纪 60 年代这段时间,是这两个行业发展的黄金年代。当前,这两个行业仍处于不断扩张之中,但增速已逐渐放缓。全球天然气消费有望年均增长1.5%,美国天然气年度消费则有望从 2008 年的23.2 万亿立方英尺,增长至 2030 年的 24.3 万亿立方英尺[①],而电力行业仍然随着经济增长而不断发展。促使天然气行业发展的因素有:(1)储量丰富,且价格适中;(2)长距离输送和储存技术的改进;(3)需求的增加;(4)公众认为

---

① International Energy Agency, World Energy Outlook (2009);EIA, Annual Energy Outlook 2010.

天然气是定价合理且适用的燃料;(5)跨州管道良好的融资条件,见詹姆士·麦克马纳斯的《能源法和能源交易中的天然气》①。

第二次世界大战后是天然气的好年景。居民用户增加了对这一不必储存的清洁燃料的使用,工业用户也注意到可将天然气应用到制造工艺中,因而天然气的生产设施和运输管道得以建设。此外,天然气和电力技术在 20 世纪 60 年代之前得到持续发展。至此,主要的监管措施似乎较好地发挥了作用。

对天然气监管的看法也莫衷一是。支持市场自由者认为,联邦监管引起了严重的市场错位,因此也是一个监管失灵的绝好例子。而监管支持者则看到了管道公司的市场支配力量,和目前持续存在的管道运输垄断问题。对于天然气监管是纠正了市场失灵,还是监管失误的问题,读者们在读完本章之后便会有一个很好的判断。

6.1　行业概述

美国的第一个天然气公用设施是于 1817 年成立的马里兰州巴尔的摩气灯公司。画家莱姆布兰特·皮勒和他的合伙人在早年用煤气为他的博物馆和画廊提供照明。到 1859 年,美国有三百家煤气厂为大约 500 万用户服务。直到 1920 年至 1945 年间,在天然气管道技术能够实现长距离输送天然气,以及电力和煤炭分别在居民和工业用户中

---

①　James McManus, Natural Gas in Energy Law and Tractions, D-9, David J. Muchow & William A. Mogel eds. (2003).

取代煤气之前,美国出现了大批小型的本地化的私有煤气公司。

天然气的燃料周期与石油相似,在 19 世纪晚期和 20 世纪的大部分时间内,石油和天然气通常被一起发现。这类天然气被称为"伴生气",目前大部分天然气是不与石油共存的非伴生气。与石油和煤炭一样,天然气是一种化石燃料,由几百万年前的动植物和微生物的残骸形成。天然气也可以由现存的生物和垃圾形成,但目前使用的绝大部分天然气是存储在地质构造中的化石燃料。

在 20 世纪前期,石油是更重要的资源,天然气被看作石油勘探和生产过程中出现的令人讨厌的副产品。因此,天然气常被在井口烧掉,而不是被储存和利用。目前,天然气在美国的能源经济中居于非常重要的地位,天然气约占美国能源消耗的 25%,天然气行业的年销售收入为 500 亿美元。天然气之所以持续作为重要能源有两个理由,一是相对丰富的供应,二是天然气是一种燃烧相对干净的燃料。例如,天然气燃烧所排放的二氧化碳只有煤的一半,所以它也被看作燃煤电厂很好的替代燃料。

天然气的计量单位可以是热量单位(百万英热单位,即 mmBtu)或体积单位(千立方英尺,即 mcf)。这两个计量单位大体可比,即一个百万英热单位与一千立方英尺所含热量相当。绝大部分天然气产自埋深不超过 15000 英尺(约 4.6 千米)的多孔沉积岩内。埋藏更深或储存在少孔沉积岩内的天然气,被认为是非常规来源天然气。天然气行业的经济性主要是开采成本较低的常规天然气,而开采非常规来源天然气,需要昂贵的开采技术,从而提高天然气的价格。任何依赖进一步勘探和开发国内天然气供应的能源政策,都必须考虑此不可避免的更高的开采成本。在强调国产天然气和联邦对此行业监管的同时,我们不应忽视全球的能源状况。

加拿大和墨西哥均生产大量天然气。加拿大是美国最大的天然气进口国,其供应数量占美国进口总量的98%。阿尔及利亚、墨西哥、澳大利亚和阿拉伯联合酋长国也对美国出口少量的天然气。从这几个国家的进口总量约占美国天然气供应量的16%。同石油进口一样,依靠进口天然气会造成国家安全和全球政治问题。天然气作为国际性资源,其进口稳定性问题已经日益关系国家安全和国际政治。

其他天然气来源包括液化天然气(LNG)和合成气(SNG)。液化天然气是将天然气通过低温液化,这种物质可以由特殊设计的油轮运输。多数液化天然气来自阿尔及利亚,它们约占美国天然气消耗的1%。当运输到目的地后,通过减压气化,其被送入天然气管道。因为液化天然气极易爆炸,任何对运输船的损坏都可能会造成灾难性的后果,在港口中装卸的过程更是如此。此外,由于液化天然气目前的开发成本很高,采用液化天然气取代天然气只具有边际可行性。

合成燃料是通过物理或化学办法对其他资源(如煤炭)进行处理来生产的,用来取代石油或天然气的固体、液体或气体燃料。其中,煤制气是目前最先进的合成燃料技术。煤制气的过程能够除去煤炭中的重金属和硫等有害物,使得煤炭合成气的燃烧更加清洁。由于天然气供应仍相对便宜,煤制气在经济上还不十分可行。目前,煤制气的使用不够普及,用户也缺乏由合成气取代天然气的动因。随着技术进步,合成气是未来的希望。

美国于 1821 年在纽约州的弗雷多尼尔（Fredonia）开发了第一口天然气井。当时，只有东部沿海生产天然气。目前，主要的天然气生产州是路易斯安那、新墨西哥、俄克拉荷马、得克萨斯和怀俄明州。如图 6-1 所示，陆上天然气井生产了美国约 80% 的天然气，其余由海上气井生产。

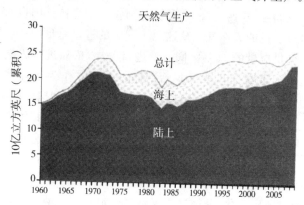

图 6-1

天然气具有多种用途。居民和商业用户主要使用天然气取暖和烹饪。天然气也是造纸、金属、化学、炼油、玻璃制造和食品加工等很多工业行业的主要燃料。此外，天然气也是制造化肥、化学品、化纤、药品和塑料的重要原料。最重要的是，如摘自能源部能源信息署《2009 年年度能源观察》[①]的下面三张图表所示，天然气也成为越来越重要的发电燃料。各行业使用天然气的情况是：工业（32%）、居民（21%）、商业（14%）、发电（30%）、运输（3%）。

---

① Annual Energy Review of 2009，August 2009，Energy Information Administration.

图 6-2 和图 6-3 说明了一段时间内各行业使用天然气的变化情况。请注意发电消耗的天然气的变化情况。

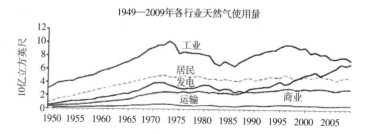

1949—2009年各行业天然气使用量

图 6-2

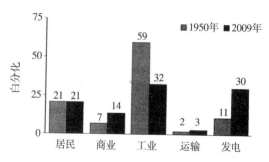

1950年和2009年最终用户和发电用天然气份额

图 6-3

预测表明天然气有很强的需求,而这些需求需要通过供应得以满足。根据推测,美国的天然气储量可以满足今后 93 年的需求。这种推测很难做到准确,也随诸如需求、新开发技术和新的天然气来源等影响因素的变化而变化。比如,公众担心对阿拉斯加和近海天然气的开发会造成环境问题。能源信息署在 2011 年的能源展望中估计,由于天

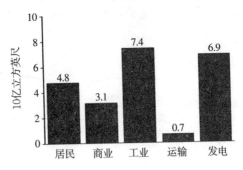

2009年行业消费

图 6-4

然气价格走低,到 2035 年,天然气需求将占整个能源需求的 24％,并将从 2009 年的 22.7 万亿立方英尺增长至 2035 年的 26.5 万亿立方英尺。[①]

天然气行业被分为四个主要部分:生产商、管道(运输商)、本地分销公司(也被称为本地公用设施公司)和最终用户。美国目前有超过 20000 家的天然气生产商,其规模从家庭"作坊"到全球性大企业均有。独立的天然气公司(而非主要的一体化公司)钻探了大约 85％的气井。该行业中有包括英荷皇家壳牌公司、英国石油公司、埃尔帕索天然气公司等二十几家主要的生产商。管道在天然气分配中起关键作用。由大约 150 家管道公司经营着 28.5 万英里的管道,其中大约 18 万英里是跨州管道。

管道公司提供天然气的运输和销售两种服务。对其提

---

① EIA, AEO 2011 Early Release Overview (December 16, 2010) available at http://www.eia.doe.gov/forecasts/aeo/early_fuel.cfm.

供服务的另一种说法是,这些公司采购和销售天然气,并提供运输服务。在下面将要描述的情况下,管道公司的购销职能使其能够实施市场支配力量。由投资者拥有的管道公司占有90%到95%的市场份额。与地方性的输配电公司一样,地方性的天然气分销公司的规模通常不大。

鉴于天然气行业中众多的参与者,你可能已经意识到,该行业在很大程度上不是一个垂直一体化的行业。通常,生产商和勘探商是姊妹公司,也有一些公司同时进行勘探和生产业务。不多的生产商也是管道公司的关联公司。生产商开发和开采天然气(和石油)。整个生产周期还包括钻探新的气井、采集天然气,并在对其进行处理之后销售给管道公司或天然气收集公司。

一旦气井投产,生产商或另一类被称为收集商的公司将建设管线与单个气井联系起来,并通过该管线将天然气销售给可能的买家。气井附近的一家处理厂或工业用户会购买此天然气,跨州的或州内的管道公司也可能收购天然气用于异地销售。或者,独立的天然气购买方将购买的天然气集合后,销售给跨州或州内天然气管道公司。

州内天然气管道公司通常具有双重角色。作为批发商,管道公司从生产商处购买天然气,将其从井口运送到销售地,并批发给销售地的分销公司或零售给当地的工业用户。管道公司运输和销售其所拥有的天然气的业务被称为捆绑业务。这部分天然气的买方支付的价格包括天然气的采购成本和管道运输成本。此外,管道公司也提供单一的运输服务,即仅作为生产商或收集商与工业用户或分销商之间的运输商。在这种情况下,管道公司不购买天然气,而只对天然气的运输收取运输费。只受所在州监管的州内管道被称为"Hinshaw 管道",这些州内管道不受《国家天然气法》①的管辖。

向居民、商业和工业用户分配天然气由本地分销商完成。这些分销商通常是私有的公用设施公司,按照州公用设施委员会规定的费率,从天然气的最终用户那里收取服务费用。因此,这些分销商提供的是传统公用设施公司的服务。它们具有为规定地域提供服务的义务,其收费必须是公平、合理和非歧视性的。

目前的天然气行业结构重整,出现三项值得关注的重大发展。第一是出现了天然气中心市场和运输枢纽(natural gas market centers and hubs)。就管道公司仅作为运输商(而不是批发商)的业务而言,中心市场和运输枢纽为天然气客户(也被称为运输商客户)提供不同管道公司之间运输链接和短期供应平衡等原本由管道公司提供的服务。第二是出现了现货市场(spot markets),中心市场和运输枢纽为现货市场的发展提供了定价信息和交易服务,见能源信息署的《天然气中心市场和运输枢纽的 2008 年情况更新报告》②。第三(也是最重要的)是 2008 年发现的国内天然气储藏中最主要的发现是美国东北部马塞勒斯页岩构造中的储量,虽然页岩气储藏涵盖北美地区大片地域,包括加拿大的 6 个省以及美国的 23 个州。预计的页岩气储量异常丰富,分析师认为美国将由此成为主要的天然气出口国。仅在马塞勒斯地质构造中,估计天然气储量达 450 万亿立

---

① National Gas Act, 15 U.S.C. § 717(c).

② Energy Information Administration, Natural Gas Market Centers and Hubs: A 2008 Update.

方英尺（约 12.7 万亿立方米）。鉴于美国国内天然气供应已经从 2003 年的 35 万亿立方英尺（约 9910.9 亿立方米），增加到 2009 年 616 万亿立方英尺（约 17.4 万亿立方米），这些天然气有望能满足美国 20 年的需求。参见约翰·W.罗的《页岩气的新兴影响》[①]和两党政策中心和美国清洁天空基金会的《确保天然气市场稳定工作组报告》。[②]

　　尽管天然气的二氧化碳排放量只有煤炭的一半，但天然气仍然需要从地下开采。当前，最受欢迎的开采方式是大容量水平井水力压裂法。水力压裂需要将大量的掺入沙子和化学物质的水，灌入页岩层进行液压碎裂，以释放天然气。这种钻井方式会产生数千甚至数万立方米的废水，这些废水中通常会含有腐蚀性盐，以及苯、放射性元素等致癌物质。简言之，水力压裂会造成严重的环境问题，比如以前没能预料到的高放射性物质。见伊恩·厄比纳的《监管松懈的天然气井废水污染了河流》《天然气钻井的有毒废物》[③]（这篇报道中有美国环保署应对水力压裂风险的机密文件）。

　　① 　John W. Rowe ＆ Ed Fortunato, The Emerging Impact of Shale Gas Resources, 50 Infrastructure 1, 11 (Fall 2010).

　　② 　Bipartisan Policy Center And American Clean Skies Foundation, Task Force on Ensuring Stable Naturalgas Markets 12 (2011) available at http://www. cleanskies. org/pricestabiliitytaskforce/63704_BPC_web. pdf.

　　③ 　Ian Urbina, Regulation Lax as Gas Wells′ Tainted Water Hits Rivers, N. Y. TIMES (February 26, 2011) available at http://www. nytimes. com/2011/02/27/us/27gas. html; Drilling Down: Documents: Natural Gas′s Toxic Wastes, N. Y. TIMES (February 26, 2011) available at http://www. nytimes. com/interactive/2011/02/27/us/natural-gas-documents-1. html ＃ document/p417/a9945.

虽然天然气现货市场的存在已有时日,但监管环境限制其发挥功效。随着产业结构的重整,该行业从长期合同转变为现货市场销售。在过去该行业处于严格价格管制和规模膨胀阶段时,生产商和管道公司之间的长期合同是有经济意义的,它能够确保双方的经营和计划不受价格波动影响。当前,由于价格管制已经放开,管道也开放接入,现货市场的销售变得更加重要。

6.2 监管概述

天然气行业的监管情况,符合本书第 1 章介绍的政府监管生命周期。前面讲到,对天然气行业的监管常被认为是监管失灵的典型例子,见鲍·W.迈克福伊的《天然气市场六十年来的监管和放松管制》[①]。对天然气监管的这一指责不是没有道理的。本节介绍为什么开始对该行业进行监管,发生的监管失误和目前旨在提高该行业竞争性的行业自由化或重整努力。

6.2.1 早期监管

最初,不受管制的私人企业,通过煤炭生产燃气,并向附近用户分销这些燃气。当时,燃气的主要用途是照明,并在 19 世纪后半期受到欢迎。燃气公司很快注意到在它们之间分割服务地域可以提高利润,并同意不进行价格竞争。这种价格联盟(collusion)逐渐演变成在更大地域内限制竞争的燃气托拉斯。在 20 世纪的第一个十年内,这些托拉斯

---

① Paul W. MacAvoy, The Natural Gas Markets: Sixty Years of Regulation and Deregulation (2000).

最终引起了各地和州监管者的注意，见华纳·脱斯肯的《为什么监管公用设施？新制度经济学和芝加哥天然气行业》①。

　　大约在同一时期，在美国西南部发现了大型的石油和天然气田。开始时，生产商忽视了天然气的能源价值，将其就地燃烧或直接排放至大气中。随着天然气市场的逐渐形成，这些浪费的做法最终停止了。在20世纪二三十年代，由于大萧条造成的价格下跌和新的油气田被相继发现和开发，出现了天然气和石油供过于求的情况。随着天然气和石油价格跌入低谷，各能源生产州颁布天然气和石油资源保护法以支持这些工业，见诺斯库特·伊雷的《石油和天然气资源保护法（注释版）》②《通过跨州协议保护石油资源》③和理查德·C.麦斯威尔的《石油和天然气》④。随着经济恢复，各地建设了大量的输气管道，从气田向各处炼油厂输送天然气，从此形成了跨州天然气基础设施和天然气行业。

6.2.2　传统的联邦监管

　　联邦对天然气监管的依据是宪法中的贸易条款⑤，联邦制要求在州和联邦之间进行分权，见"密苏里州诉堪萨斯

----

① Werner Troesken，Why Regulate Utilities? The New Institutional Economics and the Chicago Gas Industry，1849-1924 (1996).

② Northcutt Ely，The Oil and Gas Conservation Statutes (annotated) (1933).

③ Northcutt Ely，Oil Conservation through Interstate Agreements (1933).

④ Richard C. Maxwell，Patrick H. Martin & Bruce M. Kramer，Oil and Gas，ch. 7 (7th ed. 2002).

⑤ Art. I，sec，8，cl. 3.

天然气公司"案①（州政府不能监管天然气的跨州运输）和"公用设施联盟诉阿尔特伯勒蒸汽和电力公司"案②（州政府不能监管电力的跨州销售）。结果是，州政府有权监管州内的天然气业务，联邦则监管跨州的天然气业务。因此，在1938年前，联邦政府不干预天然气的生产和运输。上述两个案件巩固了几个主要跨州管道公司和跨州电网公司的垄断地位，这些公司拥有向全国大部分地区输送天然气和电力的基础设施。因此所形成的传输瓶颈，直接导致联邦在新政期间采取监管措施遏制市场垄断行为。

实际上，管道公司既能垄断卖方市场，也能垄断买方市场。管道公司具有的买方和卖方的双重身份，它们是很多地区天然气的唯一来源，而具有卖方垄断力量（monopoly power），也就是说他们可以制定对天然气分销公司和其他直接用户的销售价格，而不必受到州政府监管。同时，天然气管道公司也是很多地区天然气的唯一买方，而具有买方垄断力量。当一个买方是某种货物或服务的唯一买方时，该买方就有买方垄断力量。作为唯一的买方，因为卖方不能将其产品卖给其他买方，卖方必须接受买方的价格，买方就有定价决定权。因此，具有买方垄断力量的公司，可以为购买的货物或服务支付低于竞争市场的价格。一个具有买方和卖方垄断力量的管道公司，对其购买的天然气支付的价格低于竞争性批发价格，但其销售价格则超过竞争性零售价格。在天然气和电力行业，因对跨州管道缺乏州或联

---

① Missouri v. Kansas Natural Gas Co. (S. Ct. 1924).

② Public Utilities Comm'n v. Attleboro Steam & Elec. Co. (S. Ct. 1927).

邦监管造成了所谓的"阿尔特伯勒空白"(Attleboro Gap)①。

出于对跨州管道公司市场力量的不满,联邦贸易委员会进行了有关调查,并于1935年提交了关于跨州管道公司具有买方和卖方垄断地位,并滥用其垄断地位牺牲用户利益的报告。结果是,国会通过了《1938年天然气法》②。该法是一个典型的新政立法。"联邦贸易委员会诉希望天然气公司"③案的判决维护了此法的合法性。《天然气法》的主要内容是有关管辖权、许可和定价的规定。

根据《天然气法》§ 1(b)的规定,联邦管辖权仅限于:(1)涉及跨州贸易的天然气运输;(2)采购的天然气的跨州转售;(3)从事此类运输或销售的天然气公司,见詹姆斯·H.麦格鲁的《联邦能源监管委员会》④。上述规定的目的是确定联邦对跨州(主要是管道)运输和销售具有管辖权,而不涉及当地的生产商,州监管机构则对零售有管辖权。很快,我们就会发现这种划分办法不能很好地发挥其预期的功效。

《天然气法》§ 7(c)的规定是:"除非从联邦贸易委员会获得了为公众提供便利和必需之有效授权许可,拟通过

---

① 译者注:阿特尔伯勒空白(Attleboro Gap)起因于1927年的路德岛公用设施委员会诉阿尔特伯勒蒸气和电力公司案。最高法院对此案的判决是,鉴于美国宪法对跨州贸易活动的监管没有明确规定,联邦无权予以干涉。1935年联邦电力法特此授权当时的联邦动力委员会监管电力的跨州输送和批发业务。自此,阿尔特伯勒空白得以填补。

② Natural Gas Act of 1938, 15 U. S. C. § § 717 etc.

③ FPC v. Hope Natural Gas Co. (S. Ct. 1944).

④ James H. McGrew, FERC: Federal Energy Regulatory Commission 12 (2003).

完成任何提议的建设或扩建项目而从事天然气业务的公司或个人，不能从事隶属该委员会管辖的天然气运输和销售业务，也不能进行相关设施的建设和扩建，兼并或运营从事此类业务的公司。"

换言之，"为公众提供便利和必需之授权许可"指公司为从事跨州贸易而必须从联邦获得的许可。依据上述规定，联邦贸易委员会拥有很大的空间来制定与天然气有关的政策。

在"联邦动力委员会诉跨州天然气管道公司"案[1]中，跨州天然气管道公司拟向统一爱迪生公司（一家纽约州的私有公用设施公司）供应锅炉用天然气。联邦动力委员会拒绝为此发放"为公众提供便利的授权许可"，跨州天然气管道公司因此向最高法院提起诉讼。联邦动力委员会解释其拒绝发放授权的原因是公众利益。联邦动力委员会官员的观点是，相对于居民和商业取暖之用，锅炉使用的天然气居于次要地位，销售锅炉使用的天然气会提高其他天然气用户的价格。统一爱迪生公司则指出，其公司"政策"是采用天然气做燃料比煤对环境更友好。最高法院采纳了联邦动力委员会的理由，并决定根据专家的意见支持该委员会的决定。

最后，我们需要了解《天然气法》§ 7(b)的规定：

"在获取联邦贸易委员会的批准之前，天然气公司不得放弃由联邦贸易委员会管辖的设施的全部或其一部分，也不得放弃任何由这些设施所提供的服务。如果联邦贸易委员会在进行适当的听证会之后认为，相关的天然气已经开

---

① FPC v. Transcontinental Gas Pipe Line Corp. (S. Ct. 1961).

采完毕而不能继续提供要求的服务时，或者当目前或未来的公众便利和必须允许放弃此服务时，该委员会将批准此放弃服务申请。"

换言之，一旦天然气的供应被纳入跨州贸易的范围受到联邦管辖，则如果没有联邦贸易委员会的批准，该天然气供应公司不能放弃该市场。

获取对天然气跨州贸易的授权许可的程序是，天然气管道公司应提交有关拟服务的市场及该公司的财务和管理能力等信息，以便使投资者和监管者了解用户需要这些设施来获取天然气，见"跨州天然气管道公司诉联邦动力委员会"案①。此外，联邦贸易委员会会根据向公众提供便利和必需之物的需要，对天然气公司提出主要的条款和条件，见"联邦动力委员会诉跨州天然气管道公司"案②。

《天然气法》§7(e)规定，联邦贸易委员会仅在提出申请的公司具有良好的财务状况并愿意提供此服务，且公众便利和必需之物也需要颁发此授权许可时，才批准颁发该授权许可。

《天然气法》中的许可条款非常重要，因为一旦天然气被纳入跨州市场，在获取批准之前，不能从该市场撤出。事实上，为了保护全国市场，最高法院支持联邦动力委员会所做出的拒绝为规定服务期限的申请颁发许可的决定，见"中部阳光石油公司诉联邦动力委员会"案③。虽然后来的行业重整，使得监管部门放松了对退出的管制，但在 20 世纪

---

① Transcontinental Gas Pipeline Corp. v. FPC (D. C. Cir. 1973).

② FPC v. Transcontinental Gas Pipeline Corp. (S. Ct. 1961).

③ Sunray Mid-Continent Oil Co. v. FPC (S. Ct. 1960).

六七十年代,联邦贸易委员会通常还是不会批准放弃服务的申请的。另外,跨州天然气具有很宽泛的定义。州内当地生产和运输的天然气,一旦与跨州天然气混合,那么它们就将受联邦监管,见"加利福尼亚州诉罗法卡天然气收集公司"案①和"路易斯安那电力和电灯公司诉联邦动力委员会"案②。

《天然气法》第4节和第5节与许可条款同等重要,这些部分规定的定价政策是价格不能"不公平、不合理,具有歧视性或是优惠的"。"联邦动力委员会诉天然气管道公司"案③的判决,确认了该规定合乎宪法。此外,联邦动力委员会具有很宽的价格决定权,并且"最终的结果"需符合这些制定法的规定。见"希望天然气公司诉联邦动力委员会"④案。

再者,联邦动力委员会有权在受监管和不受监管的业务之间分配成本,见"科罗拉多跨州天然气公司诉联邦动力委员会"案⑤。在实际执行中,除非出现价格投诉并就此进行听证,跨州天然气公司的天然气价格经联邦动力委员会登记后生效。该价格被称为"登记价格"(filed rate),其适用的原则是"Mobile-Sierra 原则",见"联合天然气管道公司诉 Mobile 天然气服务公司"案⑥和"联邦动力委员会诉

---

① California v. Lo-Vaca Gathering Co. (S. Ct. 1965).

② Louisiana Power & Light Co. v. FPC (5th Cir. 1973).

③ FPC v. Natural Gas Pipeline Co. (S. Ct. 1942).

④ Hope Natural Gas Co. v. PFC (S. Ct. 1945).

⑤ Colorado Interstate Gas Co. v. FPC (S. Ct. 1945).

⑥ United Gas Pipeline Co. v. Mobile Gas Services Inc. (S. Ct. 1956).

Sierra Pacific 电力公司"案①。该原则重视天然气管道公司和其用户之间达成的合同。在被监管机构审核或受到起诉之前,合同价格有效。对价格的任何修改必须与经登记的合同一致。目前采用的标准管道合同允许对价格进行修改,见"联合天然气管道公司诉孟菲斯电灯、天然气和水管局"案②。

在"北方天然气公司诉联邦能源监管委员会"案③中,美国哥伦比亚特区联邦巡回上诉法院对《天然气法》的这些要求进行了讨论:"该法 § 4、§ 5、§ 7 规定了唯一且统一的定价办法。按照 § 4 和 § 5 的规定,该委员会确定允许的天然气服务价格,即价格必须是'公平和合理的'。按照 § 7 的规定,该委员会确定应提供服务的设施和服务的范围,并依据'公众便利和必需'的标准对这些服务进行审查。国会关注按照 § 7 规定所提供服务和服务设施的原因是,防止'浪费以及有关设施不经济和不受限制的扩建'。因此,保护国家'宝贵且不可再生的能源'以及保证'尽可能低的合理价格与为了公众利益而维持适当的服务是相互一致的。'"

《天然气法》的这些规定,是建立跨州天然气市场所需监管机制完整且不可分割的组成部分。

6.2.3 菲利普斯石油公司案

从 1938 年到 1954 年,联邦动力委员会的监管范围只

---

① FPC v. Sierra Pacific Power Co. (S. Ct. 1956).

② United Gas Pipeline Co. v. Memphis Light, Gas and Water Div. (S. Ct. 1958).

③ Northern Natural Gas Company v. FERC (D. C. Cir. 1987).

是跨州天然气管道，而不涉及天然气生产商。跨州销售价格不包括生产商在气田对管道公司收取的价格（井口价），该价格由天然气管道公司转嫁给最终用户。因此，过高的井口价可以很容易抵消用户受到的其他价格保护。最高法院在 1947 年的一个判例中授权联邦动力委员会监管天然气生产商与其关联的管道公司的价格，见"跨州天然气公司诉联邦动力委员会"①案。最高法院又于 1954 年将联邦动力委员会的管辖权限扩展到包括生产商的价格，见"菲利普斯石油公司诉威斯康星州"案②。

菲利普斯案判决的直接结果是给联邦动力委员会带来了巨大的行政负担。据估算，联邦动力委员会可能需要到 2043 年方能了结其 1960 年积累的案子，见《1960 年向当选总统所做的关于监管机构的报告》③，该报告也被称为"兰蒂斯报告"（Landis Report）。当时根据《行政程序法》的规定应对每个定价有关的案子单独进行听证会。为了降低由单独听证造成的监管负担，联邦动力委员会开始对不同的天然气生产区域制定价格。首先，联邦动力委员会通过判决的方式制定区域性价格，见关于二叠纪盆地区域价格的若干判例④和"美孚石油公司诉联邦动力委员会"案⑤。随后的变化是将依照《行政程序法》进行的定价判决变为通过修订定价规则来制定价格，不再针对某个生产商或分销商

---

①　Interstate Natural Gas Co. v. FPC (S. Ct. 1947).

②　Phillips Petroleum Co. v. Wisconsin (S. Ct. 1954).

③　Report on Regulatory Agencies to the President-Elect 6, also known as Landis Report.

④　PermianBasin Area Rate Cases (S. Ct. 1968).

⑤　(Mobil Oil Co. v. FPC. (S. Ct. 1874).

进行单独的听证会,而是由同一地区的所有生产商和分销商一同参与定价规则的修订。此区域性定价程序的实施既不顺利,也不快捷。接着,联邦动力委员会对全国不同地区分别制定了天然气价格。"壳牌石油公司诉联邦动力委员会"案①和"美国公用天然气联盟诉联邦动力委员会"案②的判决都确认了该定价办法的合法性。

联邦动力委员会对跨州销售天然气进行监管的另一严重后果是,形成了两个天然气市场——跨州市场和州内市场。最终这两个市场出现了价格差异。由于联邦监管的价格是基于历史的服务成本的价格,而不是随市场价格变化而浮动上扬的价格,而基本上不受监管的州内市场价格则接近于世界市场价格,且高于受监管市场的价格。

这种价格差异有多种后果。最明显的是,州内市场的生产商具有更多的资金以投资开发新的天然气资源。更严重的是,跨州天然气市场的生产商降低了勘探费用,并试图离开受监管的跨州市场,进入州内市场。但是,由于联邦立法具有严格的放弃规定,在没有联邦的批准的情况下,专门为跨州销售生产的天然气的生产商不能离开跨州市场,见《美国法典》第 15 部分 § 727(b)、"联合天然气管道公司诉麦库姆斯"案③和"加利福尼亚州诉南方罗尔蒂公司"案④。因此,价格差异引起了天然气短缺。

应注意到的是,联邦动力委员会并不支持采用较为宽

① Shell Oil Co. v. FPC (5th Cir. 1976).

② American Public Gas. Ass'n v. FPC (D. C. Cir. 1977).

③ United Natural Gas Line Co. v. McCombs (S. Ct. 1979).

④ California v. Southland Royalty Co. (S. Ct. 1978).

松的放弃政策。直到联邦动力委员会认识到由市场扭曲造成的天然气短缺影响到了国家利益，允许放弃的政策才艰难地获取了胜利。此时的问题是如何在既有的法律框架内实行放弃自由化。在详细地讨论监管变化之前，我们应了解两个问题。其一，联邦动力委员会可以以公众便利和必需为条件预准许（pre-grant）放弃申请，也曾经提供过此类准许，见"联邦动力委员会诉莫斯"案①。其二，是否批准放弃的依据由相关方的需求转变为整个天然气市场的利益，从而便于监管机构批准放弃申请，见"菲尔蒙特石油公司"案②。

由联邦和州天然气监管形成的双重市场人为地造成了短缺。监管机构对市场短缺的反应是联邦动力委员会应采取限量分配计划（apportion supplies through curtailment procedures）。可供联邦动力委员会选择的分配办法是按最终用户或按比例限制供应。按比例限制供应是指每个用户都按一定的比例获取供应，而没有用户完全得不到供应。按最终用户限制供应，即天然气管道公司应按照一定的优先政策进行销售。学校、医院和小型居民用户具有最高的优先等级，而应首先受到限制的是能够更换燃料的大型工业用户，见"美国熔炼和冶炼公司诉联邦动力委员会"案③和"威利考克斯市和亚利桑那电力互助公司诉联邦动力委员会"案④。联邦能源监管委员会实行了按用户优先等级

---

① FPC v. Moss.

② Felmont Oil Corp. (F. E. R. C. 1988).

③ American Smelting and Refining Co. v. FPC (D. C. Cir. 1974).

④ City of Willcox and Arizona Elec. Power Co-op., Inc. v. FPC (D. C. Cir. 1977).

进行排序的计划。根据该计划,能够使用其他燃料的用户不再获取供应。司法审查维护了该计划的合法性,见联邦动力委员会 1985 年第 467 号令、第 469 号令[1]和"威力考克斯市和亚利桑那电力互助公司诉联邦动力委员会"案[2]。

随着天然气短缺的加剧,国会通过了《天然气紧急法》[3],卡特总统依据此法宣布天然气紧急状态。联邦动力委员会获得授权以州内天然气市场价格向东部沿海地区调拨了大量的天然气。形势的发展清楚地表明,解除价格监管已为期不远,见"统一爱迪生诉联邦能源监管委员会"案[4]。

短缺引发了广泛要求解除天然气市场价格监管的呼吁。解除价格管制支持者认为该行业具有竞争性,过度和反生产的联邦监管措施造成了所谓的短缺,受到压制的价格阻碍了可以用以消除短缺的新的天然气项目的开发。反对解除价格监管者则认为,天然气行业缺乏竞争,因而需要监管,解除监管将牺牲消费者利益,且不是没有其他同样有效的勘探和开发办法。后者的辩解失败了,现实情况是的确存在价格和分配不相协调的双重市场,需要依靠新的资源来解决短缺问题。结果是通过了《1978 年天然气政策法》[5]。

---

[1]　Order No. 467, 469 FPC 85 (1973).

[2]　City of Willcox and Arizona Electric Power Co-op., Inc. v. FPC (D. C. Cir. 1977).

[3]　Emergency Natural Gas Act, 15 U. S. C. §§ 717x etc.

[4]　Consolidated Edison v. FERC (D. C. Cir. 1982).

[5]　Natural Gas Policy Act of 1978, NGPA.

6.2.4 《1978 年天然气政策法》

《1978 年天然气政策法》是卡特总统的国家能源法的核心。该法的直接目的是,通过对几乎所有在跨州和州内市场"首次销售"(first sales)的天然气定价,消除双重市场。根据《天然气政策法》,从 1978 年 11 月 8 日起,联邦能源监管委员会不再管辖不专属于跨州贸易的天然气("旧气")和其他类别的天然气。《天然气政策法》也提议对法律做出四个方面的重大修改。第一,联邦控制州内市场天然气的价格[①];第二,对 1978 年之后开始生产的新天然气,制定计算每月价格上涨的公式;第三,新天然气的最高价格与石油炼成品的价格挂钩;第四,规定从 1985 年 1 月 1 日起,取消价格监管,但对一些类别天然气(如"新"天然气、新的陆地天然气井和一些州内天然气合同)的销售,可恢复价格监管[②]。《天然气政策法》的整体要点是开始解除价格管制、刺激生产和统一天然气市场价格。

《天然气政策法》第一部分的解除价格管制降低了天然气井口价的下调压力。解除对井口价格管制的日期为 1993 年 1 月 1 日[③]。为了刺激一些市场的天然气生产,《天然气政策法》也规定了天然气的分类价格和年份划分。与以前的石油价格管制办法一样,该做法的核心是以 1977 年 4 月 20 日为分界点,将天然气分为新气和旧气(虽然还有其他类别的天然气,但基本做法一样)。旧气的价格仍受到监管,而新气的价格则可上浮,以刺激生产。其他属于被鼓

---

① 15 U. S. C. A. § 3301.

② 15 U. S. C. A. § 3331.

③ 15 U. S. C. A. § 3301.

励的天然气包括"高成本"天然气、"深井气"、采之于外大陆架和陆地的新天然气。

《天然气政策法》的第二部分规定了"递增定价"法。递增定价法本质上属于边际成本定价,即天然气的销售价格反映了额外的生产成本。与"累积成本"或平均成本定价不同,递增定价要求只是在发生高成本时,用户才支付此成本。本法第二部分的成本转嫁机制允许将天然气生产的部分"递增"成本转嫁到工业用户那里[1]。这也就是说,高优先等级的用户并不承担《天然气政策法》第一部分允许的、为解除价格管制而提高的井口价格。此部分递增成本被该法中的"工业锅炉燃料设施"所吸收。该法还规定现存的一些用户,如小型工业锅炉、农业用户、学校、医院和其他类似机构,不必负担转嫁的成本[2]。因此,通过将一些增加的成本转嫁给工业用户,《天然气政策法》保护了一些用户群体。引起成本增加的项目包括:新天然气、州内天然气合同项下的某些天然气、来自陆上新的天然气井的天然气、一些进口天然气、小规模生产商的低产井天然气、"高成本"天然气、产自阿拉斯加的天然气和其他确定的成本项目(如州资源开采税(State Severance Tax))[3]。成本转嫁的基本经济学原理是,产品的供应随产品价格上升而增加,允许将确定的成本转嫁给消费者会鼓励相关的天然气生产。

这种安排涉及一个问题,即由工业用户承担这些成本是否不公平或甚至构成"罚没"。应当设定价格上限,超过

---

[1] 15 U. S. C. A. § 3341.

[2] 15 U. S. C. A. § 3346.

[3] 15 U. S. C. A. § 3343.

此价格的成本不能予以转嫁。合乎逻辑的价格上限应是替代燃料的价格,即如果天然气的价格过高,支付转嫁成本的用户就会使用其他更便宜的替代燃料。因此,该法允许用户更换燃料或限定由递增定价所规定的支付额。由于存在全国统一的鼓励使用煤作为燃料的政策,该法规定不能以煤的成本作为转嫁成本的上限,该法也就间接地将煤以外的替代燃料的成本规定为转嫁成本的上限①。由于成本转嫁涉及公平性和难以确定适当的价格上限,递增定价从1987年5月起被废止②。

6.2.5 《公用设施监管政策法》

作为《国家能源法》组成部分的《1978年公用设施监管政策法》③的第三部分也适用于天然气的定价。为了节约能源,提高能源利用效率和促进用户公平定价,《公用设施监管政策法》要求各州监管机构和不受监管的公用设施公司,参与为该法提议的定价标准所举行的听证。听证会的结论是,这些定价标准应在"适当和与各州的法律不相矛盾的范围内"予以实行④。在"联邦能源监管委员会诉密西西比州"案⑤中,该定价标准经受了宪法第十修正案(the Tenth Amendment)的挑战。

《公用设施监管政策法》要求能源部部长和联邦监管能源委员会,一起进行天然气定价办法的调查。调查的范围涉及递增定价、边际成本定价、天然气最终用户消费税、井

---

① 15 U. S. C. A. § 3344(e).

② Pub. L. No. 100-42.

③ Public Utility Regulatory Act of 1978.

④ 15 U. S. C. A. § 3203(a)(2).

⑤ FERC v. Mississippi (S. Ct. 1982).

口天然气定价政策、需求定量方案、递减定价、间断服务、季节性价差和用户价格表（user rate schedule）[①]。对每种定价办法的调查内容包括天然气管道和分销公司设施的利用率、各类用户的价格、天然气的消费量、总成本的变化、最终用户使用天然气的比例以及对替代燃料的竞争性的影响。在20世纪末，联邦监管部门开始要求管道公司提供"非捆绑"服务（unbundled services），即将天然气价格和运输费分开，定价机制设计又要解决非捆绑业务的问题。[②]

制定天然气价格的目标可以是，负责任的公用设施公司在不欺诈用户的前提下，能够获取公平的投资收益所要求的经营收入；也可以是为了达到其他的社会政策目标。这些社会政策目标可以是节约资源、在不同的用户群体间进行财富的再分配以及对不同自然资源的重新配置。如果采用的定价办法增加了某些用户（如工业用户）的成本，使得它们的成本超过使用煤炭的成本，这些用户会转向使用煤炭。定价的目的实际上是定价最根本的问题。

按照《1989年天然气井口解控法》[③]，国会于1993年1月1日解除了对天然气生产商销售市场的所有监管。该解除监管的立法消除了对"首次销售的"天然气的价格和服务监管，其直接结果是基本上废止了《天然气法》§ 7(b)部分的限制放弃规定。"首次销售的"天然气不再受到监管，并

---

① 15 U. S. C. A. § 3206(a).

② Mohammad Harnuzzaman & Sridarshan Koundinya，Cost Allocation and Rate Design for Unbundied Gas Services（2000）available at http://www. nrri. org/pubs/gas/00-08. pdf.

③ Natural Gas Wellhead Decontrol Act of 1989，Pub. L. No. 101-60，103 Stat. 157.

可以自由地放弃先前的服务义务,限制放弃规定则名存实亡。为达到更容易、更快捷和不受歧视地向市场提供更便宜的天然气的目的,同时还实施了天然气井口定价解控和自由使用天然气管道的政策。应该注意的是,与跨州天然气管道有关的运输和批发销售仍受《天然气法》管辖。

6.3 《天然气政策法》之后的监管

尽管《天然气政策法》非常复杂,但该法仍有积极作用,它不仅统一天然气市场,解除价格管制也刺激了生产。只是天然气市场的运行,仍没有完全达到预期的状态。在实际操作中,为了确保供应,天然气管道公司与生产商签订了长期供应合同。为了保证生产商稳定的现金流,这些合同含有"照付不议"(take or pay)的条款。在天然气短缺之后出现的供应过剩期间,这些规定对管道商造成了负面影响。

天然气长期供应合同不仅具有历史意义。在过去的三年或十多年里,天然气市场一直受不稳定供应和价格波动的困扰。如果价格不稳定,生产商与购买方都将很难确定公司发展计划。只有价格稳定,生产商才能确定投资多少资金,并控制商业风险。消费者也依赖稳定的价格,以确定在自己的能源预算中,将花多少钱购买天然气。得益于新近发现的页岩气以及它们对国内能源市场的潜在贡献,长期合同重新受到重视。

6.3.1 照付不议合同

"照付不议"条款要求管道公司要么购买合同规定量的天然气,要么为天然气支付百分之百的款项。在短缺期间,该条款有其可取之处,管道公司有可靠的天然气供应,生产商获取稳定的现金流。当天然气供过于求时,其价格下降。长期合同中"照付不议"的条款阻碍了用户获取低价的天然气,管道公司和用户为天然气支付了高价格。在 20 世纪 80 年代中期,"照付不议"的合同额的估计值为 90 亿美元,见"AGA 诉联邦能源监管委员会"案[①]。

管道公司试图采用不同的策略来避免如此巨大的财务负担。其中的一项策略是,在与生产商订立的合同中包括"退出市场"(market-out)条款,即当合同价高于市场价时,允许管道公司暂停采购天然气。另一项策略是,管道公司降低天然气采购量,而要求"经济性不可抗力"(economic force majeure)救济。这项策略不怎么成功。然后,管道公司试图重新协商其"照付不议"的责任,但大多也没有成功。最后是要求联邦能源监管委员会的帮助。由于用户不能获取更便宜的天然气,联邦能源监管委员会被要求干预,以使所有的市场参与者都能减轻压力。管道公司要求减轻其沉重的合同义务,生产商则希望能保证其贸易利益,用户期待能得到更便宜的天然气。因此,联邦能源监管委员会有兴趣重整天然气市场的结构。

6.3.2 联邦能源监管委员会的天然气政策

双重的天然气市场结构、价格自由化、"照付不议"合同和供应增加等问题,直接造成天然气市场的严重混乱。为了解决这些问题,联邦能源监管委员会在 20 世纪 80 年代提出了一系列富有革命性的监管对策,其中大部分由美国哥伦比亚特区联邦巡回上诉法院给出了解释。这些定价规定促发了自 1978 年的《天然气政策法》以来最重大的产业

[①] AGA v. FERC (D. C. Cir. 1990).

结构重整,这些重整延续至今。

对天然气管道运输用户早期的救济,涉及管道最低收费的可变成本部分。联邦能源监管委员会在其380号令中要求将此费用从最低收费中剔除。该最低收费与管道公司的"照付不议"的合同义务相似,要求用户不论是否使用天然气,都要支付与最低使用量相对应的费用。"威斯康星天然气公司诉联邦能源监管委员会"案[①]认可该规定的合法性。

在1983到1985年间,联邦能源监管委员会希望通过"特殊营销计划"(special marketing programs,简称SMPs)来加强管道公司之间的竞争。根据此计划,天然气生产商可以修改其与管道公司的合同,以便生产商自行销售合同项下的天然气,并以此部分天然气扣减管道公司应购买的天然气。这样,可以免除管道公司这部分的支付义务,生产商可以从其他买方处获取付款。该计划的目的是,在不伤害生产商的同时,减轻管道公司的"照付不议"义务。然后,联邦能源监管委员会将审核这些合同,并批准必要的放弃申请。

特殊营销计划满足了管道公司和生产商的需要,但对天然气用户没有帮助,普通消费者仍然需要为天然气支付高价,而不能获得更加便宜的市场价。管道公司试图从供应过剩的市场购买天然气,生产商则希望它们的天然气能够进入市场。结果是,低成本的天然气被大型工业用户购买,而普通居民用户因无法涉足该市场而抗议他们没能从该计划中受益。由于这一原因,美国哥伦比亚特区联邦巡

---

① Wisconsin Gas Co. v. FERC (D. C. Cir. 1975).

回上诉法院要求联邦能源监管委员会修改此计划。该计划自此夭折，见"MPC诉联邦能源监管委员会"案①。

联邦能源监管委员会也关注到生产商、管道公司和用户的其他要求。面对救济和改善市场环境的呼吁，该委员会努力减少天然气从生产商被输送到最终用户（行内说法是从井口到燃气头）的障碍，放松对定价和行业准入及退出的监管。由于管道是该行业的瓶颈，管道成为联邦能源监管委员会监管的主要对象。

虽然联邦能源监管委员会380号令和特殊营销计划的执行，遇到了法律阻力，但它们指出了产业结构重整的方向。这些监管措施的目的是，向有支付意愿的用户提供天然气。为此，联邦能源监管委员会在可能的范围内，将开放管道使用作为从宽执行放弃规则的条件。

联邦能源监管委员会在其第436号令中建议，通过被称为"解除绑定"（unbinding）的过程使得管道公司的贸易和运输业务相分离，为受到限制和不便于更换燃料的用户开放天然气管道的使用权。简单讲，该规则要求管道公司分离其贸易（买卖）和运输服务业务，即管道公司应无歧视地向他人提供运输服务。

436号令希望通过简化监管，如放松行业进入和退出的管制，对天然气生产商和管道公司施加压力，使最终用户能够得到天然气。436号令的主要内容包括：(1)管道公司提供开放和无歧视的运输服务；(2)如果需求超过运输能力，开放的运输管道将按照先到者先获取服务的原则提供

---

① Maryland People's Counsel v. FERC（MPC Ⅰ，D. C. Cir. 1985；MPC Ⅱ，D. C. Cir. 1985；MPC Ⅲ，D. C. Cir. 1985）.

运输服务;(3)在合理的范围内监管运输服务价格;(4)本地分销公司可以将"合同需求"转化为运输服务,并可以选择降低合同需求量;(5)联邦能源监管委员会加快对愿意提供开放运输业务的管道公司发放新的管道设施和服务许可。

哥伦比亚特区联邦巡回上诉法院认同436号令的立法目的,并在很大程度上认可了该令的合法性。但由于此法令未能很好地解决"照付不议"的负担问题,法院将该法令退回联邦能源监管会进行修改,见"天然气分销商联合体诉联邦能源监管委员会"案①。只要开放管道使用的规定是无歧视性的,法院就认可联邦能源监管委员会有权制定该规定,并支持436号令中对价格的灵活处理办法。此外,天然气用户可以直接从生产商那里获取天然气,并要求管道公司对此部分天然气提供输送服务。定价方式也允许管道公司在合理的范围内定价,并可以提供定价折扣,而不必恪守"以成本为基础"的定价原则。联邦能源监管委员会仍在探索其他的定价办法,包括市场定价和议价,见《传统的以服务成本为基础的天然气管道定价办法的替代办法》②。法院也很有创意地同意管道用户可以单方面修改其与管道公司的合同;在一定情况下,用户可以将一定比例的天然气采购义务转化成按合同供应天然气。

鉴于出现了天然气的供应过剩的情况,消费者认为《天然气政策法》和联邦能源监管委员会纠正双轨市场扭曲和开放管道的行动是成功的。但生产商面临资金限制,钻探

---

① Associated Gas Distributors v. FERC (D. C. Cir. 1987).

② Alternatives to Traditional Cost-of-Service Ratemaking for Natural Gas Pipelines, 74 FERC, 61,076 (1996).

活动将有所下降。为了鼓励钻探,国会通过了旨在消除所有井口价格管制的《天然气井口解控法》。

"照付不议"责任继续充斥天然气市场,对此不会很快出现监管救济措施。在管道公司要求减轻"照付不议"责任的同时,生产商并不愿放弃其合同规定的收入。联邦能源监管委员会第 451 号令试图通过定价激励为生产商提供补助,使生产商就《天然气法》下的"旧气"获取《天然气政策法》下旧气可能获取的最高价格。起初,第五巡回上诉法院否决了此法令,但最高法院在其后的"美孚石油勘探诉联合分销公司"案[①]中认可该做法的合法性。

在前述的几个案件中,哥伦比亚特区联邦巡回上诉法院告诫联邦能源监管委员会更多地审视"照付不议"的问题。为此,联邦能源监管委员会出台了第 500 号令。联邦能源监管委员会的负责人玛撒·海丝指出,该法令的哲学基础是"分担痛苦",以便使"管道的开放接入运营成为天然气行业的固有部分"。第 500 号令在很大程度上是对第 436 号令的修订,只是更为关注"照付不议"的问题。根据该法令,应将生产商通过开放的管道销售的天然气抵扣管道公司的"照付不议"义务。该法令也对累计的"照付不议"义务规定了分摊办法,并对避免形成新的此类义务做出了规定。在"美国天然气联合会诉联邦能源监管委员会"案[②]中,法院要求联邦能源监管委员会修改该法令。此法令因此遭受暂时挫折。在随后对同一案件[③]的复审时,法院认

---

① Mobil Oil Exploration v. United Distirb. Cos. (S. Ct. 1991).

② American Gas Ass'n v. FERC(D. C. Cir. 1989).

③ American Gas Ass'n v. FERC(D. C. Cir. 1990).

可该法令绝大部分内容的合法性。

联邦能源监管委员会在颁布第 636 号令[①]时注意到，尽管已制定了法律，并采取了相应措施，市场中仍存在妨碍自由竞争的因素，很多交易仍采用自由竞争市场中少有的捆绑方式。因此第 636 号令的主要规定为：(1)强制性地解除管道公司销售和运输业务的捆绑，即禁止管道公司从事销售天然气业务；(2)没有限制地许可，授权管道公司按照市场价格进行非捆绑的销售；(3)为天然气的所有卖方提供"等同质量的"、开放的运输服务；(4)运输服务的范围也包括储存服务，以便使储存服务也受制于开放规定；(5)预准管道公司在合同期满或终止之后，可以采取放弃销售、间断性运输和不超过一年的不可撤消的短期运输服务。不可撤消的长期运输合同则受制于现有用户对替代报价的优先权；(6)在符合产业结构重整政策的前提下，政策允许管道公司回收全部的"过渡成本"。

联邦能源监管委员会通过第 637、637(a)和 637(b)号令[②]对第 636 号令进行修改。这些修改完善了价格和定价规定，以及调度和报告要求。"联合分销公司诉联邦能源监管委员会"案[③]和"跨州天然气联合会诉联邦能源监管委员会"案[④]在很大程度上认可了这些法令的合法性。

第 436、500 和 636 号令是天然气行业监管改革的核心，使得天然气管道开始成为公用的运输设施。所有这些

---

① FERC Stats. & Regs. 30, 939,(1992)2.

② FERC Stats. Regs. 31,091, 31,099, 61,202(2002).

③ United Distirb. Cos. v. FERC(S. Ct. 1996).

④ Interstate Natural Gas Ass'n v. FERC(S. Ct. 2002).

法令均试图促进管道的开放营运接入，解决达数十亿美元的"照付不议"责任问题。联邦能源监管委员会一直试图将天然气管道作为促进行业竞争的突破口。这些旨在降低进入和退出控制，以及扩大价格自由化的范围的监管措施形成了新型的监管，其实质是通过减少监管来加强竞争。第8章所讨论的联邦能源监管委员会对电力行业的监管，也沿用了相同的思路。

6.4 天然气行业的未来及其监管

　　能源部为天然气的未来制订了一个雄心勃勃的计划。能源部曾在《天然气战略规划》[①]中预测，由于天然气储存丰富，并且属于清洁、经济和可靠的能源，天然气将被更广泛地使用。天然气需求增长的最大部分来自发电。能源部估计 90% 的新增发电能力会使用天然气（这将导致天然气价格升高，故要求重新审视这些新增的发电能力采用天然气的可能性）。该规划也预计，各类用户群体均会增加天然气的消费量，需要新建 3.8 万英里（约 6.1 万千米）的天然气管道来满足这些需求。

　　该规划预计：国内新增的天然气的主要来源是海洋深井天然气和液化天然气；天然气将作为更加清洁的燃料用于交通运输；使用天然气的小型发电设施和燃料电池将得到发展；天然气公用基础设施（包括更加先进的计量）将得以加强；清洁和高效的车辆、企业和产业将会出现；全国范围的天然气信息系统也会建成。

---

①　Natural Gas Strategic Plan.

美国石油协会（National Petroleum Council）是一家石油和天然气的行业协会。2002年3月，能源部部长邀请该协会对截止到2025年的天然气行业状况进行研究。该协会于2003年9月25日提交了题为《平衡天然气政策——为经济增长提供动力》[①]的研究报告。该协会也曾于1992年和1999年进行过类似的研究，2003年该协会发布的报告中，对天然气供应的充分性、天然气持续需求和天然气在各行业中的使用情况进行了研究。

该协会研究了天然气消费的经济和环境影响因素，以及美国和加拿大之间的天然气贸易情况。该研究报告十分关注因供应和需求的基本变化造成天然气更高的价格，并认为美国和加拿大的产能已到达瓶颈，北美已不能保持天然气的自足供应。该研究报告也指出，负责任的天然气能源政策应在利用效率和资源保护、替代能源的工业用途和发电用途之间进行平衡，并应考虑开发美国尚未探索区域的天然气资源，进口液化天然气，增加北极地区天然气生产。

美国石油协会也在其报告中得出一些推断性结论。其发现包括：（1）近年来出现了导致价格波动加剧和价格升高的供应和需求结构的基本变化；（2）降低和稳定天然气价格要求提高能源效率和加强资源保护；（3）发电和工业用户对天然气的依赖度增加，难以更换燃料；（4）天然气的消费将增加；（5）从长期看，北美地区仅能生产其所需的天然气的75%；（6）应增加包括野生动物保护区和国家公园内的天然

① Balancing Natural Gas Policy-Fueling the Demands of the Growing Economy.

气的勘探和利用;(7)诸如液化天然气和北极地区天然气等大规模资源可以满足 20%－25% 的需求,但其成本更高,也会面临一些主要障碍;(8)运输和分配设施平均每年需要80亿美元的投资。

该研究报告建议:(1)以市场为主要机制,提高需求对市场变化的应变能力和能源利用效率,增强工业和发电使用其他能源的能力;(2)增加美国本土供应的多样性,并通过立法开采阿拉斯加的天然气和批准生产更多的液化天然气;(3)通过更快的许可机制来维持和改善天然气基础设施;(4)通过透明定价和改善市场数据收集系统以提高天然气市场效率。

显然,天然气将继续在美国的能源行业中发挥重要和不断演变的作用。监管者将继续推进产业结构重整,新技术将得以应用。如果一切如上述预计,用户将对供应和价格有更多的选择。

该研究的建议是可靠的。也如前所述,新的储藏发现将提高供应、稳定价格和减少进口需求,并因此解决这些问题。①

---

① Bipartisan Policy Center And American Clean Skies Foundation, Task Force On Ensuring Stable Natural Gas Markets (2011) available at http://www.cleanskies.org/pricestabilitytaskforce/6370_BPC_web.pdf.

第7章　煤炭

　　煤炭可以用三个词来形容——丰富、肮脏和危险。这三个词不仅很好地形容了煤炭这种资源，也很好地描述了影响该行业监管的法律和政策。就丰富而言，煤炭占美国能源生产的33％和发电所用燃料的50％以上。煤的开采、生产和使用对人和环境具有重大的负面影响。最后，对人类健康而言，煤矿不仅危险，甚至致命。西弗吉尼亚的"上大分支煤矿"瓦斯爆炸事故造成了29名矿工遇难，成为过去四十年里最严重的矿难事故。煤矿健康与环境问题有两个显著影响。第一，对健康和安全的关注是煤炭监管的核心；第二，该行业已投资了超过1000亿美元以开发"洁净煤"技术，以解决国内和全球的环境问题。本章将详细介绍这些内容。

　　煤是美国最丰富的能源资源。美国超过90％的煤用于发电，其余部分主要是用作炼钢和制造玻璃的燃料。煤能够有效替代石油、核能和天然气，能源用户有时会大规模地以煤取代其他燃料。以煤代油的目的是降低对国外石油的依赖，以煤代核的目的则是为了降低发生核事故的风险。但总的来说，煤的相对丰富蕴藏这一优点，在很大程度上被煤所引起的环境、健康和经济问题所抵消。

7.1 行业概述

在美国和其他工业化国家的经济发展过程中,煤从一开始就一直发挥着重要作用,见芭芭拉·弗里兹的《煤与人类的历史》[①]。在 18 和 19 世纪,煤驱动了工业革命。直到 20 世纪,煤仍是主体能源。随着石油的发现和开发,煤在制造业和运输业中的作用逐步下降。煤曾一度是火车和轮船的燃料,现在则让位于石油。随着石油的重要性逐步提高,煤被看作肮脏的燃料。结果是,煤不再是有吸引力的能源。第二次世界大战之后,电力行业的规模随着城郊的拓展和房屋住宅的增加而不断扩大,而煤炭随着电力行业的发展,重新变为重要燃料。

煤是石炭纪时期沉积物所形成化石燃料。与石油和天然气一样,煤是由植物经百万年的压力而形成。不同的煤有不同的化学成分,但所有的煤都含有不同形式的碳。碳燃烧的生成物可能会破坏大气臭氧层和引起全球变暖。

煤炭行业规模大,也复杂和多变。煤的燃料循环周期与石油和天然气相似,包括采矿、运输、提纯和燃烧环节。按照含热量从高到低的顺序,煤被分为烟煤、无烟煤、次烟煤和褐煤,它们的硫含量也有所不同。因硫含量低而对环境较为有利的次烟煤和褐煤多出产于西部各州,但它们的发热量较低。产于东部各州的煤热含量最高,但燃烧起来也最脏。热含量较高和硫含量较低的煤产于中西部。东西

---

① 译者注:Barbara Freese, Coal:A Human history (2003). 该书中译本见弗里兹《煤与人类的历史》,时娜译,中信出版社 2005 年版。

部采煤的方式也不同。西部采用较容易的露天开采,而东部则采用深井开采。不同的开采技术引起了完全不同的监管方式。

我们可以将煤炭开采技术分为露天开采和深井开采,每种开采技术又包含不同的开采办法。目前,地下开采的深度大约为 200 英尺(60 米左右),并采用专门的煤炭开采和输送机械;也需要进行通风,以使矿工免受煤灰和瓦斯之害。大体上有三种形式的地下矿井。第一种是煤柱采矿,是在含煤带上开凿采煤室,采煤室之间按照一定的间隔留有煤柱,由煤柱作为采煤室的支撑。当从采尽区撤退时,通过采掉煤柱而放顶[①]。第二种采煤办法是长井法,即采用大型机械在很长的工作面上采煤,而不采用煤室和煤柱的办法。最后一种办法是短井法。该法与长井法类似,只是采煤的工作面较短。长井和短井采煤均需要放顶,以降低工作面上的压力。

露天采煤也包括不同的采煤办法。这些办法的共同之处是剥离煤层上的土壤和岩石,以暴露煤层。然后,采用重型机械和爆破的方式开采,并将开采的煤运至地面。为采煤而被剥离的土壤和岩石被称为"覆盖层",被堆放在矿区地表。覆盖层中常有的一些成分与大气和水接触后会具有酸性,从而破坏周边环境。

露天开采可以是曲线开采或山顶开采。前者是沿煤层进行开采,后者则是将整个山顶剥离,并堆放在矿井间的山谷中。正如其名字一样,露天开采向下开挖至煤层。

美国可开采的原煤储量大约为 2820 亿吨。换言之,以

---

① 译者注:即让煤室顶部塌落。

目前的消耗速度,这些煤资源可供使用大约 200 年。美国煤炭协会则估计,美国的煤储量至少可满足近 500 年使用。

2009 年,美国生产了 10.94 亿短吨(约 9.92 吨)的煤炭,其中将近 90% 用于发电。

如前所述,燃煤发电占总发电量的 50%,显然煤炭对发电至关重要。但是,煤炭行业自 20 世纪 90 年代以来还是经历了一些有趣的变化。在 20 世纪 90 年代末,正在生产的煤矿的原煤储藏量达到了其前二十年里的最低水平。虽然煤炭的产量在该十年内持续提高,处于经营状态的矿井数却由 1986 年的 4424 家减少到 1997 年的 1828 家,减少了约 59%。此外,按实际美元价值计算,同期内煤炭的价格降低了 45%。这些变化的益处在于提高了煤矿规模和关闭了不具竞争力的煤矿。同时随着行业集中度的提高,劳动生产率也大幅提高,见理查德·邦斯库斯基的《20 世纪 90 年代的美国煤炭行业:低价格和高产出》①。自 2000 年开始,煤价逐渐上升。

正如供求关系所决定的那样,产量增加和劳动生产率提高的结果是,1975 年之后煤价持续走低,见图 7-1。

近几十年来发生的其他需要注意的趋势是,在煤炭产量增加的过程中,露天开采量从 1970 年初期开始超过深井开采量,见图 7-2。同样的,次烟煤产量在同期得到增长,无烟煤产量下降,烟煤和褐煤的产量则保持稳定水平,见图 7-3。另外,密西西比河以东的煤炭产量保持稳定,西部的煤炭产量从 1970 年起大幅增加,见图 7-4。

---

① Richard Bonskowski, The U. S. Coal Industry in the 1990's: Low Prices and Record Prodcution (September 1900).

图 7-1

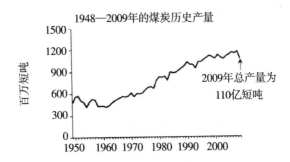

图 7-2

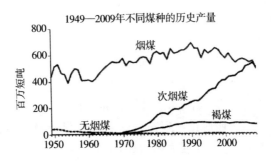

图 7-3

236

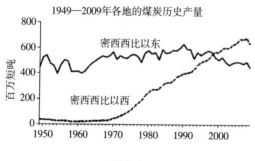

图 7-4

美国煤炭产量一直保持在高水平。在过去的三十多年里,煤炭产量由 1970 年的 5.2 亿吨倍增到 2001 年的超过 10 亿吨。由于储量丰富,美国是煤炭的净出口国,出口大约占 5%。与此相对应的是,美国进口 60% 的石油和 17% 的天然气。鉴于国家安全是能源政策的一个目标,煤炭将继续在美国的能源经济中发挥重要作用。事实上,布什总统要求国家科学院所进行的研究发现,煤炭受到恐怖袭击的可能性低于石油、天然气和核能。鉴于煤炭行业对国家安全的威胁非常低,没有必要采取进一步保护措施,见《促进国家安全:科学和技术在反恐中的作用》[①]。

7.2 监管概述

7.2.1 联邦土地

联邦政府大约拥有全美煤炭储量的三分之一。联邦土

---

① National Academy of Sciences, National Research Council, Making the Nation Safer: The Role of Science and Technology in Countering Terrorism (2002).

地上的煤炭资源由内务部管理,不同的行政机构则管理煤炭生产的不同方面。土地管理局按照一系列相互交叉的制定法和监管的规定发放租约和采矿许可。美国地质勘探局授权管理煤矿,露天煤矿土地恢复和管理办公室执行《1977年露天煤矿控制和恢复法》[①],能源部也获得了部分先前属于内务部的监管权。主要的联邦制定法有《1920年矿藏土地租让法》(MLA)[②]《1976年联邦煤炭租让修订法》[③]《获取的土地矿藏租让法》《1976年联邦土地政策和管理法》(FLPMA)[④]。

土地管理局主管用于煤炭开发的联邦土地的出租。对出租的土地,通过资源利用规划以实现销售收入最大化,并保护环境。煤矿用土地的租期为20年,并在生产期内随时顺延。承租方按照销售收入的百分比向美国国库支付权益金。

起初,《1920年矿藏土地租赁法》通过"优先权"租约来鼓励在联邦土地上进行煤炭开发,这些租约可以通过竞标或非竞标的形式颁发。《联邦煤炭租赁修订法》对《1920年矿藏土地租赁法》进行了重大修改,要求只能通过竞标的方式以公平市场价出租联邦土地。此外,出租土地的条件是已进行了综合的土地使用规划。该修订案也解除了优先权

---

① Surface Mining Control and Reclamation Act of 1997, 30 U.S.C. § 801.

② MininalLands Leasing Act of 1920, 30 U.S.C § § 181 etc.

③ The Federal Coal Leasing Amendments Act of 1976, 30 U.S.C § § 351. etc.

④ The FederalLand Policy and Management Act of 1976, 43 U.S.C § § 1701-1782.

租约和探矿许可。虽然,该修订案允许在满足"最大经济开采"(maximum economic recovery)要求条件下对租赁租约进行合并,但仍限制租赁面积[1]。再者,修订案对环境保护做出规定,并且要求作为财政收入的权益金不得低于12.5%。在对租赁申请进行评审时,土地管理局也要求提交按照《国家环境政策法》规定的环境影响评估报告。

《1976年联邦煤炭租让修订法》和《联邦土地管理政策法》的目的是建立统一的联邦土地使用政策。这些法律适用于所有联邦土地的租让,以达到在国家利益允许的范围内保护联邦土地的目的。为了达到立法的目的,这些法律方案试图制定符合下述原则的政策:多用途可持续的生产、管理符合环保要求、按照市场价值进行补偿、保护环境攸关地区以及充分认识国家对这一丰富资源的开发需要[2]。此外,为实施这些法律而制定的行政法规,旨在保护公有土地并在工业开发与环境保护这两种相互冲突的需要之间寻求平衡[3]。

应注意到,虽然联邦政府不直接干预煤炭的价格和分配,但联邦的健康、安全和环保监管规定影响煤炭价格和分配。

7.2.2 煤替代

考虑到煤炭储量丰富,联邦政府曾主张采用煤炭替代石油,以降低对国外石油的依赖。虽然未能成功地进行相关的立法,但从失败中吸取了有益的教训。

---

① 30 U.S.C §§ 201-210.
② 43 U.S.C § 1701(a).
③ 43 C.F.R § 3809.1.

为了达到通过增加煤的利用来降低对国外石油和天然气依赖的目的,国会于 1974 年通过了《能源供应和环境协调法》[①]。该法授权当时的联邦能源署(FEA)对发电厂和"主要的燃烧设备"实行以煤代油或天然气的计划。此外,对缓解由煤炭生产增加所引起的环境问题,该法也做出了规定。作为《能源政策和节约法》的一部分,国会于 1975 年 12 月对《能源供应和环境协调法》进行了修订,从而使联邦能源管理委员会有权颁布与转换土地用途相关的禁令和建设令。1978 年的《发电厂和工业燃油利用法》[②]进一步修改了与煤炭替代相关的立法。

这项煤炭替代立法基本上是不成功的。公用设施和工业用户认为煤炭替代过于昂贵,并通过获取豁免来避免执行这一昂贵的法令。例如,能源部的一份报告指出,从 1983 年 1 月 1 日到 1985 年 12 月 31 日,所有的豁免申请均得到批准。这项没有效果的且没有得到很好执行的煤炭替代立法最终被废止。

7.2.3 煤矿健康和安全

采煤显然是这个国家最危险的行业之一。美国劳工部的一份报告指出,在美国超过 2000 家的煤矿雇佣了超过 133000 名矿工。矿井塌方、爆炸和类似事件会导致矿难。采矿还会引起矽肺病等慢性疾病。国家矿业协会曾指出,矿难事件有所降低,由 1984 年的 200 起下降到 2000 年的

---

① Energy Supply and Environmental Coordination Act of 1974,15 U. S. C § § 791 etc.

② Powerplant and Industrial Fuel Use Act of 1978,42 U. S. C § § 8301-8484 (1982).

38 起。但根据隶属于劳工部的矿场安全和健康管理局（Mine Safety and Health Administration）在其报告中的粗略统计，2006－2007 年间每年仍有 70 起矿难发生。此外，慢性疾病仍然是一个难以解决的问题。

有些人将地下采矿描述成美国最危险的职业。尽管现代矿井采用了大型的机器设备，粉尘仍是矿工长期健康的致命威胁。历史上，采矿工人的健康和安全由各州负责。但是，各州执法行动并不到位，检查也不严格，对矿工的长期健康不够重视，由此引发联邦政府的干预。

涉及采矿健康和安全的联邦立法有：《联邦煤矿安全法》①《1969 年联邦煤矿健康和安全法》②、对《1969 年安全法》进行重大修订的《1977 年联邦煤矿安全和健康修订法》③《1972 年矽肺病福利法》④以及《1992 年退休矿工健康福利法》⑤。

简言之，联邦政府试图通过《1969 年联邦煤矿健康和安全法》和《1972 年矽肺病福利法》为长期受疾病困扰的矿工提供福利。在"尤瑟利诉特纳-埃克洪采矿公司"案⑥中，最高法院认可了这些立法的合法性和溯及力。该立法为因长期呼吸煤尘而造成矽肺的矿工建立了补偿体系。

---

① Federal Coal Mine Safety Act, 30 U. S. C §§451 etc.

② Federal Coal Mine Health and Safety Act of 1969, scattered in U. S. C. 15 to 20.

③ Federal Mine Safety and Health Amendments Act of 1977.

④ Black Lung Benefits Act o 1972, 30 U. S. C. §§901 etc.

⑤ Coal Industry Retiree Health Benefits Act of 1992, 26 U. S. C. §§9701-9722.

⑥ Usery v. Turner Ellkhorn Mining Co. (S. Ct. 1976).

鉴于矿工的健康福利缺乏资金支持,国会通过《1992年退休矿工健康福利法》,规定了煤矿公司为这些福利提供资金的责任。在"东方企业诉阿普菲尔"案[1]中,该法律受到基于美国宪法"征用条款"的挑战。最高法院驳回了由一家已于1965年停业的公司承担法律规定的部分责任的诉求。一些法官认为此要求构成征用(taking),而另一些法官则认为征用通常涉及有形财产被侵占,该法律的要求仅是财务责任。由于法官的意见出现4对4的平局,就是否构成征用尚未有定论。对该法规定的责任的转移、继承等问题出现了大量诉讼,见"安加能源公司诉统一煤炭公司"案[2]、"全国煤炭联合会诉查特"案[3]、"霍兰德诉新时代煤炭公司"案[4]和"皮茨顿公司诉美国"案[5]。

对矽肺病提供资金支持的问题仍无定论,并充满争议。劳工部于2000年完成了长达四年的立法工作,对先前的与矽肺病计划有关规则进行了重大的修改[6]。此新规则放宽了有关的福利申请资格标准,将其适用对象扩展至包括新的和尚未了结的福利请求。另外,该规则允许重新审核以前被驳回的请求,并试图统一和简化请求处理过程,减轻举证负担,仅要求矿主提交反对请求的证据。矿主和保险公司试图挑战该规则。法院在"国家矿业协会诉劳工部"案[7]

① Eastern Enterprises v. Apfel (S. Ct. 1998).

② Anker Energy Corp. v. Consolidated Coal Co. (3rd Cir. 1999).

③ National Coal Ass'n v. Chater (11th Cir. 1996).

④ Holland v. New Era Coal Co. (6th Cir. 1999).

⑤ The Pittston Co. v. United States (4th Cir. 1999).

⑥ 65 Fed. Reg. 79, 920-80, 107 (Dec. 20, 2000).

⑦ National Mining Ass'n v. Department of Labor (D. C. Cir. 2002).

中部分地认可此规则的合法性,也部分地否定了其合法性。

联邦政府对煤矿工人健康和安全事项具有很宽泛的干预权。除非州法律有更严格的要求,应一律遵从联邦法律。联邦派遣的调查员可以在没有搜查证的情况下进行搜查,并有权关闭违反联邦标准的煤矿,见"多诺万诉杜威"案[1]。违反《联邦健康和安全法》将面临民事和刑事处罚。各州必须制定足以"保护生命和避免伤亡的"安全和健康标准,也必须对在采矿过程中出现的有害物制定适当的标准,以保证"最完备的证据能够证明,即便矿工在其整个工作年限内需要定期接触此类有害物,也不会危及矿工的健康和身体功能"。后一部分的标准是为了达到"最大限度地保护矿工的健康和安全"[2]之目的。

7.2.4 土地恢复

矿工承受的风险和代价至少部分地由矿主承担,并包含在煤的成本中。同样的,环境立法涉及采矿的利益和责任的再分配。必须有人承担煤矿开采之后土地恢复的成本和清理煤燃烧之前和燃烧过程中产生的污染的成本。此成本应包含在煤的成本中,并由煤的购买者承担。

露天煤矿生产了美国60％的煤。在东部,50％的煤由露天煤矿生产,其余由深井生产。在西部,更高比例的煤由露天煤矿生产。在大平原地区,接近100％的煤由露天煤矿生产。与深井开采相比,露天开采更便宜,对健康和安全的影响也更小。但是,露天开采也会损害环境,产生如水土流失、污染水源、破坏植被、影响野生动物和环境美观等

---

① Donovan v. Dewey (S. Ct. 1981).
② 30 U. S. C. § 811(a)(6)(A) (1982).

后果。

露天开采需要剥离地表土壤和被称为覆盖层的下层土壤。如果覆盖层堆放于地表土之上,雨水的渗漏会破坏地表土,酸性的积水还会破坏周边水质环境。采矿结束后形成的弃矿中暴露的酸性土壤将继续污染环境。土地恢复是解决这些有害的环境问题的一种途径。

与矿工健康和安全的立法情况相类似,促进土地恢复的环境监管权曾经属于各州。各州为了保护其煤炭行业,并没有积极地促进土地的恢复。为了消除对环境造成危害的影响,国会通过了两项立法。其一是《1976 年资源保护和恢复法》(SMCRA)[①],该法制定了对弃矿和危险垃圾进行处理的一般标准。其二是《1977 年露天采矿控制和恢复法》[②],该法要求将煤矿开采用土地恢复原状。

《露天采矿控制和恢复法》是联邦关于土地使用最全面的法规。煤炭开采,特别是露天开采,会对土地和环境造成重大的有害影响,包括水和土壤污染及水土流失。在 1977 年以前,各州的法规因未被很好予以执行而未能发挥效果。在经过国会七年的讨论后,卡特总统签署了《露天采矿控制和恢复法》。国会认为有必要通过联邦立法以建立全国最低的环境标准,确保不因煤炭生产商的相互竞争,而导致各州降低环境标准或不执行已有的环境法律。虽然人们担心如何将统一的标准,适用于情况各不相同的各个地区,国会

①　Resource Conservation and Recovery Act of 1976, 42 U. S. C. §§ 6901-6987.

②　Surface Mining Control and Reclamation Act of 1977, 30 U. S. C. §§ 1201-1328.

通过的《露天采矿控制和恢复法》保证，"作为对国家能源至关重要的煤炭供应，在实现其经济和社会价值的同时，能够在保护环境和农业生产与满足国家对煤炭需要之间达成平衡"。

国会希望《露天采矿控制和恢复法》能够帮助实现的主要目的是保护环境和农业等多方面的利益。该法用以保护这些利益的四方面主要规定是：(1)在进行露天开采之前，矿主必须提交详细的申请；(2)煤矿公司必须提交保证金，以便有充裕的资金进行土地恢复；(3)土地恢复必须符合非常详细的标准；(4)该法将其执行权授予内务部部长和各州的监管机构。总之，该法要求煤矿公司恢复土地的大体地貌和使用能力，稳定土壤，恢复地表土和植被。

内务部的露天采矿土地恢复和执法办公室负责管理执行《露天采矿控制和恢复法》。该法的实施措施包括许可、检查和罚款制度。该法自然地受到了广泛的抵制。不仅私人矿主试图避免有关的成本，各州也不欢迎联邦侵犯其传统的监管领地。该法也在最高法院接受了挑战，"霍德尔诉弗吉尼亚露天采矿公司和恢复协会公司"案①及"霍德尔诉印第安纳州"案②的判决均认可此法的合法性。但美国联邦第二巡回上诉法院判定，对一个煤矿的财产适用《露天采矿控制和恢复法》构成了征用，见"惠特尼福利公司诉美国"案③。露天采矿办公室也根据《露天采矿控制和恢复法》制

---

① Hodel v. Virginia Surface Mining & Reclamation Ass'n Inc. (S. Ct. 1981).

② Hodel v. Indiana (S. Ct. 1981).

③ Whitney Benefits, Inc. v. United States (Fed. Cir. 1991).

定了深井采矿的管理办法。这些管理办法在新近的案例中受到挑战，判决在很大程度上认可其合法性，见"国家矿业协会诉内务部"案①。

《露天采矿控制和恢复法》也包括有关州的监管职能的规定。一旦州制定的恢复计划经内务部批准，该州的监管机构便负责管理该计划的执行，州法院对此有排他的司法权，见"哈伊杜诉阿美利库煤矿公司"案②。由所在州和内务部一起制定和实施恢复计划并不容易。1981年9月，两个环境保护团体起诉内务部部长和露天采矿办公室主任，要求他们履行由《露天采矿控制和恢复法》规定的职责。原告指称，内务部官员未能：(1)审核和收取民事罚款；(2)对违反《露天采矿控制和恢复法》的矿主采取适当的监管措施。在"拯救我们的坎伯兰山诉瓦特"案③中，州地方法院判定内务部部长具有执行《露天采矿控制和恢复法》的职责，并要求其履行此职责。在"拯救我们的坎伯兰山诉克拉克"案④中，因为管辖法院选择的不当，该案的判决被推翻。由于案情的发展，各方寻求协商解决。结果以原告获取律师费补偿而结案，见"拯救我们的坎伯兰山诉霍德尔"案⑤。

围绕《露天采矿控制和恢复法》的一个争议是关于"填充山谷"的做法。露天开采剥离山顶时，煤层上的泥土和岩石被剥离并堆放在山谷中。由于这些泥石阻拦并污染了河流，环境保护主义者对此十分担心。他们在"布拉格诉罗伯

---

① National Mining Ass'n v. Department of Interior (D. C. Cir 1999).

② Haydo v. Amerikohl Mining, Inc. (3rd Cir, 1997).

③ Save Our Cumberland Mountains, Inc. v. Watt (D. D. C 1982).

④ Save Our Cumberland Mountains, Inc. v. Clark (D. C. Cir 1982).

⑤ Save Our Cumberland Mountains, Inc. v. Hodel (D. C. Cir 1987).

孙"案①中质疑此做法。在该案中,州地方法院做出了有利于原告的简易判决,禁止填充山谷。此后不久,西弗吉尼亚州州长宣布财政收入不足,法院暂停执行上述永久禁止令(permanent injunction)并等待上诉。在该案上诉时,美国联邦第四巡回上诉法院对州地方法院的禁止令进行裁决,要求发回重审,并依据美国宪法第十一修正案所包含的主权豁免原则,驳回公民诉讼,该原则禁止在联邦法院对州政府官员提起公民诉讼,见"布拉格诉西弗吉尼亚煤炭联盟"案②。

山顶采矿法律诉讼涉及《清洁水法》《国家环境政策法》和《露天采矿控制和恢复法》之间的相互作用。美国陆军工程兵团③根据《清洁水法》的授权,负责校准在某种程度上移除山顶覆土,并将之倾倒至可通航河流的许可申请。陆军工程兵团为此发放了一系列许可。在"俄亥俄州山谷环保联盟诉 Aracoma 煤业公司"④案中,环保主义者诉请收回许可。地区法院(districy court)根据《露天采矿控制和恢复法》没有允许填充山谷和覆盖水体,裁决支持原告诉求。但在审查过程中,联邦第四巡回上诉法院推翻了先前的判决,认为陆军工程兵团具有相应的许可权,且其行使许可权

---

① Bragg v. Robertson (S. D. W. Va. 1999).

② Bragg v. West Virginia Coal Ass'n (4th Cir. 2001).

③ 译者注:美国陆军工程兵团(又称美国陆军工兵队、美国陆军工程师兵团等,文为 United States Army Corps of Engineers,简称 USACE)是隶属于美国联邦政府和美国军队的机构,一共有 30000 多文职人员和 600 多军人,是世界最大的公共工程设计和建筑管理机构。

④ Ohio Valley Envt'l Coalition v. Aracoma Coal Co., 567 F. 3d 177 (4th Cir 2009).

的方式符合包括《国家环境政策法》的环境法律和政策。[1]

7.3　清洁空气

煤炭在运抵目的地后,被燃烧发热。在煤炭的燃料循环周期中,煤炭燃烧可能是引起最敏感和复杂的环境问题的环节。煤炭燃烧产生四种主要的污染物:二氧化硫、一氧化氮、硫化氢和颗粒物。所有这些污染物污染土地、空气和水。随着煤炭中含硫量升高而升高的二氧化硫造成呼吸问题、粮食减产和酸雨。一氧化氮除造成同样的问题外,还引起酸雾。燃煤设备每天向大气排放成吨的颗粒物,引起财产损害和健康问题。最后是被认为引起大气温度上升的温室效应的二氧化碳的排放。煤燃烧也对水体造成热污染。

美国有超过 600 家的燃煤电厂。在所有工业污染来源中,燃煤电厂被认为对人类健康和环境的威胁最大。最近有研究指出,燃煤电厂所产生的可吸入颗粒物污染,每年直接导致超过 13000 人死亡,9700 人住院治疗,20000 人心脏病发作,造成的损失折合美元超过 1000 亿元。但是相对2004 年的研究,该统计数据还算"好消息",2004 年研究测算时估计每年有 24000 人死亡,21850 人住院治疗,38000人心脏病发作。类似的,同期二氧化硫排放量从 2004 年的1030 万吨减少到 2009 年的 570 万吨。联邦和州的清洁空

---

　　① Commonwealth v. Riverburgh, 317 F. 3d 425 (4th Cir. 2003); Sandra Zimmer, CPR Perspective: Mountaintop Removal, 36 Columbia J. of Envt'l L. 163(2011).

气监管是这一结果的主要原因。[1]

燃煤设备引起酸雨问题。酸雨被广泛地定义为远距离移动和聚集的污染物。酸雨始于燃烧。当煤在发电厂燃烧时,大量的氧化硫和氧化氮被排放到在大气中,它们与云层中的水化合形成硫酸和硝酸,并在降落之前移动很远的距离。酸雨是美国东北部和加拿大东部的主要污染。

1990 年修订的《清洁空气法》[2]是控制燃煤发电厂污染的基本联邦法律。这是一部复杂且具体的法律,主要依靠州监管部门的规划和实施。该法是近年来诉讼的热点。[3]

该法目是建立污染排放的标准,要求为每种污染物建立国家空气质量标准(NAAQSs),并要求各州制定州实施方案(SIPs)以实现该目标。如果州政府制定的方案不完备,环保署可以驳回该方案,施加惩处并实施联邦实施方案(FIP)。环保署的监管规定收到挑战,环保团体认为太松懈,但电力设施公司却认为太严格。哥伦比亚特区联邦巡

① Clean Air Task Force, The Toll From Coal: An Updated Assesment of Death And Disease From America's Dirtiest Energy Source (September 2010) Available At Http://Www. Catf. Us/Resources/Publications/Files/The_Tollfrom_Coal. Pdf; See Also Environmental Health & Engineering, E-missions Of Hazardous Air Pollutants From Coal-Fired Power Plants (March 7, 2011) available at http://vvww. lungusa. org/assets/documents/healthy-air/coal-fired-plant-hazards. pdf.

② The Clean Air Act, 42 U. S. C. § § 7401 etc.

③ Ariz. Pub Sera. Co. v. EPA, 562 F. 3d 936 (9th Cir. 2009); New Jersey v. Reliant Energy Mid Atlantic Power Holdings, 2009 WL 32344. 38 (E. D. Pa. 2009); United States v. Cinergy Corp. , 618 F. Supp. 942 (S. D. Ind. 2009); Southern Alliance for Clean Energy, Envt'l Def. Fund. v. Duke Energy Carolinas, LLC, 2009 WL 2767128 (W. D. N. C. 2009); Sierra Club v. Duke Energy, Ind. , Inc. , 2009 WL 363174 (S. D. Ind. 2009).

回上诉法院对"塞拉俱乐部诉科斯特拉"案[①]的判决认可了这些法规的合法性。

考虑到现存的燃煤发电厂和这些发电厂很大的投资，《清洁空气法》规定 1971 年以前建成的燃煤电厂得到豁免，除非它们进行了改扩建。改扩建发电厂适用新污染源运行标准(New Source Performance Standards)。类似的，新建燃煤电厂也要符合新污染源运行标准。在上述两种情形下，要求安装污染控制技术设备的规定，对所有发电厂均适用。[②]

从 1998 年开始，环保署在所有工业领域实施新污染源审查(New Source Review，NSR)。监管部门要求拟进行重大改造的发电厂安装最好的控制技术，以减少氧化氮、氧化硫和颗粒物排放，见"威斯康星发电公司诉瑞雷"案[③]。新污染源审查多次成为诉讼对象。针对这一从克林顿政府时期开始执行的标准，布什政府将发电厂从审查对象中"剔除"或排除。[④] 这种"剔除"随即也成为诉讼的主题。

哥伦比亚特区联邦巡回上诉法院裁定的结果是，这种"剔除"违反了《清洁空气法》的要求，应允许环境保护署为电力行业设定清洁空气规定。见"新泽西州诉环境保护

---

① Sierra Club v. Costle (D. C. Cir. 1981).

② Generally Arnold W. Reitze, JR. , Air Pollution Control Law: Compliance and Enforcement (2nd Ed. 2010).

③ Wisconsin Electric Power Co. v. Reilly (7th Cir. 1990)，本书作者之一卡达希为该案主审法官。

④ Robert J. Martineau, Jr. & Michael K. Stagg, New Source Review Reform: A New Year's Eve to Remember, Natural Resources and Environment 3 (Winter 2004).

署"①案。2011 年 3 月,环境保护署提出了超过 1000 页的规则建议,并且对采用化石燃料的发电厂排放有害气体污染物设定了国家标准。不用说,这些规则引起很大争议。环境保护署声称,虽然 2016 年全年工业企业可能要为之花费 110 亿美元,但它增进健康的价值有望达到 590 亿元至 1400 亿元之间。见美国环境保护署的《减少电厂有害气体排放》和《汞和有害气体建议标准的情况说明书》。②

7.4　煤炭清洁利用

简单地说,美国洁净煤技术主要涉及碳捕集和封存(CCS),尽管也有其他的"清洁"技术。电力公司能够通过以下方式减少碳排放:(1)进行效率改进;(2)通过碳捕集和封存设备改造电厂;(3)报废排放不达标设备;(4)新建电厂时同步配置碳捕集和封存设备。从燃煤电厂排放的碳将被捕集,并输送至地下存储。尽管存在一些 CCS 示范项目,已知的捕集技术也能够被利用,但至今仍没有可投入商业运营的 CCS 项目。见国家科学院等发布的《美国能源的未来:技术和改革》和约翰·多伊奇等的《煤炭的未来:限制碳

①　New Jersey v. EPA, 517 F. 3d 574 (D. C. Cir. 2008).

②　EPA, Reducing Toxic Air Emission From Power Plants, available at http://www. epa. gov/airquality/powerplanttoxics/; USEPA, Fact Sheet: Proposed Mercury and Air Toxic Standards available at http://www. epa. gov/airquality/powerplanttoxics/.

排放的世界》[①]

2002 年 2 月,小布什总统提出"晴空计划"(Clear Skies Initiative),以进一步降低了允许的污染排放量,并扩大市场化的限额和交易体系的适用范围。"晴空计划"的目的是,通过减少雾霾和可吸入颗粒物以"保护美国人民免受呼吸道和心血管疾病的困扰",保护野生物和降低酸雨和氮及汞的沉积量和保护野生动物,见《晴空计划概要》[②]。晴空计划也允许发电厂通过公开市场进行定额交易来实现排放达标。

晴空计划要求,通过有针对性地降低氧化硫、氧化氮和汞的排放,将发电厂污染排放水平降低 70%。其具体目标是,到 2018 年的氧化硫、氧化氮和汞排放水平分别降低73%、67% 和 69%。晴空计划希望,通过排放权交易来鼓励发电厂经营者开发新的环境控制技术以降低成本。除了为发电厂的经营者带来经济效益外,晴空计划也期望能为消费者带来经济利益,并通过降低发病率,在 2020 年达到每年降低 1100 亿美元健康有关成本的目标。该计划将以《晴空法》的名字,于 2003[③] 年 2 月被正式提交给国会,但并没能通过相关委员会讨论,通过无望。因此,晴空计划并不能有效解决洁净煤监管问题。

---

① National Academy Of Sciences Et Al. , America's Energy Future: Technology And Transformation (2009); John Deutch & Ernest J. Moniz, The Future Of Coal: Options For A Carbon-Constrained World: An Interdisciplinary Mit Study (2007).

② http://www. whitehouse. gov/news/releases/2002/02/print/clear-skies. html.

③ 译者注:该计划原文为"2023 年",原书中的"2003 年"应为笔误。

洁净煤受制于能源部的两项主要计划。能源部的"洁净煤发电计划"（Clear Coal Power Initiate，简称 CCPI）确认，煤炭廉价且储量丰富，将继续是电力行业的主要燃料，但同时煤炭也是危险且肮脏的能源资源，需要清除煤燃烧的污染。为实现计划目标，能源部已经在征集和资助洁净煤技术方案。在 2003 年 1 月，有 6 个旨在减少温室气体排放的项目通过了第一轮征集筛选，其中有 3 个项目已完成。2004 年，通过第二轮的项目筛选，有 2 个项目继续进行，另有 1 个项目完成。正在进行的第三轮征集资助是依据《2009 年美国复苏与再投资法》额外增加了 8 亿美元财政资助。能源部预计，"洁净煤发电计划"将会产生超过 250 亿美元的效益。另外，美国国家研究委员会（National Research Council）估计，该计划到 2020 年将产生超过 1000 亿美元的效益，到 2050 年该效益将是 13000 亿美元。[①]

能源部的另一主要计划"未来发电 2.0"（Future Gen 2.0），正如其名字所暗示，是前一洁净煤计划的更新版。在该计划下，能源部利用《2009 年美国复苏与再投资法》提供的 10 亿美元资金，资助私有合作伙伴对洁净煤项目进行升级改造。该项目的目标是捕集发电厂超过 90％的碳排放，年二氧化碳捕捉量达到 130 万吨。这种公私合作模式（Public-Private Partnership）有望为其他清洁能源投资项目树立典型。

能源部的洁净煤技术已经实施了数十年。能源部报告

---

① US DOE, Program Facts: Clean Coal Power Initiative (CCPI) (October 2008) available at http://www.fossil.energy.gov/programs/powersystems/cleancoal/ccpi/Prog052.pdf.

显示,已有的分布在 18 个州的 38 个示范项目,共产生了 22 项成功实现商业应用的技术,或在国际市场销售,或在国内市场得到应用。能源部的报告还指出,这些示范项目已经降低了洁净煤的成本,并且减少了温室气体排放。[①]

7.5　煤炭运输

煤在经过洗选之后,由铁路、轮船和卡车运输到分销和利用的目的地。煤炭行业一直有兴趣开发水煤浆运输管道。由于水煤浆和铁路均是重要的煤炭运输方式,它们之间存在直接竞争关系。

7.5.1　铁路运输

由铁路运输的煤炭占煤炭总运输量的三分之二。煤是铁路运输量最大的货物,通常采用超过一百节车厢的专用火车运输。在美国东部,铁路、轮船和卡车煤炭运输之间存在一定程度的竞争。就铁路而言,煤炭运输也与其他货物和旅客运输之间存在竞争。而在美国西部,由于运输距离较长和缺乏水运航道,铁路是煤炭运输的主要途径。

鉴于铁路是煤矿和煤炭用户(如发电厂)之间不可或缺的连接,铁路便和天然气及石油运输管道一样,具有"瓶颈性"的垄断地位。依赖具有垄断地位的铁路运输的煤发电厂被称为受制用户。可以说,如果没有铁路运输,就没有有效的煤炭行业。因此,联邦政府干预铁路运输,要求监管煤

---

① National Mining Association, The U. S. Department of Energy's Clean Coal Technology: From Research to Reality available at http://fossil. energy. gov/aboutus/fe_cleancoal_brochure_web2. pdf.

炭的运输价格。

最初,铁路的煤炭运输价格由跨州贸易署制定,见"伯灵顿北方公司诉美国"案①。传统上,铁路的煤炭运输采用服务成本加合理利润的定价方式,见"北方太平洋铁路公司诉北达科他州"案②。按此定价方式,发电厂向铁路运输商支付的运费包括运输成本加合理利润。

为了应对 20 世纪 70 年代铁路出现的财务困难,国会通过了《1976 年铁路振兴和监管改革法》(简称 4R 法案)③。该法的明确目的是改善铁路业的财务状况。为此,该法允许跨州贸易署将竞争市场的铁路运输价格规定为能够给运输商带来足够的"营业收入"的价格④,即运输价格的构成是"包括折旧和报废在内的全部运输费用,另加对业务占用的资本的合理经济利润或回报"⑤。此外,该法要求跨州贸易署审查具有市场垄断地位的铁路运输商的价格的合理性,即跨州贸易署有权审查铁路运输商的价格是否是基于其市场垄断地位而制定的。

除颁布《1976 年铁路振兴和监管改革法》外,国会还试图免除对铁路运输提价进行的听证。跨州贸易署通过《1980 年斯泰格铁路法》(Staggers Rail Act of 1980)⑥获取了国会更宽的授权,来制定"价格浮动区间"(rate flexibil-

---

① Burlington Northern Inc. , v. United States (S. Ct. 1982).

② Northern Pacific Railway Co. , v. North Dakota (S. Ct. 1915).

③ Railroad Revitalization and Regulatory Reform Act of 1976 (4-R Act), Pub. L. No. 94-210, 90 Stat. 31.

④ 49 U. S. C. § 10701(a)(b).

⑤ 49 U. S. C. § 10704(a)(2).

⑥ Staggers Rail Act of 1980, 49 U. S. C. § 10101 etc.

ity zone)。如果铁路运输商的价格没用超出事先确定的价格区间,跨州贸易署就不必进行价格听证。上述两个立法使铁路运输走出了以服务成本为基础的定价模式。在很多情况下,铁路运输受到轮船和卡车运输的竞争。为了能使铁路运输商具有与其他运输商竞争的能力,跨州贸易署允许铁路运输商比照其他运输方式的成本制定价格区间,而不必进行多次的价格听证。跨州贸易署于 1995 年被解散,其职能被转移到交通部的地面交通局。

7.5.2 水煤浆管道运输

水煤浆管道的运营与石油管道类似。煤炭在开采出来后,经过洗选和磨粉,再与水混合。世界上最长的水煤浆管道位于内华达州劳林地区,长 275 英里(约 443 千米),由莫哈维发电厂运营,于 2005 年停运。大约等重的煤和水混合,通过管道由煤矿坑口运输到使用或分销地点。在管道终点处,将水煤浆从管道中移出并脱水。一旦水煤浆管道被建成投入使用,其运输成本可能低于铁路。由于水煤浆管道和铁路之间的直接竞争关系,铁路公司反对建设水煤浆管道。

水煤浆管道项目面临很多困难。首先,铁路运输商因担心水煤浆管道会降低其市场份额而进行游说来反对建设这样的项目。其次,水煤浆项目的开发商在建设项目之前需要征用管道使用的多片土地或获得地表通行权。这就出现了典型的"钉子户"(hold-out)问题,即如果某个土地所有者不愿意出让项目必须经过的土地或地表通行权,他有可能随意提高价格,见"能源运输系统公司诉联合太平洋铁路公司"案①。该案的判决是,具有土地通行权的铁路公司必须提供水煤浆管道通行权。为了解决此问题,开发商希望获得土地征用权,以便能以公平市场价获取所需土地,但各州尚没有制定提供该征用权所需的立法。

除了获取土地有关权利外,水煤浆的开发商还需要获得相关的水权。在美国西部各州,水源稀缺,水是非常重要的资源。为此,一些州制定了试图限制使用水的成文法。这些限制可能已经排除了建设水煤浆管道的可能性。例如,蒙大拿州的法律认定"立法机关发现利用水来运输水煤浆,不利于节约和保护本州的水资源",因此不允许为水煤浆管道提供水资源②。这些因本州居民的利益,限制水资源利用的规定可能妨碍跨州贸易,因而违反宪法。在"斯波黑斯诉内布拉斯加州"案③中,最高法院认为需要根据宪法的贸易条款对该州限制将水运往他州的行为进行分析。虽然斯波黑斯案的判决不直接适用于水煤浆开发项目,但该案的判决对水煤浆项目的用水有重要影响。如果因某州的法律限制将该州的水运往他州而阻碍了煤的跨州贸易,该法律可能违宪。

"密苏里州诉安德鲁斯"案④涉及内务部部长与能源运输公司签署的供水合同。根据此合同,该公司在 40 年的期限内,每年可以从南达科他州的一个联邦水库中获取两万

---

① Energy Transportation Systems, Inc. v. Union Pacific Railroads Co. (10th Cir. 1979).

② Mont. Code Annot. § § 85-2-104 (1979).

③ Sporhase v. Nebraska (S. Ct. 1982).

④ Missouri v. Andrews (8th Cir. 1986).

英亩英尺水①。密苏里州、南达科他州和艾奥瓦州对内务部部长签署此合同的权限提出异议。这些州认为,由联邦所有的水库受制于包括《1944 年防洪法》等一系列法规,内务部部长无权单方面签署因工业目的供水而伤害这些州利益的合同。美国州地方法院和联邦第八巡回上诉法院均认定内务部部长没有签署此合同的权力。美国最高法院支持此判决,见"能源运输公司管道项目诉密苏里州"案②。此外,一些州也颁布使本州煤炭免于来自其他州煤炭(如低硫煤)竞争的保护主义法律,见"洁净煤联盟诉米勒"案③。

7.5.3　轮船运输

煤炭的轮船运输主要在美国东部地区,阿巴拉契亚山脉大约 85% 的煤炭产出依靠轮船运输。历史上,轮船运输使用的是东部运河系统,而如今仍在使用的东部主要河流是俄亥俄河和密西西比河。据估计,每年有超过 1.24 亿吨的煤炭,或者说大约 10% 的美国煤炭产量,依靠俄亥俄河运输。

7.6　全球气候变暖

全球变暖也称气候变化,是指全球平均气温的上升。科学研究记录清晰表明,自 19 世纪中期有气象记录开始,全球地表气温一直处于上升态势。最明显的是,从那时起,

---

① 译者注:英亩英尺是灌溉上的水量单位,即底面积为 1 英亩,深度为 1 英尺的水量。

② Energy Transportation Systems, Inc. Pipeline Project v. Missouri, 484 U. S. 495 (S. Ct. 1988).

③ Alliance for Clean Coal v. Miller (7th Cir. 1995).

地表平均气温提高了 0.8 摄氏度。在过去二十年里,全球气温变暖速度加快,成为有记录以来的升温最快时期。见政府间气候变化专门委员会的《气候变化综合报告(2007)》和美国国家航空航天局的报告。[1] 当前,全球平均温度达到上一个冰川时代即 12000 年以来的最高点。见尼古拉斯·斯特恩的《气候变化的经济学:斯特恩评估报告》[2]

另一个判断气候变化的方法是测算空气中二氧化碳的含量。很明显,空气中二氧化碳的含量正在稳步提高。当前,空气中二氧化碳的浓度从工业革命前 1750 年的 280ppm,增长超过三分之一,达到了 385ppm[3]。在过去的 65 万年时间里,这样高的温室气体浓度在任何时候都没有出现过。最近许多气候变化研究表明,空气中二氧化碳浓度不能超过 450ppm,还有一些研究观点更加激进,认为安全浓度标准应降低至 350ppm。对于该二氧化碳极限浓度,我们必须实现一定程度的负排放,不仅要采取措施减少排放,还要对捕集和封存已排放的二氧化碳。

虽然气温升高的原因仍是气候变化政治争议的一部分,但科学研究对此已有共识,即人类活动是造成全球变暖的原因。真正的问题是,人类活动使得全球变暖进程加速

---

[1]　Intergovernmental Panel On Climate Change, Climate Change 2007: SYNTHESIS REPORT 30 (2007); National Aeronautics and Space Administration, 2009: Second Warmest Year on Record; End of Warmest Decade (January 2010) available at http://www. nasa. gov/topics/earth/features/temp-analysis-2009. html.

[2]　Nicholas Stern, The Economics of Climate Change: The Stern Review 3 (2007).

[3]　译者注:1 ppm 为百万分之一。

了多少,以及人类活动使得空气中温室气体增加了多少。

温室气体是地球大气层中捕获并保存太阳辐射能的化学物质。虽然保存太阳能使得地球生物能够生存,温室气体浓度的增加提高了地球保存的热量。主要的温室气体是水蒸气(吸收 90％的辐射能)、二氧化碳、甲醇和氧化氮。这些气体的来源包括自然和人类活动。科学家普遍认为燃烧化石燃料和其他人类活动,是造成大气中二氧化碳浓度上升的主要原因。从工业革命开始,大气中二氧化碳的浓度增加了近 30％。美国排放的 98％二氧化碳来自汽车、取暖和发电及其他活动所燃烧的化石燃料。

科学界已达成共识,认为燃烧化石燃料和人类活动是造成大气温室气体浓度增加的主因,世界气象组织和联合国环境规划署于 1988 年成立了研究气候变化问题的"政府间气候变化论坛"。在国际上和国内对此环境问题均有响应。国际上于 1992 年起草了承诺进一步降低全球气候变暖和温室气体排放的《联合国气候变化框架协定》①。此外,1997 年的《京都议定书》规定了各国在具体时间内的温室气体减排量。议定书第三条规定,工业化国家必须在从 2008 年到 2012 年的承诺期内,将温室气体排放量降低至较 1900 年排放量低 5％的水平。美国批准了更一般性的《联合国气候变化框架协定》,签署但没有批准《京都议定书》。

美国反对批准《京都议定书》的主要理由是,议定书中的强制减排将对美国经济产生负面影响,特别是不利于与

---

① United Nations Framework Conversion on Climate Change，UNFC-CC，availiable at http://unfcc. int/resources/docs/convkp/conveng. pdf.

发展中国家竞争,因为发展中国家不受同样的减排承诺限制。坚持不签约的国家,担心在不受监督的市场实施强制性减排的潜在经济影响。此外,对于人类活动与增加二氧化碳排放造成全球变暖,一些政策制定要求提供更严格的科学证据。美国在全球变暖问题上的立场尤其重要,因为美国是世界上最大的二氧化碳排放国。

无论对排放采用何种监管措施,全球变暖都是一个非常严重的问题。全球实行强制性减排措施可能对煤炭行业造成负面影响。更为严格的减排政策的倡导者认为,维持现状最终也会给煤业带来负面影响。在如今这个"限碳"的时代,如果更有效的煤炭利用技术得不到发展,煤炭行业的前景会非常黯淡。在 1985 年至 2010 年之间,燃煤发电站建设量显著减少,这一表面的停工现象实际上是因为公用设施委员会的强烈反对。但 2010 年后,燃煤电厂的建设正逐步恢复,见国家能源技术实验室的《追踪新燃煤电厂》。[1]

7.7 煤的未来

在过去 150 年里,煤炭对美国很重要。最初煤炭为工业革命提供燃料,现在煤炭产生了美国近 50% 的电力。但是,由于在煤炭的整个燃料周期中存在的对环境、健康和安全的危害,煤炭的未来面临重重困难。这些困难不仅限于国内对煤的生产和使用方面的问题,燃煤发电厂也带来了

---

[1] National Energy Technology Laboratory, Tracking New Coal-Fired Power Plants (January 24, 2011) available at http://www.netl.doe.gov/coal/refshelf/ncp.pdf.

全球气候变化这一国际问题。

煤炭燃烧所引起的污染,是煤炭行业与环境保护主义者之间就是否继续扩大使用煤炭发电的争执点。双方争执的主战场仍是《清洁空气法》。目前,达成的共识是应采用更清洁的燃煤技术。能源部也支持这一观点,见能源部化石能源办公室发布的《21世纪展望计划:21世纪的清洁能源发电厂》[①]。

根据该计划,未来的发电厂应消除由燃烧化石燃料造成的环境问题。对二氧化硫、一氧化氮和汞等污染物的排放水平应接近于零。这些发电厂的另一技术目标是最大限度地提高效率,以降低二氧化碳的排放。由于采用更先进的技术,这些发电厂在提高发电和生产蒸汽效率的同时,也生产高附加值的化学品。为了达到这些目的,能源部也已经在实施上述洁净煤计划。

虽然使用煤炭会造成环境问题,但由于煤炭储量丰富、美国依赖国外石油和核能前景不明朗等因素,即便是煤炭的使用不再增加,煤炭很可能会维持其目前在美国能源行业中的地位。美国煤炭协会(NCC)是能源部的联邦顾问机构;这是一个很大的行业机构,其成员来自代表多方利益的公共和私人机构;其职能是应能源部部长的请求,为煤炭的利用和煤炭行业提供意见和建议。该协会发表的报告也支持了煤炭将持久作为主要燃料的观点。

美国煤炭协会在其最近的报告中指出:(1)煤炭储量超过石油和天然气的5到10倍;(2)自1973年起,煤炭产量

① Vision 21 Program Plan: Clean Energy Plants for the 21st Century, April 1999.

增加了近两倍,从 5.99 亿吨增加到 11.5 亿吨;(3)煤炭发电占全美发电总量的 50%;(4)在同等能量基础上,煤炭价格是石油或天然气价格的十分之一到五分之一;(5)煤炭是美国唯一的净出口化石燃料。

　　美国煤炭协会还指出,世界和美国的煤炭消费量均正在增加。美国人口如今已经超过 3 亿人,并将在 2030 年达到 3.65 亿人。煤炭作为一种便宜并且丰富的能源资源,将是满足未来众多人口能源需求的重要保证。①

---

　　① National Coal Council, The Global Realities of Energy available at http://www. nationalcoalcouncil. org/Documents/The_G1obal_Realities_of_ Energy. pdf; National Coal Council, Coal: Energy Security for Our Ncation′s Future available at http://wwwv. nationalcoalcouncil. org/Documents/CoaLEnergy_Security. pd♯.

第8章 电力

我们在第1章指出,政府监管的模式或周期是,从自由市场阶段开始,再到实行市场监管,然后再回到自由市场阶段。电力行业的监管史是研究政府监管模式绝好的对象。在电力行业的历史中不乏像托马斯·爱迪生(Thomas Alva Edison)和乔治·威斯汀豪斯(George Westinghouse)这样的充满创造力的英雄人物,也有诸如塞缪尔·英萨尔(Samuel Insull)和肯尼斯·雷(Kenneth Lay)[①]这样的多彩但不光彩的人物。19世纪末的电力行业状况是,发电和输配电是在充分竞争和不受监管的地区性市场中进行的。随着追求规模效益和能够长距离输电的技术的出现,电力行业得到了发展,并形成了大市场。这些变化加快了公司之间的合并,也导致了在20世纪大部分时间内出现的公司滥用定价权,以及州和联邦政府对定价和利润的监管。

在过去的十多年时间里,州和联邦政府一直在积极地讨论和实施放松监管和产业结构重整的政策。这些努力是艰难的、复杂的且混乱的,并遭遇重大挫折。2000年夏季

---

① 原文注:对此二人的对比请见 Richard D. Cudahy, Insuall and Enron: Is there a Paralell? 42 Infrastructure (Spring, Summer and Fall, 2003). "Infrastructure"见通讯和交通法的公用设施 ABA 部分的时事通讯。

加州发生电力危机,安然和其会计师事务所安达信垮台,并且 2003 年 8 月份发生了历史上规模最大的停电事件。因此,放松监管的进程放缓,并且一些州甚至还退回至传统定价机制和行业监管模式。结果是,行业重整的步伐放慢了。尽管如此,将该行业从指令性的价格管制,转变为以市场竞争为主导的定价模式,作为一个核心的观念已被接受。当然,正如本章将要介绍的那样,在今后相当长的时间,该行业还不能完全没有监管。

8.1 行业概述

在古希腊,人们就对摩擦琥珀产生的静电有所了解。现代电力行业的历史起点是 1882 年 9 月 4 日。在这一天当爱迪生按下电钮,由位于珍珠巷的发电站供电的 400 只白炽灯,照亮了纽约下曼哈顿岛,见吉尔·琼斯的《电灯帝国》[①]。自此,电力行业诞生了,爱迪生及其投资者对此前的大规模投资,以及爱迪生多年的艰辛努力开始获得回报。目前,电力行业已成为一个年销售收入超过 3000 亿美元的行业。

电力的物理学原理并不复杂,即电子的流动产生光和热。但正是该行业所依赖的两个物理学原理,使得此行业非常独特,并难以监管。第一,电子在电网中以不可知的路径流动。因此,你无从知道你的计算机使用的电能到底来自哪家发电厂。第二,考虑一下蓄电池的重量、体积和使用寿命,你便知道电力不能被有效储存。此外,正如电冰箱不

[①] Empire of Light (2003).

能停电一样,电力供应不能时刻中断。总之,该行业必须有充分和可靠的容量,以随时满足需要。

电力是由发电机生产的,而不是一种自然资源。电力生产的过程是,使用石油、天然气、煤、铀、水能①和其他替代能源与可再生能源,来生产蒸汽,蒸汽推动汽轮机,汽轮机推动发电机的转子②发电。电力的燃料周期包括将自然资源中储存的能量转换为电能,发电厂生产的电能被输送到各地的配电公司或直接被输送到最终用户那里。但是,如热力学第二定律所揭示的那样,在电力生产的过程中,有超过一半的能量在被转化为可被利用的电力之前被损失掉。各种能源的百分比如图 8-1 所示。

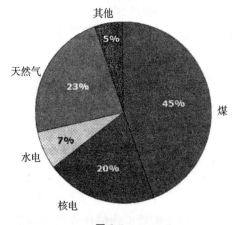

2009年各种能源的百分比

图 8-1

---

① 译者注:原文有误,水电的发电过程不同,是由水直接推动水轮机,水轮机带动发电机发电,而不涉及蒸汽和汽轮机。

② 译者注:原文为"定子",应为"转子"。

266

电力的生产与输送,涉及多个部门。在很大程度上,美国的电力行业是由地方性公用设施公司主导。统一爱迪生公司、太平洋天然气和电力公司、新泽西电力和电灯公司都是地方性公用设施公司。这些公司也被称为由投资者拥有的公用设施公司(investor-owned utilities,简称 IOU),即通常是由私人拥有的垂直一体化的公司,其业务涵盖发电、输电和向最终用户配电。据爱迪生电力研究所的报告,美国共有 203 家参与配电的 IOU 公司。

除了私有的 IOU 公司外,也有 31 家州政府所有、1874家地方政府所有的以及 9 家联邦政府拥有的公用设施公司。此外,在过去的二十多年里,出现了越来越多的不拥有也不运营输电设施的发电公司。这 1688 家公司被称为非公用设施发电商(non-utility generators,简称 NUGs)。出现 NUG 的原因是两部联邦制定法,即《1978 年公用设施监管政策法》和《1992 年能源政策法》。本章将详细介绍这两个法律。爱迪生电力研究所的报告也指出,尽管市场上存在其他非 IOU 形式的发电公司,目前,IOU 公司服务的市场份额为 74%,见爱迪生电力研究所的《重要数据:电力行业综述》[①]。

历史上,电力行业曾随经济增长而增长美国的发展与电力发展息息相关,见图 8-2。

通过分析图 8-2 以及爱迪生电力研究所的上述报告发现的重大事实主要有两点。第一,我们可以发现在 20 世纪

① Key Facts: A look At the Electric Power Industry 5 (2007) available at http://wwvv. cewd. org/toolkits/teacher/eeipub_keyfacts_electriy. industry. pdf.

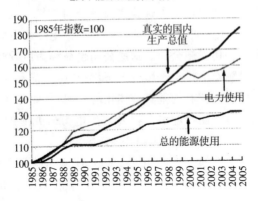

图 8-2

后半期之前,能源和电力的消费随着经济的增长而增加,我们生产和消费的电力和其他能源越多,经济规模越大。然而,从 20 世纪 90 年代开始,能源消费以及随后的电力消费开始背离经济增长。第二,有种关于上述背离的解释是,消费者开始更加关注能源效率,并且我们可以将人均能源消费量降低,而这不会造成相应的经济损失。

在过去一个世纪的大部分时间里,公用设施公司不断地扩大发电厂的规模,而发电变得越来越具有成本效率和能源效率,这就是说,单位发电量的成本得以降低,单位能耗的发电量得以提高。因此,公用设施公司能够以更低的成本向更多的人提供更多的电力。

这种成本递减的趋势持续到 20 世纪 60 年代后期或 70 年代初。从第二次世界大战结束到 1965 年前后,与此成本降低对应的是该行业每年 7％ 的增长率。其后,由于技术进步减缓、通货膨胀、资本成本提高、更严格的环保要

268

求和燃料价格上升的原因,成本开始上升。自此,业界和监管者一直试图解决因行业性质变化而引起的问题。正如本书第 2 章指出的,美国能源政策所依据的基本假定是能源和经济之间存在关联关系。我们将在第 11 章介绍替代能源和清洁能源的支持者对此假定的质疑。

电力行业由三部分构成:发电、输电和配电。根据满足负荷的不同,发电也可以分为三种不同的类型。服务于"基本负荷"(base-load)的发电机组通常采用资本投资高,但运行成本最低的核电或燃煤机组,连续运行,以满足用户的需求。"中间负荷(intermediate load)发电厂"通常采用燃油机组,当负荷升高时投运。当负荷达到高峰时,投运采用较低资本投资和运行成本最高的"高峰负荷"(peak load)机组。在电网中,不同类型的发电机组应合理搭配,以便有足够的基本负荷机组满足连续和有保障的电力需求,同时有足够的容量的高峰机组来应付额外的电力需求,但又不形成大量的富余的(且成本高的)容量。为了提高经济性和可靠性,电力公用设施公司通过电网互联来改变发电能力以满足负荷变化的需要。

电力一经生产,就必须通过 69 千伏(KV)到 745 千伏(KV)的高压电网输送到最终用户或当地的配电公司。输电网的另一功能是通过互联实现整个行业的规模经济。公用设施公司之间建立一种自愿的电力交换安排(即电力池)来进一步提高经济性。第一个大规模采取电力池并减少重复的是宾夕法尼亚州、新泽西州和马里兰州电网之间的电力交换。这种安排有助于平衡负荷,实现规模经济,节省资本投资和提高电网可靠性。全美目前已形成三个更大的电力交换互联体系,即落基山脉东部电网和西部电网,以及得克萨斯州电网。依据自愿的原则，这些跨地区的大电网又被分为地区性的、由"电力可靠性委员会"管理的互联电网。尽管这些电网在物理层面相互连接，但它们之间是不同步的，三个电网各自独立发挥作用。

总体上，北美电力可靠性委员会（North American Electric Reliability Council，简称 NERC）全面负责美国电网的可靠性。在 1968 年美国东北部发生的导致纽约市和其他地区供电中断的电网故障后，为应对此类问题，上述三个电力交换网和魁北克水电系统自发建立了该委员会。北美电力可靠性委员会也负责制定互联电网的可靠性标准和协调电网规划。但自 2003 年起，由于另一起大停电事故，这种自愿性的电力可靠性体系再次发生变革。

如今，根据《2005 年能源政策法》，联邦能源监管委员会指定 NERC 作为负责美国电力可靠性的组织。由此 NERC 具有了法律授权，而不再依靠自愿性协作，其执行电力可靠性标准，对象包括所有大容量电力系统设施的所有者、运营商和使用者。从自愿性组织转变为法律授权机构的直接原因是 2003 年的大停电事故，该事故波及了加拿大和美国超过 4000 万居民。

配电业务是为零售电力用户提供"到家门"的配电服务，主要由 IOU、电力合作社和城市公用设施公司提供。其用户包括居民、商业和工业用户，每类用户每年大约消耗一万亿千瓦时的电力。居民用户使用电力取暖、照明、驱动空调和冰箱及进行娱乐。商业用户是不进行工业生产的旅馆、饭店、零售商店等服务业用户，它们的电力用途与居民用户类似。工业用户包括建筑、制造、采矿、农业等用户，它们使用电力不仅为取暖和照明，更主要是为了生产制造，如钢厂使用的电炉之目的。

8.2 监管概述[①]

对电力行业监管的历史,说明了如何在混合的市场经济条件下发展与公众利益相关的服务或商品。换句话说,虽然私人投资者和公共政策制定者各有不同目的,他们均有兴趣开发、推广和销售该产品,只是前者的目的在于赚取利润,后者则为捞取政治名声。美国的联邦制度,和因此存在的州与联邦的双重监管机构,使得电力监管更加复杂化。在大部分情况下,州政府管理电力零售,联邦政府监管电力的批发和跨州销售,而法院则更倾向于使联邦有更多的管辖权,见"联邦动力委员会诉南加州爱迪生公司"案[②]和"联邦动力委员会诉康威公司"案[③]。随着产业结构重整的进行,州与联邦之间相对清晰的监管界限正在被模糊化,见"密西西比电力和照明公司诉密西西比州"案[④]、"南塔哈拉电力和电灯公司诉桑伯格"案[⑤]以及"安特吉路易斯安那公司诉路易斯安那公共服务委员会"案[⑥]。

---

① 原文注:内容摘自约瑟夫·P.托梅因的"电力重整:对监管的案例研究"(Joseph P. Tomain, Electricity Restructuring: A Case Study for Government Regulation, 33 Tusla L. J. 827, 1998)。该文章也提供了更多的参考资料。

② FPC v. Southern California Edison Co. (S. Ct. 1964).

③ FPC v. Conway Corp. (S. Ct. 1976).

④ Mississippi Power & Light Co. v. Mississippi (S. Ct. 1988).

⑤ Nantahala Power & Light Co. v. Thornburg (S. Ct. 1986).

⑥ Entergy Louisiana Inc. v. Louisiana Pub. Serv. Comm's (S. Ct. 2003).

电力行业监管的历史发展与两类重要事件密切相关。第一类事件包括大面积停电、一些企业发生的重要行为或活动或行业的重大的经济和技术的变化。第二类事件是针对第一类事件的而出台的监管对策，包括新的立法或监管措施。实际上，只要掌握十多个重要的成文法、案例和监管措施出台的历史背景，便能很好地了解该行业的历史。

8.2.1　1882年到1905年的自由竞争阶段

1882年9月4日托马斯·爱迪生按下了美国第一个发电和配电项目（中心变电站）的开关。自此，85家用户可以采用电灯照亮房间和进行生产，而不需再使用天然气或煤气灯。跟其他具有技术潜力的新兴行业一样，电力行业最初也有强劲的增长势头。然而三十年后，到1910年萨缪尔·英萨尔已整合了芝加哥所有的电力设施，并且开始滥用市场支配地位。

1992年，大约有3774家私人所有的公用电力公司。在行业发展早期，建设发电厂受制于当时的发电和输电技术限制，容量不超过一万千瓦，而在目前100万千瓦级别的发电机组也很常见。随着需求的增长，大量的发电商进入电力市场，市场上有着各种各样的发电厂和变电站。重复建设难以避免，技术不兼容、高成本和低可靠性问题如影随形。这些问题虽对行业构成挑战，但也刺激了电力行业的技术创新。

在一家公司面临需求增长和激烈竞争时，其自然选择是通过技术创新、公司并购重组或两者兼有的方式获取更大的市场份额。早期主要的技术进步是由交流取代直流。乔治·威斯汀豪斯支持这一新技术，他曾经的老板爱迪生曾固执地反对这项技术，但失败了。采用交流技术可以建

272

设更大规模的发电厂,并可将电力输送到更远的距离。与此同时,电力公司通过纵向一体化来扩大发电和配电能力,以获取规模经济和更大的市场份额。一些较大的公司通过制造发电机、电缆、电器设备和电灯泡来获取规模经济效益。比如,爱迪生就将几家公司合并组成通用电气公司,该公司是目前世界上最大的公司。在竞争激烈且技术更新换代迅速的电力行业中,规模经济和较高的行业集中度的实现也就顺理成章。

8.2.2 1920 年到 1935 年的行业集中度提高的年代

1922 年到 1927 年期间,随着行业集中度的提高,超过 1600 家私有的电力公司消失。为了提高行业集中度,包括塞缪尔·英萨尔和亨利·维拉德(Henry Villard)在内的一些企业家于 1920 年成立了 16 家控股公司。这些控股公司控制了全国电力行业的 85%,以用户的利益为代价实现了规模经济。与此前的石油托拉斯一样,电力托拉斯也容易引起股票欺诈和股东滥用权力的现象。与石油行业一样,公众也对电力托拉斯的反应强烈,联邦和州的政客和监管者开始关注此行业。在州的层面,州政府开始定价以保护消费者;在联邦层面,联邦政府开始管制跨州批发电价,重点整治托拉斯滥用市场地位,并要求电力实现普遍服务。

8.2.3 1935 年到 1965 年的监管年代

1920 年通过的《联邦电力法》(Federal Power Act)第一部分[①],标志着联邦开始对电力行业进行监管。该法的监管对象是水电站,其修订案目前依然有效。我们将在第 10 章讨论水电。

---

① Federal Power Act Part I in 1920,16. U. S. C §§791a-823c.

针对电力托拉斯滥用市场地位的具体努力是《1935 年公用设施控股公司法》(Public Utility Holding Company Act of 1935)[1]。尽管理论上公用设施公司受制于反垄断法,但"欧他泰尔电力公司诉美国"案[2]说明需要额外立法来解决有关问题。从根本上讲,《公用设施控股公司法》仅要求从事电力公用设施、天然气或煤气分销业务的公司的母公司在证券交易委员会(SEC)处进行登记。这里控股公司指直接或间接地控制公用设施公司 10% 或更多投票权的公司。根据此法,证券交易委员有权审查控股公司的公司治理和经营结构,并以避免股东滥用权力为目的简化和整合这些公司的经营。对可能存在财务违规的公用设施或准公用设施和没有进行整合的电力公用设施的运营,证券交易委员会有权下令予以撤销。

随着 1935 年《联邦电力法》第二部分[3]的出台,联邦开始更多地干预电力行业。该法对电力行业的监管具有重大影响,其目的是为了补充由州政府对电力行业进行部分监管的局面。

州监管者有权管理州内的电力销售和零售定价,而电力跨州销售和输电则不受监管。《联邦电力法》监管对象是电力的跨州批发销售,从而弥补了电力行业监管的空白区(即"阿特尔伯勒空白"),见"罗得岛州公用设施委员会诉阿特尔伯勒蒸汽和电力公司"案[4]。阿特尔伯勒案的判决指

---

[1]　Public Utility Holding Company Act of 1935, 15 U. S. C. §79.

[2]　Oda Tail Power Co. v. United States (S. Ct. 1973).

[3]　Federal Power Act, Part II, 16 U. S. C §§ 824-824m.

[4]　Public Utilities Comm'n of Rhode Island v. Attleboro Steam & Elec. Co. (S. Ct. 1927).

出，州政府仅能监管电力的零售业务，而无权监管其跨州销售。目前，阿特尔伯勒案判决已被稍许修正，赋予州政府对电力的批发一定的监管权，见"联邦能源监管委员会诉密西西比州"案①和"阿肯色电力合作社公司诉阿肯色州公共服务委员会"案②。《联邦电力法》第二部分授权当时的联邦动力委员会通过定价和其他办法监管电力的跨州销售。换言之，电力的跨州销售和输电这两项最重要的业务已处于联邦的指令性定价监管之下。

当时联邦对电力监管的理论依据有两方面，它们也是三年后联邦对天然气行业监管的出发点。

第一，电力是一种被视为与公众利益攸关的且需求较大的消费品。从新政开始，政府鼓励消费，这是政府的经济策略的一个重大变化。在新政之前，自由竞争是被普遍接受的经济信条。法院，尤其是最高法院，如"洛克纳诉纽约州"③案判决所表现的那样，通常采取不干预私人企业的立场。

新政彻底地改变了这一立场，其经济计划的基础是，政府不仅要干预国家的经济稳定，也要通过鼓励电力供应达到使经济增长的目的。因此，政府开始积极地推动对某些资源的开发和利用，支持电力行业的发展及鼓励使用电力是新政监管计划的核心。特别是联邦和州监管机构积极推动电力行业发展和电力消费，能源消费因此成为新政时期

---

① FERC v. Mississippi (S. Ct. 1982).

② Arkansas Elec. Co-Op Corp. v. Arkansas Pub. Serv. Comm'n (S. Ct. 1983).

③ Lochner v. New York, 198 U. S. 45 (1905).

强化经济发展的主要方式。

第二，在这一时期，依据经济学原理，政府应对自然垄断行业进行监管，以便保持价格的竞争力和避免浪费。较之由多个公司进行重复建设而造成浪费，不如支持一个公司的发展。对这样的市场，政府监管是必要的。塞缪尔·英萨尔也曾于1898年倡导政府干预。如不加约束，具有最强地位的自然垄断公司会持续兼并其他公司，直至获得市场垄断地位，并据此对用户滥用其市场力量，见"泽西中央电力和电灯公司诉联邦能源监管委员会"案[①]。

我们曾在第4章讨论过定价。联邦动力委员会对批发和跨州销售的电力，采用传统的定价办法。该定价办法能使公用设施公司有机会赚取利润和扩展业务所需要的投资。根据《联邦电力法》§205，公用设施公司必须对其电力价格表进行登记，电力价格表涉及的各项收费必须公平合理。如某个用户认为价格不公平或不合理，他可以对此提出投诉，并要求联邦动力委员会组织听证会以审查这些价格。联邦动力委员会可以在5个月的期限内推翻这些价格。否则，这些价格开始生效，但对被推翻的定价所引起的超收部分可以退款。事实上，登记的电力价格表被假定是诚信协商的结果，见"联合天然气管道公司诉美孚天然气服务公司"案和1956年"联邦动力委员会诉Sierra Pacific电力公司"案[②]。

在这段时间内，传统的定价机制很好地满足了电力行业发展的需要。事实上，这段时间也被称为电力行业的"黄

---

① Jersey Central Power & Light Co. v. FERC (D. C. Cir 1987).

② FPC v. Sierra Pacific Power Co. (S. Ct. 1956).

金时期",见伦纳德等人著的《美国电力公用设施的过去、现在和未来》[①]。随着发电机组容量的增加,私有的、垂直一体化的公用设施公司(IOUs)的规模经济持续得到改善。

发电量和电力需求也稳定增长,年均增长率为7%,并且增加率大约每十年翻一番。持续的技术改进,加之可准确预测的行业增长,使得这一期间的电力生产成本保持相对平稳或有所降低,电价逐年下降。除了偶尔宣布降低电价外,有争议的听证会较为少见,各州的公用设施管理委员会几乎无事可做。公用设施公司因利润越来越高和业务持续增长而心满意足,股东因其投资组合的稳定收益而高兴,消费者也因电价平稳或走低而满意。事实上,居民电价从1945年到1965年下降了34%。由于电力监管没有产生政治后果,立法者和监管者均表示满意。然而,一旦技术进步的红利消失,这一皆大欢喜的局面也将消失。

8.2.4 1965年到1980年的监管失灵

政府建立起保护垄断的监管机制是基于成本加收益率的定价公式。在经济膨胀和行业技术持续进步时期,这一机制很好地发挥了功效。在此环境下,行业在扩张的同时保持了价格稳定或走低。但当规模经济随技术进步放缓而停滞时,业务成本便开始增加了。业务成本增加对所有行业都不利,而对受到监管掣肘的行业的影响更是灾难性的。

用经济学术语来说,从1965年起,公用设施公司的边际成本开始超过其平均成本,导致利润降低。由于公用设施公司收益的计算基础是审慎支出的历史成本,经济环境

---

① Leonard S. , Andrew S. & Robert C. Hyman, America's Electric Utilities: Past, Present and Future, ch. 18, 7th Ed. (2000).

的这一变化对它们造成了致命的影响。一个公司在实现规模经济之前,其平均成本在降低,可以赚取业务扩张所需的资本金,并对投资获取合理的收益。但是,当边际成本超过平均成本时,除非采用边际成本定价,该公司的利润将降低。此外,经济学原理也告诉我们,高成本导致高价格,高价格导致需求降低。

电力公司的这些财务变化发生的时间有些不合时宜。由于人们认为核电较煤电更便宜和洁净,电力公司在核电项目上投资了数十亿美元。很多电力公司的核电投资出现了超预算和项目被取消等问题。这些投资必须由股东、消费者或其他人来承担。我们在第9章会了解到,联邦和州监管者按比例分摊了这些损失。

在同一时期,电力行业和整个经济还遇到了通货膨胀、劳动成本上升、核电业崩溃、石油输出国组织和阿拉伯国家石油禁运难题。所有这些迫使电力公司大幅度提高价格,引起了消费者的强烈反应和各州监管机构激烈的政治碰撞。电价升高引起的电力需求弹性超过了预期。当电力公司试图通过高电价回收其过度膨胀造成的高固定成本时,电力用户采取与预期不同的应对办法,其对电力的需求低于预期。

8.2.5 《公用设施监管政策法》带来的意外:加强竞争

在20世纪60年代末和70年代初的政治和经济事件的双重压力下,公众和白宫开始担心美国能源的未来。《公用设施监管政策法》(PURPA)是卡特总统的《国家能源法》中令人意外的部分。《公用设施监管政策法》鼓励各州不再采用累计递减定价,因该定价办法鼓励消费;鼓励采用更有效的边际成本定价;支持独立发电商开发热电联产,和(作为大的电力公司的替代电源的)单机不超过 80 兆瓦(80 megawatts)的小机组发电,见"联邦能源监管委员会诉密西西比州"案①。这类小发电机组也被称为"合格发电设施"(QF's)。《公用设施监管政策法》取得了超过预期的成功,合格发电设施不仅节约了电力,也成为新型的更便宜的电源。

1977 年,根据《能源部组织法》,联邦动力委员会被改组为联邦能源监管委员会。联邦能源监管委员会支持进一步开发新的电源点,要求各地的电力公用设施公司以"完全的可避免成本②"购买合格发电设施的富余电力,见"美国纸业协会公司诉美国电力服务公司"案③。各地的电力公用设施公司应为小规模的发电商提供接入服务,并以公用设施公司的"完全的可避免成本"(即其边际成本)购买这些发电商的富余电力。

虽然电力公用设施公司已对其设施进行了大量的投资,但它们必须以自己较高的成本而非市场价格,购买另一发电商的电力。不用说,新的发电商发现这个市场很有吸引力。如果你本人是个企业家,当你知道你的低成本产品保证有销路和高价格时,你肯定会生产尽可能多的产品。《公用设施监管政策法》在无意中制造了一个新的发电市场。

显然,竞争阶段从此开始。传统的 IOU 公司曾经获取

①　FERC v. Mississippi (S. Ct. 1982).

②　译者注:可避免成本是指如果选择某个特定方案就可以消除的成本。

③　American Paper Inst. , Inc. v. American Elec. Power Serv. Corp. (S. Ct. 1983).

了规则规定的有利和稳定的收入,但它们过度投资。过度投资形成的富余发电能力提高了固定成本。IOU公司需要回收这些固定成本,但消费者不情愿付款。首先,在一些情况下,消费者被要求为很少或没有形成发电能力的固定资产投资买单。消费者不愿花此冤枉钱。其次,大型工业用户可以更换其电力来源,它们利用市场上存在的更便宜的电力供应机会,购买更便宜的电力。我们的问题是,一般的小型电力用户如何购买便宜的电力?

人们普遍认为,包括合格发电设施在内的各种非公用设施发电商,较传统的公用设施公司更有成本竞争力。结果是,电力用户希望从这类新的电源点购买电力,鼓吹放松监管的自由市场主义者也认为这是个好主意。但超出人们预料的是市场上涌现出了大量的非公用设施发电商,更多的发电商也希望进入这一市场。

《公用设施监管政策法》的成功表明,传统的电力监管机制已经走到了它的尽头。当时已有的技术不能再进一步提高发电机组的容量,核电也不是便宜到不用计量的电力。按照微观经济学理论,传统的处于监管之下的电力行业,已经不可能进一步改善其规模经济。换言之,不受监管的发电商,可以提供比现有受监管的公用电力公司更加便宜的电力,并且新进入行业的发电商可以在政府的扶持下赚取利润。

输电在此行业背景下变得愈发重要。监管机构,特别是联邦能源监管委员会,开始重新考虑如何改革监管机制。虽然合格的电力设施公司可以向当地的公用设施公司出售电力,但它们不能利用公用设施公司的输电线路,向其他公用设施公司或最终用户出售电力。这样,允许成立合格电力设施公司产生了两方面的重要影响,一是正式将竞争引入了市场,二是电力采购会迫使打开使用输电线路的大门。

输电被认为是电力行业的瓶颈,即发电厂生产的电力必须通过几条私有的高压输电线路,才能被输送到用户。因其私有,并不是任何人只要付费便可获得输电服务。实际上,这些输电线路的所有者更愿意以更低的价格为自己或其关联公司提供输电服务,而向竞争对手索要更高的价格。为使新兴电力市场能够运营,必须开放对输电网络的使用。

由于发电环节明显存在竞争,《公用设施监管政策法》提出了对电力行业进行监管的自然垄断问题的原因,见皮特·Z.格罗斯曼和丹尼尔·H.科尔的《自然垄断的尽头:电力行业的解除监管和竞争》[1]。输电过去和现在都是对电力行业运营至关重要的自然垄断瓶颈[2],输电必须解决适当性和可靠性问题,这要求必须以合理和非歧视的价格,实现输电系统容量充分、可靠性高且能够避免拥塞。

因此,《公用设施监管政策法》使我们从电力行业的两个端头重新审视该行业的监管机制。在发电这一端,市场是竞争性的。在电力用户的一端,消费者希望能购买便宜的电力,见理查德·D.卡达希的《公用设施监管政策法:竞争和监管政策的十字路口》[3]。但遗憾的是,完全地变为市场价格是有困难的,这不仅是因为输电的问题,还因为所有

① Peter Z. Grossman & Daniel H. Cole, The End of Natural Monopoly: Deregulation and Competition in the Electric Power Industry (2003).

② Id at ch. 6.

③ Richard D. Cudahy, PURPA: The Intersection of Competition and Regulation Policy, 16 Energy L. J 419 (1995).

的用户的地位各不相同，市场价格对消费者的影响是不均匀的。大型的工业用户能较容易地更换供电方，且因大量购买而具有更强的讨价还价能力，以获得折扣定价。而小型用户因接受交叉补贴，不太可能得到较好的价格。这些情况为监管者在如下方面带来挑战：(1)鼓励新的进入者；(2)避免行业内企业受搁置成本的拖累；(3)保持小型用户较低的电价；(4)保证可靠性。

8.3　电力行业目前状况

电力行业发展的历史表明，监管帮助美国建立了电力基础设施，并实现了电力的普遍服务。目前，传统的监管机制已完成了历史使命，电力行业和其监管者必须一起为该行业找到更具竞争力的模式。在这个更具竞争力的模式出现之前，我们必须要面对两个问题，即改革输电环节和规划新的市场结构。在过去的十年或更长时间内，这两个问题均因传统方式而遇到重大挑战。

输电系统的所有者没有义务为所有的用户提供服务。虽然输电系统属于关键基础设施，但传统上该系统不具有公共服务地位。换言之，如果监管措施没有相反的规定，输电系统的所有者可以采取歧视定价，即对自己和关联公司采用优惠价格。此外，公共和私有发电商之间存在竞争。建立开放和有竞争力的市场的关键问题是，输电系统是私有的，它们的经营者对其股东具有使股东价值最大化的受托人义务。输电系统的所有者可以将价格提高到市场能够承受的水平，而没有主动放弃其所有权和经营权的理由。

理论上讲，电力行业目前面临的关于输电的问题是简单的，即只要开放输电系统的使用，用户就能获得他们愿意购买的便宜电力。如此这般，竞争得到支持，价格肯定下降。但该行业已在严密的监管下发展了将近一个世纪的时间，在找到对输电系统的资本投资进行补偿的办法之前，无法开放输电系统的使用。监管者目前需要完成两件工作，一是制定开放输电系统接入使用的办法，二是解决传统监管机制所带来的成本问题。电力的远距离输送和搁置成本，都是有待州和联邦监管者通过新的监管措施解决的问题。

如今，输电系统及其更为人所知的名称——智能电网，也是新电力市场发展的核心所在。由传统的投资者拥有的电力公司所主导的旧电力市场必须进行两方面的改变。第一，新电力市场必须接纳诸如间歇性光伏和风电这些新的竞争者参与，并接受新的监管。下面的"新监管模式"部分将讨论监管问题。第二，传统电力公司必须重新设计其商业模式。未来的智能电力公司将不再单纯从事电力业务，必须成为提供包括能效服务在内的多种产品和服务的全范围能源供应商。①

8.3.1 《1992 年能源政策法》

在 20 世纪 90 年代初，《公用设施监管政策法》的实施使两件事情得以明了。一是替代能源发电商希望进入市场，二是因输电系统由于两个限制性因素导致输电网接入没有开发，市场并不十分健康。第一个限制是由于《公用设施控股公司法》的限制，不属于合格发电设施的非公用设施

---

① Joseph P. Tomain, Building iUtility, 146 Pub. UTIL FORT. 28 (August 2008).

发电商难以进入市场。但是，因这些发电商可以提供新的更便宜的电力，它们受到了市场的欢迎。第二个限制是联邦能源监管委员会没有足够的权力保证电力的远距离传输。1978年《公用设施监管政策法》规定了电力的远距离传输条款[①]，但因不适用而被搁置。

1992年，国会通过了《能源政策法》[②]，部分地清除了上述的两个限制。该法将只进行电力批发销售的公司称为"豁免的电力批发发电商"（exempt wholesale generators，EWGs），以豁免《公用设施控股公司法》对这类公司有关所有权的限制[③]。该豁免催生了一个更具竞争性的和不受监管的电力批发市场。同时，根据《能源政策法》的授权，联邦能源监管委员会要求具有输电系统的公用设施公司，为批发的电力提供输电服务。该法还以公众利益为标准，授权联邦能源监管委员会，要求具有输电系统的公用设施公司在电力批发业务商的请求下，为其提供远距离输电服务。但该法禁止联邦能源监管委员会做出为电力零售提供输电服务的命令[④]，见理查德·D.卡达希的《零售输电：此项革命是否必要？》[⑤]。《能源政策法》通过豁免的电力批发发电商和开放输电系统来推动电力行业的结构重整。联邦能源监管委员会对该法的进一步实施，我们将拭目以待。

---

① § § 211-212.

② Energy Policy Act, Pub. L. No. 102-486, 106 Stat. 2776.

③ 15 U. S. C. § 79z-5a.

④ 15 U. S. C. § 79z-5b.

⑤ Richard D. Cudahy, Retail Wheeling: Is this Revolution Necessary? 15 Energy L. J 351 (1994).

8.3.2 联邦能源监管委员会的举措

1. 独立电网运营商和区域输电组织(ISO/RTO)

联邦能源监管委员会通过第 888 号令[①]和第 889 号令[②]来实施《1992 年能源政策法》。第 888 号令要求,拥有或经营跨州贸易的输电设施的公用设施公司,向联邦登记其开放的和非歧视性的输电价格表,并应为拟提供的非歧视性服务附加最少的条件。同时要求,公用设施公司从职能上将其输电、发电和电力销售业务相分离,并提供独立的输电辅助服务。进行业务分离的目的是减少或消除同一公用设施公司内输电和发电业务之间的交易。从职能上将不同业务相分离指的是,在不必改变公司法人结构的前提下,同一公司内的不同业务之间相互分离。简言之,公用设施公司被要求将其发电和输电业务相分离。

公用设施公司的价格登记应分别列明其电力批发、输电服务和辅助服务的价格和条件[③]。辅助服务是指电网运行调度和其他影响电网稳定性的服务[④]。为了避免公用设施公司为本公司的电力提供更优惠的输电服务,第 888 号令要求对公用设施公司的电力批发和采购业务征收与外部用户相同的输电和辅助服务费。

非歧视性地开放输电系统,使得发电商能够向更多的用户销售电力,是建立一个健康和竞争的电力批发市场的前提条件。联邦能源监管委员会估计,开放输电系统每年

---

① 18 C. F. R. pts. 35,385.

② 18 C. F. R. pt. 37.

③ 61 Fed. Reg. 21,540-01, 21,552, May 10, 1996.

④ 译者注:主要是提供无功功率服务。

可为美国电力用户节省38亿到54亿美元，并有助于此行业的技术进步①。为了确保电网的可靠性，第888号令允许公用设施公司回收审慎地开支的监管成本，以及为了向竞争性批发市场过渡而引起的费用。

第889号令要求建立电子信息系统以鼓励竞争。此系统的名字是"开放接入实时信息系统"（Open Access Same-time Information System，简称OASIS）。该系统可使所有的输电用户获得与输电系统经营者掌握的相同的信息。第889号令也要求公用设施公司遵守规定的行为标准，以杜绝输电系统所有者向与其关联的发电和电力销售业务提供优惠服务。

第888号令和第889号令对电力批发业务具有重大影响。在"纽约州诉联邦能源监管委员会"案②中，法院总体上认可了第888号令的合法性。这两个法令实施以来，电力行业发生了一些重要的变化，包括各州将竞争引入零售市场、传统的公用设施公司出售其发电业务、能源公司之间的兼并增多、独立发电商和电力销售商的个数显著增加以及成立独立的电网运行商来管理输电业务。但是，这两个法令没有涉及零售电力的长距离传输和输电设施公司的组织结构问题。

到此时为止，区域电网的协调一直在自愿的基础上进行。联邦能源监管委员会认为，先前存在的自愿协调机制已不再有效。原因是，这些自愿性协调机构"没有解决影响整个区域的更为重大问题的广泛决策权。这些重大问题包

---

① 61 Fed. Reg. 21, 540-01, 21,675, May 10, 1996.

② New York v. FERC (S. Ct. 2002).

括解决电网拥塞、新的输电线路的规划和投资、一揽子制定输电网络使用费、缺乏输电服务二级市场,以及由于输电费用的水平和结构可能引起的缺乏积极性问题"。为了加快区域间的协调和开放输电系统,联邦能源监管委员会一直在督促使用"区域输电组织"(Regional Transmission Organizations,简称 RTOs)。

为了进一步加快电力行业的结构重整,联邦能源监管委员会颁布并实施了第 2000 号令[①]。该法令的目的是为了规范独立的 RTO 的设立,通过与发电商的实际机构相分离或成立新的法人实体来建立 RTO。因此,RTO 是独立于发电商的、为营利或非营利的目的而管理电网运行的机构。从出现 RTO 开始,联邦能源监管委员会提议了各种不同的区域电力市场模式。目前,联邦能源监管委员会开始组建覆盖全国的、透明和竞争的统一电力市场,见约瑟夫·P. 托梅因的《自然垄断的持久性》[②]和丽莎·G. 道登的《RTO 和你的未来:你的客户应知道些什么?》[③]。

联邦能源监管委员会认为,技术和经济的无效性造成了市场竞争不充分和持续存在歧视,需要实施 2000 号令。该委员会发现的技术和经济的无效性包括:(1)大容量输电系统存在可靠性压力;(2)输电能力的计算越来越困难;(3)区域间的合作有利于解决电网拥塞问题;(4)输电网的规划和扩建面临越来越多的不确定性;(5)一揽子的输电费用影

[①]　18 C. F. R. pts. 34-35.

[②]　Joseph P. Tomain, The Persistence of Natural Monopoly, 16 Nat. Resources & Env't, 242 (Spring 2002).

[③]　Lisa G. Dowden, RTO in Your Future: What Should Your Clients Know, 16 Nat. Resources & Env't, 247 (Spring 2002).

响市场发展。

联邦能源监管委员会担心由实质的和表面上的内部交易造成不当歧视,这种交易对发展竞争性市场不利。实质的内部交易主要表现为:拥有发电和输电设施的公用设施公司,对输送本公司的电力收取更低的费用,而使本公司具有竞争优势。表面上的内部交易会使人们认为市场不够可靠,从而导致交易成本提高和降低由竞争带来的效率。

2000号令提出了两种RTO的模式:非营利性的独立电网运营商(independent system operator,简称ISO)和营利性的独立输电公司(independent transmission company,简称TRANSCO)。2000号令规定,RTO的模式可以是两者中的任一种或它们的组合。对RTO的最低要求是:(1)独立于市场的其他任何参与者;(2)在区域内经营;(3)具有电网规划和投资的权力;(4)采用开放的构架,以便于对其结构进行改革。

同时,2000号令也规定了RTO必须具备的职能:(1)输电费用的管理和结构设计;(2)电网拥塞管理;(3)参加开放的实时信息系统;(4)监控市场;(5)对电网进行规划和扩建;(6)进行区域间的协调。

虽然多数RTO是非营利的独立电网运营商,联邦能源监管委员会还是坚持RTO既可以是(非营利性的)独立电网运营商,也可以是(营利性的)独立输电公司的立场。此外,联邦能源监管委员会也试图规定RTO的条件,这些条件中的一部分并不为法院所接受,见"亚特兰大城市电力公司诉联邦能源监管委员会"案[①]。在这两个案例中,法院

---

① Atlantic City Elec. Co. v. FERC (D. C. Cir 2002, D. C. Cir. 2003).

判定联邦能源监管委员会无权要求公用设施公司放弃由《联邦能源法》规定的价格登记权利,也无权要求获得联邦能源监管委员会的允许以退出 RTO。

非营利的独立电网运行商(ISO)作为 RTO 实际上是一个不拥有任何发电设施的电网运行机构。其运行的输电系统属于有关的发电商。独立电网运行商为了公众利益向用户提供定价合理的、可靠的电力供应。独立电网运行商不拥有输电系统和非营利的地位造成了一定问题。第一个问题是其与发电商的关系。独立电网运行商独立于发电商,从而避免了内部交易。取决于哪一方制定公司的章程,独立电网运行商的董事们可能是州或联邦的受托人。那么,独立的董事会在多大程度上能够对电力行业有充分的理解,且对发电商有足够的影响力,使其对输电系统进行维护和扩建进行投资?结果是,它们只愿意在保持独立的地位的同时,保持电网的运行,从而履行其本身的职能。

如此这般,电力行业内的人士偏向于营利性的独立输电公司。反对独立电网运行商的主要理由是其缺乏激励,即营利的动因。一些评论家指出,独立电网运行商可能有保持电网短期可靠性的动因,但因其不拥有任何设施,便失去了保持电网长期可靠性的动因,也对此没有控制能力。在此分析基础上,这些评论家认为独立电网运行商既没有能力也没有愿望促进电网的投资、使用新技术或通过降低成本来提高管理效率。

独立电网运行商的缺点,都是独立输电公司的优点。拥有输电设施的独立输电公司是以为营利为目的,其营利动因有助于实现公司价值的最大化,并为股东创造利润和价值。股东选举董事会,因独立输电公司与发电商分属不同的实体,不同的利益要求避免了某些发电商获取优惠待遇。同时,与独立电网运行商不同,独立输电公司具有营利的积极性。由于独立输电公司是营利性公司,在保持电网短期可靠性的同时,它们必须对设施的维护和技术改进进行投资。虽然独立输电公司具有这些优势,这并不是说独立输电公司就毫无问题。以营利为目标的独立输电公司可能会更关心短期利益,为降低成本而影响电网可靠性,也会为争取更多的利润而采用歧视性定价。

独立电网运行商的非营利性和独立输电公司的营利性,均会造成一些问题,但有更好的替代方案。其一是采用独立电网运行商作为过渡安排,最终被独立输电公司所取代。另一种办法是建立独立输电公司或独立电网运行商,并采用以业绩为基础的收费办法,使得股东和用户分享利润。不论其形式是什么,独立输电公司和独立电网运行商均必须达到 RTO 的五个目标:具有充足的容量、提供可靠的服务、能够管理电网拥塞、无歧视性和采用合理的价格。

理论上讲,有关 RTO 的法令具有其实际意义,有竞争性的市场要求开放输电系统。但三方面的问题使联邦能源监管委员会未能在最初规定的时间内(2001 年 12 月 15 日之前)实现所有的公用设施公司都加入 RTO 的目标。困扰实现该项目标的三个因素是:该法令具有的自愿性质、公用设施公司想继续控制其私有财产的愿望,以及联邦制度的因素。

由于对电力行业采用双重监管,该行业的结构重整必须在州和联邦的两个层面上进行。虽然可以在电力的批发和零售业务之间划线来分割监管范围,这条分界线只是为了政治便利,没有太大的实际意义。历史上,联邦有意识地将其监管范围限制于跨州的批发业务,而由各州监管零售业务。目前的监管改革继续尊重这一界限。忠实于双重监管曾有其政治意义,但目前却没有多少经济意义。不巧的是州和联邦之间的协调仍是一如既往地难以捉摸。例如,2003年和2004年,弗吉尼亚州和肯塔基州就曾大力抵制联邦能源监管委员会所支持的阿巴拉契亚电力公司加入PJM[①]区域输电组织的努力。[②]

目前,独立电网运营商和区域输电组织(ISOs/RTOs)这样的机制在实践中运作良好。目前在美国和加拿大,有10个ISOs/RTOs在运行,为美国三分之二的人口和加拿大超过一半的人口提供服务。这些组织旨在保证区域电力批发市场的高效运转,并平等对待所有市场参与者,使输电网络向所有的使用者公开,最后确保输电网络的可靠性。有分析表明,与之前各自为政相比,这些集中协调的调度组织能够降低电力成本,见ISO/RTO委员会的《2009年州市场报告》。[③]

---

① 译者注:PJM INT.,L.L.C.(以下简称为 PJM)是经美国联邦能源管制委员会(FERC)批准,于1997的3月31日成立的一个非股份制有限责任公司,它实际上是一个独立电网运营商(ISO)。PJM目前负责美国13个州以及哥伦比亚特区电力系统的运行与管理。作为区域性 ISO,PJM 负责集中调度美国目前最大、最复杂的电力控制区,其规模在世界上处于第三位。PJM 控制区人口占全美总人口的8.7%(约2300万人),负荷占7.5%,装机容量占8%(约58698MW),输电线路达12800多千米。

② Joel B. Eisen, Regulatory Linearity, Commerce Clause Brinksmanship, and Retrenchment in Electric Utility Deregulation, 40 WAKE FOREST L. REV. 545, 573-582 (2005).

③ ISO/RTO COUNCIL, 2009 State Of The Markets Report (2009) available at http://www. hks. harvard. edu/hepg/Papers/2009/2009%20IRC%20State%20of%20Markets% 20Report. pdf.

2. 标准市场设计(SMD)

由于公用设施公司不愿放弃对输电设施的控制,那种通过产业结构重整实现电网的开放接入的观点并没有获得认可。州监管者也不准备很快就将监管权让渡于联邦能源监管委员会或新成立的 RTO。有些州的监管者甚至阻挠州内的公用设施公司加入 RTO。鉴于此,联邦能源监管委员会放慢了组建 RTO 的步伐,并通过一系列的听证会来评估 RTO 的组建方式。联邦能源监管委员会于 2001 年 11 月 21 日发布了名为《电力市场设计和结构》的法律规则①。该规则重申了联邦能源监管委员会就成立 RTO 的立场,更详细地规定了需要 RTO 提供的服务,建议加强州监管者的参与,就组建 RTO 进行成本效益分析,及制订出包括费用和电网互联协议在内的标准市场设计(Standard Market Design)。电网互联协议,由名为《标准市场设计》②的另一法规专门予以规定。

联邦能源监管委员会于 2002 年 7 月 31 日公布了《关于标准市场设计建议规则制定的通知》③。该通知最终没能出台。当前,前述 888 号和 2000 号令一起构成了"全国电力批发市场的监管机制",作为组建新的全国电力市场的基础,见詹姆士·麦格鲁的《联邦能源监管委员会》④。

联邦能源监管委员会对标准市场设计(SMD)寄托了

---

① Electricity Market Design and Structure, Docket No. RM01-12-000.

② Standard Market Design, Docket No. RM02-1-000.

③ Standard Market Design Notice of Proposed Rulemaking, SMD NOPR,Docket No. RM01-12-000.

④ James H. McGrew, FERC: Federal Energy Regulatory Commission, 183 (2003).

很大的期望,见其《电力批发市场平台》①的白皮书(2013年4月28日)。与其他有关的法律、法规、规则和报告一样,联邦能源监管委员会的网站也提供了该白皮书的内容。该白皮书对全国标准电力市场提出的目标是:"我们的目标是,继续为所有的用户提供可靠和价格合理的电力;适当的电力基础设施;对各方透明和公平的市场规则,稳定和可预测的监管机制;技术进步和对能源的有效利用。此外,具有确定性的监管机制,可以促进电力行业和其投资者投资建设该行业急需的基础设施。本委员会将就此采取措施。"

联邦能源监管委员会认为:"一个健康和能够发挥功效的电力批发市场,是国民经济的核心,依据已验证规则建立的独立运营的区域性输电系统,是关乎电力市场未来成功的重要平台。"

为了达到上述目标,联邦能源监管委员会拟采取的步骤包括:(1)要求所有由联邦能源监管委员会管辖的公用设施公司加入RTO;(2)所有的RTO,将会同所在州的监管者和其他市场参与者制订区域性电网的扩建规划;(3)通过一揽子收费办法,公平地分摊输电设施的成本;(4)每个RTO将具有独立的市场监督职能和限制市场地位措施;(5)采用透明和有效的电网拥塞管理体系。

国会要求联邦能源监管委员会就标准市场设计进行独立的成本效益分析。此分析的结果见《联邦能源监管委员

---

① Wholesale Power Market Platform, April 28, 2003.

会建议的标准市场设计的影响》[①]。该分析的结论包括[②]：(1)标准市场设计将促进形成竞争性电力市场；(2)在扣除运行市场机制的成本后，估计实行该计划每年可为用户节约7亿到10亿美元；(3)电力零售价格将因此降低1%，批发价格降低1%到2%；(4)标准市场设计将改善电网的安全和可靠性。

然而，为确保《2005年能源政策法》的通过，联邦能源监管委员会于2005年7月终止了标准市场设计的进程。对此，联邦能源监管委员会认为，"电力行业在自愿性RTOs/ISOs建设方面，取得了重大进展。"该委员会还强调，他们还将通过其他项目进程，继续推动标准市场机制目标的实现。

8.3.3 《2005年能源政策法》

部分作为对接下来将要讨论问题的回应，2005年国会通过了近几十年来最全面的能源产业改革立法，即《2005年能源政策法》[③]。为了讨论电力行业的目的，该法包含了数项主要的政策创新。

第一，《2005年能源政策法》在长期由州公共服务委员会把持的输电网络选址决定领域首次确立了联邦的地位。根据该法，能源部被要求通过研究找出现有输电线路中负荷最重的线路，并将其指定为"国家重大输电走廊"（National Interest Electricity Transmission Corridors, NI-

---

① Impacts of the Federal Energy Regulatory Commission's Proposal for Standard Market Design, April 30, 2003, DOE/S-0138.

② Id at 2.

③ The 2005 Energy Policy Act. Pub L. No. 109-158, 119 Stat. 594.

ETCs）。对于"国家重大输电走廊"有关地域中的输电项目，该法授权联邦能源监管委员会（FERC）相对于州委员会具有优先监管权，如果州委员会不能在一年内对项目申请做出回应，FERC 可以发布联邦建设许可。这样的兜底选址条款，是为了防止州监管机构和电网选址相关法律太过于险隘，确保输电线路在能够提高跨州输电可靠性的路径建设。见吉姆·罗西的《电力输电线路选址的特洛伊木马》和黛比·斯旺斯特罗姆《能源部输电走廊规划和 FERC 兜底选址权威：2005 年能源政策法成功地刺激新的输电设施的发展？》。[①]

依据该法，能源部在 2006 年 8 月发布了《电网拥塞研究报告》[②]，随后 2007 年 5 月又规划了两个"国家利益输电走廊"[③]，即"中部-大西洋地区走廊"和"西南地区走廊"。面对由此而产生的大量诉讼，联邦第九巡回上诉法院在"加利福尼亚荒野联盟诉美国能源部"案中，认为《电网拥塞研究报告》具有致命的缺陷，因为能源部一来没有充分咨询受影响州，二来没有适当考虑规划对环境的影响。此外，该法院还认为，两个电力走廊的规划，属于"武断恣意"的，没有证据可以支持，因此判决该规划无效，并责令联邦能源部做进

---

① Jim Rossi, The Trojan Horse of Electric Power Transmission Line Siting, 39 ENVTL. Law 1015 (2009); Debbie Swanstrom & Meredith M. Jolivert, DOE Transmission Corridor Designations & FERC Backstop Siting Authority: Has the Energy Policy Act of 2005 Succeeded in Stimulating the Development of New Transmission Facilities? 415 ENERGY L. J. 30 (2009).

② 71 Fed. Red. 45,0347.

③ 72 Fed. Reg. 25,840.

一步处理。①

第二,《2005 年能源政策法》授权联邦能源监管委员会任命一家电力可靠性组织(ERO),制定电力可靠性的国家标准。不出所料,联邦能源监管委员会选择了北美电力可靠性协会(NERC)这家非营利组织,该组织已经发布了数个自愿性"最佳实践"的此类标准。在该法的框架下,在获取联邦能源监管委员会批准后,NERC 有权对违反可靠性标准的行为,处以每违反日最高一百万美元的民事罚款。NERC 已经开始行使其新的执法权,最近对引起 2008 年大停电的佛罗里达电力和电灯公司进行了惩罚。经联邦能源监管委员会批准,NERC 对影响佛罗里达州大部分地区数小时的大停电处以 2500 万美元的罚款。

第三,《2005 年能源政策法》修订了《公用设施监管政策法》,规定州应当要求其行政辖区内的电力公司,依申请为它们的消费者提供净电量计量(Net Metering)。净电量计量允许拥有可再生能源发电设施如光伏电站的消费者,将向电网输送的电量从其用电量中扣除。允许消费者向电网供电,可以激励消费者建设可再生能源设施。2011 年,至少有 44 个州及哥伦比亚特区,都已经以某种形式接受了净电量计量。

第四,沿着同样的思路,《2005 年能源政策法》将联邦的注意力转向需求侧响应。作为涵盖性术语,需求侧响应包括准许电力消费者以调节或暂停用电的任何方式,对电

---

① California Wilderness coalition v. United States DOE, 631 F. 3d 1072 (9th Cir. 2011) available at http://www.ca9.uscourts.gov/datastore/opinions/2011/02/01/08-71074.pdf.

价和电网的其他条件做出响应。一个例子是,采用实时电价(time based pricing),即电价在全天的所有时间内动态变化,以反映电力生产的真实成本,并由消费者按照成本做出用电决定。该法鼓励电力公司采取实时电价,并要求能源部就需求侧响应的潜在效益出具报告。

第五,《2005 年能源政策法》废除了《1935 年公用设施控股公司法》,并以缩水的《2005 年公用设施控股公司法》予以替代。公用设施企业和美国证券交易委员会认为,1935 年的旧法已经完成了其历史使命,该法使得联邦政府保护消费者免受公司结构复杂和多层级的跨州天然气和电力托拉斯的欺负。公用设施企业渴望扩展业务的范围和规模,对 1935 年的旧法抱怨已久,认为该法使得电力行业缺乏竞争性。另一方面,很多消费者团体反对废除旧法,认为旧法的废除将导致电力行业重蹈最初滥用市场力量的覆辙。根据 2005 年的新法,联邦能源监管委员会代替美国证券交易委员会,负责监管公用设施控股公司,联邦能源监管委员会进行审查的范围也更窄。

8.3.4 智能电网

如果美国要成功实现能源政策的转型,那么接下来电力行业的大事件将是智能电网的全面发展。智能电网耗资巨大,预计将在 1.5 万亿至 2 万亿之间[1]。智能电网将在

---

[1] Marc W. Chupka et als., Transforming America's Yower Industry: The Investment Challenge 2010-2030 vi (November 2008) available at http://www.eei.org/ourissues/finance/Documents/Transforming _ Americas _ Power _ Industry.pdf; see also US DOE, National Transmission Grid Study (May 2002) available at http://www.pi.energy.gov/documents/Transmission-Grid.pdf.

生产者与消费者之间实现双向信息交互。信息化水平的提高，将使得价格信号更加精准，并强化联邦能源监管委员会推行的需求侧响应措施，提高能源效率。见联邦能源监管委员会的《需求侧响应潜力的国家评估报告》。[①]

智能电网将向更多的电力提供者开放接入，尤其是可再生资源如光伏和风能的发电。对此，联邦能源监管委员会面临两大挑战，一是该委员会必须发布政策，允许顺畅接入电网；二是该委员会必须制定出公平和平等的成本分摊规则，并能通过司法审查。至今，联邦第七巡回上诉法院就已驳回了联邦能源监管委员会的成本分摊规则。见本书作者之一的卡达希法官主审的"伊利诺伊州贸易委员会诉联邦能源监管委员会"[②]案。

作为回应，联邦能源监管委员会发布了《智能电网政策》[③]，以应对一揽子问题，包括发展智能电网的标准和协议，智能电网投资的价格政策等。根据《2007 年能源独立和安全法》[④]，美国国家标准和技术研究院（NIST）被指定起草旨在实现智能电网设备和系统互操作性的框架文件，该框架文件的其他目标还包括确保网络安全、提供双向交互通信，确保系统运营商能够将适当的技术装备，协调将新

---

① Federal Energy Regulatory Commission, A National Assessment of Demand Response Potential (June 2009) available at http://www. ferc. gov/legal/staff-reports/06-09-demand-response. pdf.

② Illinois Commerce Comm'n v. FERC, 576 F. 3d 470 (7th Cir. 2009) (Cudahy, J, dissenting).

③ Smart Grid Policy, 128 FERC 61060 (2009).

④ The Energy Independence and Security Act of 2007, Pub. L. No. 110-140, 121 Stat. 1492 (December 19, 2007).

技术与电网整合。参见 NIST 的特别报告《智能电网互操作系统标准的框架和路线图 1.0 版》[①]。

面对成本分摊的挑战,联邦能源监管委员会出台政策,允许智能电网收回成本,但申请人必须符合:(1)其智能电网设施将有助于实现《联邦能源独立和安全法》的立法目的;(2)大电网的可靠性和安全性不受负面影响;(3)申请人已将形成搁置成本的可能性降到最低;(4)申请人同意向能源部智能电网清算中心提供信息反馈,以支持智能电网交互性系统标准的发展。[②]

8.3.5 新监管协议

在传统的监管协议中,电力公司可以通过成本加服务的定价公式,回收其固定成本和变动成本。新监管协议看似与传统协议比较相像,但在具体协议应用方面差异很大。电力公司可以继续获得投资回报;消费者将获得保护,免受垄断定价影响;电力公司可以在受许可的服务区内运营(免于竞争);用户也能得到电力服务保证。但是,定价公式必须鼓励提高能效和可再生资源利用,遏制化石燃料的消耗。因此,在新监管协议下,电力公司提供能源服务和出售产品所使用的定价公式应能使其挣得必需的收入,在促进环境保护的同时,赚取足够的盈利,以持续地吸引投资者。

---

① Framework and Roadmap for Smart Grid Inferoperability Standards, Release 1.0 (January 19, 2010). 译者注:该框架的 2.0 版也已发布,中文版见《美国国家标准技术研究院(NIST)智能电网互操作标准框架和技术路线图 2.0 版》,中国电力出版社 2013 年版。

② Kenneth Driver, Electricity in Peter V. Lacouture (ed.), Recent Develdpments In Public Utility, Communication and Transportaion Industries 2010 121, 125 126 (2010).

新监管协议可被分为两个关键部分。第一部分是受监管的电力公司的具体收费和义务。当前，监管者要求电力公司销售规定量的可再生能源或提高能效，而这些能源资源的成本更高，因而必须允许电力公司能够回收成本，或者就其投资获得回报。类似的，如果要求电力公司升级输配电网络，以满足智能电网的需要，那么它们也必须得到补偿。

第二部分涉及电力公司出售更加多样化的能源服务和产品。电力公司将销售常规电力、绿色电力、能效服务、高能效产品，进行能源审计，并为生产者与销售者以及消费者群体之间提供更好的信息服务。因而，新监管协议将采取新的定价机制，促进能源节约、提高能效、智能用电和技术创新，而不是鼓励用电和对传统化石燃料能源的资本投资。

新监管协议面临新威胁。如果电力公司"销售"能效，它们的电量销售就会降低。减少售电量的损失可以由新服务和新产品的收益弥补。如果不能弥补损失，那么定价公式必须提供更为充分的激励（如第 4 章所述），以吸引公用设施的投资者。然而风险依然存在。因为电力消费仍在不断增加，我们将继续需要新的供应来源，会使作为传统能源的核电和煤电显得更具有吸引力。监管协议必须把握好鼓励"智能能源"（smart energy）的分寸，对传统能源既不遗弃，也不过分热衷。对此，电力公司需要获得收入，既要保证现金流，也要有投资回报。所以，新监管协议在有助于能源未来的创新、开放新市场和吸引新参与者的同时，必须解决收入、投资回报和稳定性问题。

8.4　危机中的电力行业重整

从 2000 年起,随着州内改革的努力或者暂停或者被颠覆,三大事件锁定了电力行业重整的命运。2000 年,由于安然交易丑闻,加州电力重整宣告失败。随后在 2003 年,美国东北部大停电表明美国国家电网系统的脆弱。加州重组措施和安然公司违法能源交易,源于市场设计的失败和事实假设的错误。虽然通过市场重整以提高市场竞争性在理论上未必是错误的。尽管这两个事件无疑是失败的实例,但加州的电力行业重整和安然公司的能源交易却是电力行业的未来方向。

8.4.1　加州电力危机

对加州的电力危机的分析不乏著述,见詹姆斯·斯威尼的《加州电力危机》[①]、塞林夫·波伦斯坦恩等的《加州电力市场的缺陷》[②]、和鲍尔·乔斯科的《加州电力危机》[③]。这场危机导致电价超出了先前预期的水平,该州三大公用设施公司之一的太平洋天然气和电力公司进行破产登记。对电力需求的错误预测,炎热的天气,西北地区的干旱,对供应的误算,很高的天然气价格,对洛杉矶盆地的空气质量要求,没有形成新的发电能力,市场设计的失误以及可能最

---

① James L. Sweeney, The California Electricity Crisis (2002).

② Severin Borenstein etc., Measuring Market Inefficiencies in California's Restructured Electricity Market, Univ. of Calif. Energy Inst., CSEM WP 102, June 2002.

③ Paul L. Joskow, California's Electricity Crisis, 17 Oxford Rev. of Econ. Policy, December 2001.

重要的是操纵市场，一起引发了这场危机。

加州的电力危机已成往事。电价已回落，也没有了大规模或轮流限电，但我们应从这场危机中吸取教训，见理查德·卡达希的《加州危机之后的电力行业的放松管制：减缓但没有停滞》①。其中最重要的教训是监管机制的设计问题。对电力的买卖和定价的一些苛刻的限制引起了市场操纵。在市场设计方面主要存在三个问题。

第一是该州的主要公用设施公司已出售了其拥有的很多发电机组，但仍有义务为其用户提供电力。只要这些公司能够通过更高的电价，将其电力采购的成本转嫁给用户，这些公司就能获得维持运营所需的资金，但该州的市场重整方案不允许这样做。

第二是该州成立了两个新的实体，进行电力定价的加州电力交易中心（California Power Exchange，简称 PX），和进行电力调度的加州独力电网运行商（ISO）。设立电力交易中心的目的是提高行业的竞争性。如果这两个实体具有设计完好的运行机制，他们应该是完满的适当主体。

第三是市场设计在价格限制方面存在致命失误。价格限制的初衷是保护电力用户，但却是市场重整的毒药。公用设施公司只能通过"一天前"和"一小时前"市场，而不能通过长期合同来购买电力。电力现货市场的价格波动较大，出价最高者购得电力。同时，公用设施公司在回收其搁置成本之前，不得提高电力的零售价格。因圣地亚哥天然气和电力公司已回收其搁置成本，不再受此价格限制，而使

---

① Richard D. Cudahy, PURPA: Electricity Deregulation after California Crisis: Down but not Out, 54 Admin. L. Rev. 333, 2002.

当地电价飞涨。为此,用户进行了激烈的游行示威,政府不得不重新开始限制电力价格。问题是公用设施公司高价从现货市场购得电力,以规定的低价在零售市场销售此电力。在州外的一些发电商借机获取高利润,一些电力用户为此付出高价格和州长面临政治危机的同时,这些公用设施公司也出现了财务信用问题。限制电力零售价格也向用户发出了错误的价格信号,便宜的电力起不到鼓励节约的作用,加剧了市场的扭曲。加州停建新的电站也加剧了此危机。

一些犯罪分子也应对此危机负责。加州州长加利·戴维斯谴责了一些"外州"的发电商有意通过减少向该州供电,以抬高电价而渔利。他的怀疑是正确的。本地消费者群体也憎恶这些发电商,并反对州内的政客挽救南加州爱迪生、太平洋天然气和电力公司、圣地亚哥天然气和电力公司等电力零售商的努力。包括戴纳基、杜克能源和安然公司等来自其他州的发电商,就电力市场的设计批评加州的政客和官僚机构,认为市场设计的问题使得发电商能够渔利,并造成市场危机。加州的监管机构则谴责联邦能源监管委员会行动迟缓。

局面已面临失控,人们开始公开讨论诸如将公用设施公司的所有权归州所有等极端措施。戴维斯州长和其同僚要求实行区域性限价、采用长期合同采购电力、建立州有的电力公司来发行债券以偿还公用设施公司的债务,并收购三家公用设施公司所有的输电网络。因担心长期购电合同引起电价上涨,作为加州主要的消费者群体的纳税人和消费者权利基金会呼吁立即停止电力市场的自由化。消费者也因同样的理由反对政府挽救私有的公用设施公司。

戴维斯州长要求州立法者向其提供更多的授权,以便融资建设发电厂,收购电力设施,获取资金以研究是否可对提前关闭的发电厂进行修复,修改要求三大公用设施公司出售其剩余的发电设施的法律,以阻止其他州的发电商对这些设施的收购。

到 2001 年 1 月,诸多公用设施公司因缺乏资金支付电力采购账单而面临破产。其他州的发电商也因担心收不到款而不愿向加州输送电力。加州于 1 月 17 日第一次在全州开始了轮流停电。次日,戴维斯州长宣布该州处于电力危机的紧急状态,并要求立法者授权提供能够保证七到十天供电需要的资金。公用设施公司答应,如果能够通过立法允许它们签署长期购电合同,并将此合同项下的电力以州政府规定的价格另加较低的收费,转卖给消费者,公用设施公司就不起诉州政府。州立法机构于 1 月 18 日批准了为维持电力供应所需的数亿美元资金,戴维斯州长也签署了由州水资源局采购电力的法律。

二月中旬,戴维斯州长宣布州政府将收购公用设施公司的输电设施,这些设施的母公司为他们提供了偿还贷款需要的资金,公用设施公司将继续经营其发电厂十年。作为交换条件,这些公用设施公司不得起诉政府。放松管制的唯一胜利者是其他州的发电商,他们利用不完善的电力市场规则为自己渔利。可能最值得称道的是这场危机的转折点是联邦能源监管委员会的介入,规定最高价格和开始进行其他调查。这场危机于 2001 年底前结束。

虽然加州电力市场的失败使一些州的电力市场重整止步不前,其他州的市场改革还是取得了成功。例如,宾夕法尼亚州采用完全不同的办法实现了电力市场的自由化,虽然具体的成功程度尚不明朗。公用设施公司被允许保留其发电厂,并通过一个十年的过渡期来实现价格的市场化。能够以更低价格购买电力的公用设施公司有机会挣得利润,而不能赢利的那些公司则自行消化亏损。将发电厂进行出售的公用设施公司必须与供应商签署长期购电合同。

然而,加州并不是唯一遭遇电力市场重整困难的州。例如,1997 年伊利诺伊州立法通过放松监管,到了 2007 年十年限价期限届满时,许多伊利诺伊州消费者遭遇了近50%的价格上涨。面对公众的不满,该州立法者又出台法律,提供电价救济,并建立新的州监管机构,代表州公用设施购买电力。马里兰州电力重整的表现更为出彩。1999年该州公共服务委员会开始实施电力重整,在两党支持下,规定了直至 2004 年的价格上限。当限价期满时,马里兰州最大的公用设施公司巴尔的摩天然气和电力公司建议涨价72%。由此引发的喧闹和大选年的选情政治一起,使州立法者在压力下,通过了拟解散州公共服务委员会的立法。最后,州最高法院恢复了州公共服务委员会。接着,民主党控制的立法机构和代表民主党的州长,尝试恢复对电价的监管,但最终失败。在经过这场磨难后,放松监管的马里兰州电力行业仍处于政治纷争和严密的监控中。

8.4.2 安然公司

电力市场的放松规制,需要安然公司的电力营销和能源交易这类业务,但该公司的破产和随后的民事和刑事调查阻止了它继续发挥其作用。由于电力需求的实时性(即可靠性)要求,必须存在相应的机制来保证实时的供应。在传统的监管环境下,各地的公用设施公司维持满足供应需要的富裕发电容量。在不受监管或自由化的市场中,用户可以通过长期合同或备用发电设施来保护自己。安然公司通过买卖电力和其他产品和服务的期货合同帮助建立电力市场，并借助放松管制或重整的机会成为该行业的领先公司。据估计，安然公司曾控制了美国能源交易的四分之一。

安然公司开始时是一家传统的小型天然气公司，后来成为市值达 600 亿到 700 亿美元的大公司。其自身也由一家简单粗放的企业转变为异常活跃的交易商，其交易内容包括电力期货、宽带、广告版面、甚至气象特征。最后，安然公司更像是一个对冲基金公司，而不是能源公司。在一段时期内，甚至连安然公司的总裁也不了解公司的业务。最后，安然公司破产了。尽管这样，能源期货仍不失是一个可有效地提供可靠电力供应的办法，弥补传统公用设施公司发电容量的不足，并减少价格波动。期货可以通过能源交易市场或独立电网运行商，来达到稳定电力市场的目的。

其实，安然公司的垮台，在一般意义上与能源市场，或特殊意义上与对冲基金，都没有干系，也与能源行业的重整方向的变化关系不大。

安然和其他公司利用加州电力市场的设计漏洞，操纵电力的批发和零售市场，渔利达数亿美元，见杰奎琳·维福的《能源市场可信吗？安然的崛起和垮台对能源市场的影响》[①]。事实上，调查显示情况确实如此，安然公司的内部文件清楚地表明了这一情况及其他的市场操纵做法[②]。

最常见的市场操纵做法是能源的"双向交易"（round-

① Jacqueline Lanf Werver, Can Energy Markets Be Trustced? The Effect of the Rise and Fall of Enron on Energy Markets, Houston Business and Tax Law J. 1, 2004, www. hbtlj. com.

② news. findlaw. tom/wp/dots/enron/specinv020102rptl. pdf, www. ferc. gov/Electric/bulkpower/PA02-2/pa02-2. htm.

tripping)或"虚假交易"(wash trades)。联邦能源监管委员会对虚假交易的定义是"在销售电力的同时,以相同的价格购买同样的产品"。该交易是卖方在向一家公司销售电力的同时,买方以相同的价格从该公司购买等量的相同产品。尽管这两个交易在财务上没有任何实际意义,它们有两个影响,一是有利于造成业务繁忙的假象,二是交易商的账面有更多的交易记录,会造成其财务状况良好的错觉。这两个影响都没有实质的财务意义。

虽然证券交易委员会一直在惩处进行证券虚假交易的经纪人,但在电力市场中从事此类交易似乎不违法。由于这类交易造成需求增加的假象,会抬高电价。据一家能源公司"CMS能源"的说法,从事双向交易只是为了提高交易量,以吸引他人进行交易。

为了利用加州放松规制立法的漏洞,安然公司也采用了其他交易策略。第一个策略是所谓的"死亡之星"。按照加州的电力市场规定,当输电线路出现电网拥塞时,发电商可以对受到影响的发电量获取补偿,或者通过将电力输送到其他地区而解除拥塞而获取补偿。利用死亡之星策略,安然公司首先获得电网拥塞补偿,然后将因拥塞而名义上输送到其他州的电力重新买回以供应加州市场。虽然这些交易都是在纸面上完成,并不需要安然公司做任何具体事情,安然公司却获得补偿。

安然公司的第二个策略是"胖男孩"。在"日前（dayahead）"电力市场①上，安然公司向其下属公司销售大量的电力，造成将要形成电网拥塞的假象。由于电网拥塞，该下属公司能得到其购买的，但仅使用其一部分，安然公司却对其本不需要的电力获取部分补偿。其做法的实际后果是阻碍其他能源公司满负荷发电，以便抬高价格，而这则导致了电力短缺。

安然公司的最后一个策略被称为"弹跳"（ricochet），该策略影响加州和西部其他州的电力市场。安然公司从加州市场以限价的 250 美元/兆瓦时的价格购买电力，将此电力销往其他面临供应短缺的开放市场，如华盛顿州市场。由于这些州没有价格上限，安然公司可以得到有时高达 1200 美元/兆瓦时的高价格。由于将电力销往别的州，安然公司加剧了加州的电力紧张情况。

虽然公众对市场操纵的关注聚焦于安然公司，但其他公司实际上也参与了此类的不法交易。Dynergy 公司为此分别向证券交易委员会和商品期货交易委员会（Commodity Futures Trading Commission）缴纳了 300 万美元和 500 万美元的罚款。威廉姆斯公司通过向加州政府支付 1.5 亿美元换取了诉讼和解。一个看似有 3000 亿美元规模的行业轰然倒塌，投资者损失数十亿美元。虽然公众已不再质疑是否需要能源交易，但如何才能进行能源交易的问题阻挠了开放市场的能力。竞争性市场的可靠供应需要交易，但应在何种程度上监管能源交易仍是个未解的难题。

①　译者注："日前电力市场"属于电力市场运营结构之一。国际上，一个完整的电力市场，一般划分为中长期合约交易市场、期货与期权交易市场、日前交易市场、实时交易（平衡）市场和辅助服务交易市场几种。

联邦能源监管委员会的职员于 2003 年 3 月 26 日发表了《关于西部市场价格操纵的最终报告》[①]。该报告的结论是,市场设计的缺陷引发市场操纵,安然和其他公司从事了非法的交易行为。根据此报告的结论,联邦能源监管委员会传唤了超过四十家涉嫌市场操纵的电力交易公司。

这些被传唤的公司参加了类似审判性的听证会,以确定它们是否实施了不法交易行为。被认定有罪的公司应退还非法利润,联邦能源监管委员会也将视情况决定停止在一些地区执行市场定价机制。此外,联邦能源监管委员会的职员报告和其他调查结果也使一些交易员受到惩罚[②],见《对与安然公司关联的合格设施公司的调查》[③]。

在一个相关的诉讼中,联邦能源监管委员会发布了关于市场定价行为的最终法令,见《关于市场定价和授权的修改令》[④],该法令的目的是制止在加州电力危机过程中安然和其他公司从事的市场操纵行为。该令规定:(1)发电机组的运行必须符合制定的制度;(2)禁止诸如虚假的或用伪造的数据进行的"没有合法业务目的"的交易,如虚假交易、交易员之间共谋或(无正当理由)将机组停运;(3)向联邦能源监管委员会、RTO 和独立电网运行商提供的数据必须是真

①　Final Report on Price Manipulation in Western Markets, Galinas Report, available at http://www. ferc. gov/industries/electric/indus-act/wem/pa02-2/orders. asp.

②　Docket No. EL02-113-000;EL03-17-000.

③　Investigation of Certain Enron-Affiliated QFs, 104 FERC 61,126, 2003.

④　Order Amending Market-Based Tariffs and Authorization, 105 FERC 61,218, 2003.

实、准确和完整的;(4)向价格指数发布方提供的报告必须是真实和准确的,不存在已知的错误、误导或不全面信息;(5)向价格指数发布方提供的价格记录和报告的保存时间不能短于三年;(6)卖方必须遵从联邦能源监管委员会的行为准则,不能与其他卖方共谋。

我们在促进市场自由交易的同时,试图阻止共谋和市场操纵,这使得我们处于一种无助的地步。联邦能源监管委员会、证券交易委员会和国会的调查,以及新的交易规范应能够找出市场中的问题所在。对能否设计出行之有效的市场交易办法,我们将拭目以待。

8.4.3 大停电

2003 年 8 月 14 日,美国和加拿大的部分地区经历了历史上最大的一次大停电,影响波及美国八个州和加拿大两个省。根据能源部官员的观点,大停电造成了三人死亡、12 个机场被关闭,还有偶发的抢劫。有五千万人受大停电之苦,经济损失达六万亿美元①之巨。大停电从东部时间下午四点开始,一些地区的电网在两天之后方才恢复。8 月 15 日,布什总统和让·克雷蒂安总理宣布成立美加两国大停电联合调查组。该调查组提交的《对 2003 年 8 月 14 日美国和加拿大大停电的最终报告》②指出,俄亥俄州的第一能源公司、该地区的有关监管部门以及中西部独立电网运行商没能及时地根据报警信号排除输电线路的故障。大停电的起因可能是未经修剪的树枝碰到了第一能源公司的

---

① 译者注:应为 60 亿美元。

② Final Report in the August 14, 2003 Blackout in the United States and Canada, April 2004.

输电线,中西部独立电网运行商没能及时地通过其他线路来输送电力,导致了大停电。

很自然的,第一能源公司并不认可此报告。最可能的情况是,一系列逐步升级的事件最终导致了大停电。不论是谁应对该事件负责,大停电确实警示我们现有输电网的脆弱,并需要统一和更高的可靠性标准和监管。

除了美加政府的联合报告外,联邦能源监管委员会和美国总审计局①也对此事件发表了各自的报告。联邦能源监管委员会的议案②是关于电网可靠性的立法,美国总审计局的报告题目是《电力行业的结构重整:2003 年的大停电揭示了危机和电力中心的机会》③。

8.5 电力领域的其他新发展

近年来,电力法律领域重要事件之一是最高法院再次确认了 Mobile-Sierra 原则,该原则源于 1950 年最高法院对"联合天然气管道公司诉 Mobile 天然气服务公司"案④

---

① 译者注:美国总审计局(General Accounting Office),现已经改革为美国政府问责局(Government Accountability Office),是美国国会的下属机构,负责调查、监督联邦政府的规划和支出。该机构是一个独立机构,只对国会负责,以中立精神开展工作,常被称为"国会的看家狗",主要职责是调查联邦政府如何花费纳税人的钱。

② Docket No. RMO04-2-000.

③ Electricity Restructuring:2003 Blackout Identifies Crisis and Opportunity for the Electricity Center,November 2003.

④ United Gas Pipe Line Co. v. Mobile Gas Service Corp. ,350 U. S. 332 (1956).

和 1956 年"联邦动力委员会诉 Sierra Pacific 电力公司"案①的判决。这个历史悠久的原则认定,就《联邦电力法》而言,由自由谈判所形成合同中的定价是"公平合理"的,除非合同的价格"严重损害了公共利益",联邦能源监管委员会不得干预。首先,在"摩根斯坦利资本集团公司诉公共设施公司第一区"②案中,最高法院认为 Mobile-Sierra 原则甚至适用于加州电力危机期间达成合同中的极高电价。其次,在"NRG 电力营销公司诉联邦能源监管委员会"③案中,最高法院认为 Mobile-Sierra 原则甚至适用于非合同当事人。

美国最高法院的另一重要判决是"马萨诸塞州诉环境保护署"④案,该判决授权环保署管制温室气体,而温室气体是发电的主要副产品。温室气体会引发气候变化,电力行业的未来由此而大受影响。如果环保署根据《清洁空气法》的授权而管制温室气体,该署将不得不决定发电厂使用哪种技术控制排放。另一种办法是,国会也可以用新的不同的监管机制代替《清洁空气法》,以解决气候变化问题。

其他"新"发展包括联邦能源监管委员会推广智能电网,特别是包括需求侧响应机制,采用智能电表更好和持续地监测电力消耗,以及提高电网用计算机网络的安全性。如前所述,国会要求联邦能源监管委员会就需求侧响应进行正式调查。《2007 年能源独立和安全法》更进一步要求

① FPC v. Sierra Pacific Power Co. , 350 U. S. 348 (1956).

② Morgan Stanley Capital Group, Inc. v. Pub. iJtil. Dist. No. 1, 554 U. S. 527 (2008).

③ NRG Power Marketing, LLC v. FERC (S. Ct. 2010).

④ Massachusetts v. EPA, 549 U. S. 497 (2007).

该委员会制订智能电网国家行动计划,该计划于 2010 年正式公布。这些调查的结果是否及如何成为强制性的监管规定,还有待观察。

8.6 电力行业的未来

总体而言,电力行业在过去二十年里经历了巨大的动荡与改革。尽管发生了类似加州放松监管的惨败和安然公司的失败,放松监管的反复与起伏仍在持续着。这也表明,人们仍希望以市场竞争为基础的定价机制能改善价格并提供更好的选择,生产者也能够通过提供更有效的服务,获得更大的收益。

因为电力是一种关键产品,因此电力供应必须可靠。在传统的指令式监管机制下,可靠性是通过公用设施公司富余的容量实现的。也就是说,这需要有超过平时平均需求的额外供应能力,公用设施公司通过定价公式能获取对有关投资的回报。在不受监管的机制下,产品在开放市场上交易,供应满足需求。在现货市场购买的产品,可以现在或者在不久的将来使用,或者它们可以被存储供以后使用。在诸如食品、货币等敏感商品交易中,期货合约允许买卖双方预测供求。虽然电力不能被有效地存储,但它仍可以在现货或期货市场上交易。因此,理论上电力期货合约可以取代“富余容量”。当然,要代替监管,必须有更充分的批发和零售环节竞争,有能源交易,并对市场进行设计与监测。

近年来的立法和监管,表明可靠性是构建竞争市场的基础这一理念深入人心。例如,为了给公用设施的跨州发展和竞争让路,旧的《公用设施控股公司法》被废除,国会还专门授权以确保关键输电线路的建设，并指定了新的全国性电网可靠性负责机构。区域输电组织（RTO）的不断出现，同样也表明区域性规划越来越受到重视。

近年来电力行业的新生主题是终端用户的参与。在历史上，电力消费者一直处于被动消费的状态，不了解电价与边际成本的关系。现在，立法者意在为终端消费者提供更好的机会，使其能够对电价做出响应。这样的变化也与公众对气候变化关注契合。未来电力行业的发展，将离不开政府、行业和消费者之间的相互协作。

第9章 核电

核电曾经被认为是安全、清洁、廉价和丰富的未来能源。现在看来,这些预测没有一项是准确的。2011年的地震和海啸损坏了日本的福岛核电厂,该灾难与切尔诺贝利事故一样危险,令人再次思考核电的作用。核电站的运行和核废料的处理带来了健康和安全方面的问题。核电站的建设成本超过预期,铀的提炼和加工也更为昂贵,但商业化的核电站的运行成本仍比燃煤电站低。结果是,核电将持续在我们的能源行业发挥重要作用。

核电的发展和监管历史可被分为三个阶段。第一阶段始于20世纪30年代后期。科学家在这一时期开始了核能利用的研究。众所周知,原子能的首次利用是向日本的广岛和长崎投掷的原子弹,见理查德·罗德氏的《原子弹的诞生》[1]。这一阶段持续到50年代中期。其后,主要是为了发电和其他商用的目的,将原子能的控制权由军方转移到民间。

其实,早在1946年通过的《1946年原子能法》[2]就标志着原子能利用从军方转向民用。依据该法成立原子能委员

---

[1]　The Making of Atomic Bomb (1986).

[2]　Atomic Energy Act of 1946, Ch. 724, 60 Stat. 755.

会（Atomic Energy Commission，简称 AEC）的目的是监管和控制原子能的军事用途和促进原子能的商业开发。但该法不允许私人拥有原子能设施。《1954 年原子能法》的通过标志着原子能应用的第二阶段的开始。由于该法允许原子能设施的私有化，商业化的核电站在 20 世纪 70 年代出现突然停滞之前获得了长足的发展。

从原子能的失宠开始，我们目前处在原子能利用的第三阶段。面对这种情况，我们的问题是"原子能在我国未来的能源行业中会发挥什么样的作用"？本章要讨论的内容包括原子能的整个燃料周期和对原子能的监管历史。我们希望对这些内容的讨论有助于问题前述的回答。

9.1 行业概述

获取原子能的方式有裂变和聚变两种。裂变是一个连锁反应过程。在这个过程中，铀原子被撕裂，并释放出热能。聚变采用的是相反的过程，即由原子核的聚合来产生能量。聚变产生的辐射废料更少，产生的能量很短暂，且不适合用于武器技术。虽然聚变可以产生极大的能量，受控的核聚变在现阶段在技术和经济上均不可行。

目前，所有的商业核电站的反应堆均采用裂变技术。美国的第一个核反应堆于 1942 年投入运营。当时，由恩里克·费米和里奥·斯拉德领导的科学家小组运行反应堆的目的是为生产核武器，以应对德国可能建造和使用核武器所造成的威胁。公众第一次了解原子能是原子弹摧毁了两个城市，加速了第二次世界大战的结束。随后，和平利用原子能的时代到来。在公众有机会了解原子能可被驯服以应

316

用于和平目的之前，他们所知道的仅是原子弹的惊人破坏力。第二次世界大战的结束也昭示着军方对原子能技术近乎完全控制的终结。

美国是世界上第一大商业核能供应国。目前，美国有104座核电站在运行，生产了美国20％的电力。核反应堆实际上是一个用以加热水发电的、大型且昂贵的"茶炉"。美国有压水和沸水两种核反应堆。目前运行的核反应堆有69座是压水堆，35座是沸水堆。这两种反应堆的工作机理相近。两种反应堆都是轻水反应堆，因为它们使用普通的水作为冷却剂。在压水堆中，核反应堆加热压力水，经加热的压力水通过蒸汽发生器生产蒸汽，蒸汽推动汽轮机以发电。做功后的乏汽被排放。而在沸水堆中，加热的水直接产生蒸汽，该蒸汽在做功后返回并冷却反应堆，形成闭路系统。

按照最初的设想，反应堆的核燃料铀也要被闭环循环利用。即，这个燃料过程是开采铀矿、加工铀、在反应堆中使用铀、将使用后的乏燃料进行再处理后继续利用。在这样的循环系统中，铀被再处理生成钚，钚可以作为快速"增殖"反应堆的燃料。快速增殖反应堆生产的核燃料要多于其消耗的核燃料。但是，由于钚是剧毒的，并具有已知最长的半衰期，对钚的研究和开发引起了普遍的担心。在"西屋电气公司诉核能监管委员会"案[1]中，法院以核燃料的再生能生产可用于核武器的钚为理由，支持核能监管委员会（Nuclear Regulatory Commission，简称NRC）搁置对此项目的审批。这样，美国不允许对乏核燃料进行再处理，乏核

---

[1]　Westinghouse Electric Corp. v. NRC (3rd Cir. 1979).

燃料必须被作为废料予以处置。我们将在本章最后讨论燃料循环,以及核废料处置。

核燃料生产和利用的不同阶段,均涉及需要监管的安全和环境问题。生产核燃料的第一步是探矿和开采铀。经开采的铀被首先加工成被称为"黄饼"的氧化铀。接着,黄饼被转化成气体氟化铀,并被提纯以降低不可裂变的铀238的含量和提高可裂变的铀235同位素的含量。经提纯的气体氟化铀在冷却成固体后,被加工为铅笔橡皮头大小的颗粒。该颗粒被组装成可供核反应堆使用的核燃料棒。所有这些步骤被称为核燃料的前端过程。

核燃料的后端过程包括核设施的退役、核电站的取消、应急计划、运输和乏核燃料的存储和处置。这些过程的每一步都处于监管之下。

美国第一个联网发电的核电机组(也是当时功率最大的核电机组)是于1957年在宾夕法尼亚州的Shippingport投产的60兆瓦的机组。在其后的三到四年内,功率更大的核电试验机组得以建设。公众和公用设施公司开始接受核电这一新生事物,市场也有很好的反响,投资者看好核电项目。但是,这一情况持续的时间并不长。20世纪70年代出现的能源和经济危机,和特别是三里岛事故和其他核电事件一起,对此行业造成了灾难性的冲击。目前,核电站的建设和许可处于停滞状态。从1951年以来,美国订购的核电站有259座,其中104座仍在运行、124座被取消、28座被关闭。2011年,核能监管委员会在审批来自11家公司的20座核电站,见美国核能研究所(Nuclear Energy Institute)的《新核电站》①。

9.2　监管概述

9.2.1　立法

从一开始,联邦政府就对核电的开发、推广和监管发挥了关键的作用。第二次世界大战后,原子能从军用到民用的转变并未排除联邦政府的监管。事实上,联邦政府从开始就一直掌控着该技术的发展进程。依据《1946年原子能法》建立了两个监管机构,原子能委员会和国会原子能联合管理委员会。由五个民间人士组成的原子能委员会是主要的监管机构,其职能是促进对核能和平利用的研究和开发。国会原子能联合管理委员会的18名委员来自参众两院,该委员会于1946年设立,1977年解散。

在1946—1954年间,核能商业应用的开发几乎没有进展。与监管有关的物理学家更关心解决科学问题,而不太在乎技术的商业化。在20世纪40年代末和50年代初,前述的两个监管机构的核能政策重点转向了大规模的商用发电。一个小型的增殖反应堆于1951年开始发电,而主要的技术突破是海军的"热人"(Therman)一号反应堆于1953年投运。根据海军上将里科弗的指示,美国海军为核潜艇研制了反应堆,该反应堆成为今天商用反应堆的原型。如今美国海军核潜艇舰队仍在服役。

虽然两个监管机构致力于核能最终的商业化,但《1946

①　Nuclear Energ Institute, New Nuclear Plants available at http://www.nei.org/keyissues/newnuclearplants/.

年原子能法》仅允许政府拥有核设施和核燃料。迫于科学家、商界领袖和外交官的压力,艾森豪威尔政府于1953年修订了国家的原子能政策,由此形成的《1954年原子能法》①鼓励私有的原子能商业化开发,并终止了政府仅将原子能技术应用军事目的的垄断,私人可以通过原子能委员会的许可而拥有反应堆。该新法允许私人参与原子能开发的目的是"在国防和国家安全,以及公众健康和安全允许的范围内,鼓励广泛的参与核能的和平开发和利用"②。

《1954年原子能法》目前大多数条款仍然适用,该法律规定了原子能商业化的基本原则和目标。在一段时间内,公用设施公司曾认为核电的成本将非常低,以至于不必向用户收费。对如此具有杀伤力的能源的和平利用,可以减轻美国对广岛和长崎的罪恶感,同时又能保证美国处于原子能技术开发和控制的前沿。这一途径将公众舆论引向了对核能的支持。

原子能委员会主席刘易斯·施特劳斯解释道,《1954年原子能法》的政策目的是主要依赖私有的公用设施公司来开发民用核技术。有关措施的第一步是1955年的《发电用核反应堆示范计划》,该计划试图通过竞争的方式,由私人企业和政府一起试验五种不同的核反应堆技术。在反应堆技术开发成功之后,政府将脱离该计划,而由私有的公用设施公司承担财务责任以确保这些技术商业化的成功,并对可能出现的事故承担责任。私人企业不愿承担财务负担,因而对此计划没有多少兴趣。

---

① 42 U.S.C. § § 2001.

② 42 U.S.C. § § 2013.

通用电气公司是核反应堆的一家主要的供应商，其高级总裁以"存在严重的破产风险"为由，威胁退出核反应堆的开发活动。作为应对措施，国会通过了《1957年布莱斯·安德森法》[①]。该法的目的是在限定行业内公司责任的同时，保证在出现核事故时，公众能获得一定的赔偿。就该法进行的国会听证会说明，如果政府不分担一定的财务风险，私人企业不会建设商用的核电站。

从根本上说，《1957年布莱斯·安德森法》限定了在出现核事故时，公用设施公司承担的赔偿责任的上限，见"杜克电力公司诉卡罗莱纳州环境研究集团公司"案[②]（该案认可了《1957年布莱斯·安德森法》的合宪性）。该法律于1957年出台，到2005年为止，大约每十年修订一次。根据《2005年能源政策法》，该法律的有效期被延至2025年。根据《1957年布莱斯·安德森法》规定，公用设施公司购买的商业保险和公用设施自我保险组成一个保险池（insurance pool），保险资金用于防止核事故发生。核电站所有者每年需要为每个核反应堆的场外责任支付保险费。并且，该法还为每个核反应堆损害赔偿责任的上限进行了限定。目前，该赔偿责任上限是3.75亿元。如果一旦发生超过上述赔偿限额的事故，那么每个核电被许可方需要按比例分摊赔偿责任，每个被许可方分摊责任上限是1.119亿元。2011年，保险范围总额大约是130亿美元。到目前为止，由《1957年布莱斯·安德森法》所规定支付的保险费支出

---

① Price-Anderson Act of 1975，42 U.S.C. § 2210 etc.

② Duke Power Co. v. Carolina Environment Study Group, Inc. (1978).

大约是 7100 万美元，用于三里岛核事故。

在国会通过《1969 年国家环境政策法》[1]要求对联邦所有的重大活动进行环境影响评价之前，原子能委员会并没有正式的环境评价机制。上诉法院对"卡尔弗特-克利夫协调委员会公司诉美国原子能委员会"案[2]的判决是，《国家环境政策法》适用于原子能委员会。为此，原子能委员会制定了自己的环境规定。继而，核能监管委员会的活动仍受制于《国家环境政策法》。在"利默里克生态行动公司诉美国核能监管委员会"案[3]中，法院的判决是，核能监管委员会关于缓解重大事故的政策说明不满足《国家环境政策法》的要求。

公众于 20 世纪 70 年代转变了对待核能的态度。人们不再恭维核能的安全性，也不再信服核电行业和政府声称的核能环境表现。在整个 20 世纪 60 年代和 70 年代初期，电力需求逐年增长，煤电也被认为对环境不利，加之 20 世纪 70 年代石油价格的大幅上涨，核电不仅被认为对环境有利，也占据了能源计划的显要位置。然而，政府和行业的合作关系方面开始出现了不和谐和其后的重新结盟。

原子能委员会在促进核能利用的同时，负责保证核能技术的安全，这两种职能之间相互矛盾。在意识到这种矛盾之后，国会于 1974 年将原子能委员会一分为二，其中核能监管委员会是负责安全和许可的独立机构，能源研究和

①　42 U. S. C. A. § § 4321-70.

②　Calvert Cliff's Coordinating Committee, Inc. v. United States AEC (D. C. Cir. 1971).

③　Limerick Ecology Action, Inc. v. United States NRC (3rd Cir. 1989).

开发管理委员会负责核能的开发和促进其利用,后者其后被并入能源部,见《1974 年能源重组法》①。上述重组并没有根除核能监管委员会的固有问题。原子能监管委员会同时负责核电站的许可和安全监管。如果核能监管委员会过于强调安全,就会打击对核电站投资的积极性。

《1992 年能源政策法》②对影响核能核电未来的事项做了规定,包括改进许可程序,支持对新的反应堆技术进行研究,以及解决核废料的长期储存等。

"911"事件后,核能监管委员会开始注意安全问题。它对核电站许可设定了额外的安全标准。最终规定见《核反应堆安全要求》③。核能监管委员会根据它的安全规定,要求核反应堆要针对"设计基准威胁"(design basis threat,简称 DBT)。DBT 标准规定了要求"被许可的反应堆必须能以高保障标准抵御的敌对行动的一般性特点",在"新泽西州环境保护部诉核能监管委员会"案④中,联邦第三巡回上诉法院认可了绝大多数现行 DBT 规定。⑤

核能问题也继续吸引国会和行政机构的注意。据《2005 年能源政策法》,国会设立了贷款担保,为能够避免

---

① Energy Reorganization Act of 1974,P. L. 93-438,88 Stat. 1233,1974,and 42 U. S. C. A. § § 5801-79.

② Energy Policy Act of 1992,Pub. L. No. 102-486,106 Stat. 2776.

③ Power Reactor Security Requirements, 74 Fed. Reg. 13, 926 (March 27, 2009).

④ New Jersey Dept of Envtl. Prot. v. NRC, 561 F. 3d 132 (3rd Cir. 2009)(upholding most recent DBT regulations).

⑤ M. Stanford Blanton,Nuclear Energy In Peter V. Lacoutre(Ed.),Recent Developments In Public Utility, Communications and Transportation Industries 2010 (2010).

或减少人为温室气体排放物的能源项目提供不超过项目成本 80％的贷款担保,而核电项目有条件占该担保的相当大部分。此外,该法还规定了在核电站开始发电后的八年内,提供 1.8 美分/千瓦时的生产税抵免,以刺激投资和新核电站的建设。为此,《2005 年能源政策法》规定了接受抵扣的总容量,以及单个项目每年 1.25 亿美元的抵扣上限。

此外,核电也是奥巴马政府能源计划的核心要素。首先,在 2010 年,奥巴马总统提出将核电站的贷款担保上限提高到 545 亿美元,并为核能研究和发展提供大约 8.25 亿美元的资助,以发展先进核反应堆和新燃料循环利用技术。其次,根据奥巴马总统的指示,能源部部长朱棣文组建了美国核能未来的蓝丝带委员会[①],研究分析在总统停止对尤卡山永久性掩埋地拨款之后核废料的处置方法。根据能源部的要求,该委员会将于 2012 年 3 月 1 日发布报告。见马克·霍尔特的《国会研究服务部:核能政策》[②]。最后,在日本福岛核事故发生后,奥巴马总统要求核能监管委员会对国内核电站进行安全审查。[③]

9.2.2　核电和法院

最高法院审理的首个核能案例是发生于 1961 年的"电

---

①　Blue Ribbon Commission on America's Nuclear Future.

②　Mark Holt, Congressional Research Service: Nuclear Energy Policy (October 21, 2010) available at http://www. fas. org/sgp/crs/mist/RL33558. pdf.

③　White House, Blueprint for a Secure Energy Future (March 30, 2011) available at http://wwwv. whitehouse. gov/sites/default/files/blueprint_secure_energy_future. pdf.

力核反应堆开发公司诉电气、无线电和机械国际工会"[①]案。该案质疑原子能委员会对建设增殖反应堆的许可。确切的法律问题是原子能委员会是否必须在颁布核电站建设许可时,采用与规定相符的安全标准。核电站涉及建设和运营两步许可,即在获取运营许可之前,必须获得建设许可。原子能委员会颁发建设许可所依据的安全分析,没有达到原子能委员会本身规定的和国会要求的详细程度。哥伦比亚特区联邦巡回上诉法院裁定,两项安全分析应有可比的详细程度。根据布伦南大法官(Judge Brennan)意见做出的最高法院判决,推翻了下级法院的判决,尊重原子能委员会对此事所具有的决定权。

在"北方州电力公司诉明尼苏达州"案[②]中,明尼苏达州法律的合法性受到挑战。明尼苏达州的法律规定的核电站放射性废料排放标准,超过了原子能委员会的标准。联邦上诉法院以宽泛的语言在判决中提出"基于联邦法优先原则(doctrine of preemption),联邦政府对核电站的建设,并相应地对核电站的放射性废料的排放具有排他的监管权"。最高法院在没有提出进一步观点的情况下,重申支持北方州电力公司的立场。

最高法院在"佛蒙特州扬基核电公司诉全国自然资源保护协会"案[③]中再次就许可的问题被要求审查核能监管委员会颁布核电站建设和运营许可的程序是否违宪。法院

---

① Power Reactor Development Co. v. International Union of Elec., Radio and Mach. Workers (S. Ct. 1961).

② Northern States Power Co. v. Minnesota (8th Cir. 1971).

③ Vermont Yankee Nuclear Power Corp. v. NRDC (S. Ct. 1978).

的判决是"除非事项非常重大,监管机构应有权决定其采用的程序……"在另一个案件"巴尔的摩天然气和电力公司诉全国自然资源保护协会"案①中,法院再次维护了核能监管委员会制定程序的权威,认为由于许可过程已考虑了废弃物的排放,可以在没有对废弃物的处置进行环境影响评价的情况下做出许可,另见"大都市爱迪生公司诉反对核能者群体"案②。

因此,在"太平洋天然气和电力公司诉州能源节约和开发委员会"案③之前,最高法院一直采用尊重集权的核监管机构的做法。在该案中,加州的法律规定,在找到新的核废料处理方法之前,应停止建设新的核电站。太平洋天然气和电力公司是一家建设核电站的公用设施公司。该公司以联邦的原子能法应优先于加州的法律,加州的法规妨害了联邦政府支持核电开发和利用的努力为由起诉。地区法院的判决支持公用设施公司。上诉法院推翻了此判决,认为原子能法授权州立法者可以以"防止放射性污染以外的目的"来监管核电站。

最高法院首次在判决中明确指出,联邦政府不应独占核电站的决策权。各州对包括能源需求等与核能这一最受争议的能源相关的事宜,具有重要决策权。太平洋天然气和电力公司案的判决与先前的核能监管相背离,标志着联邦和各州政府分享核能决策权时代的开始。

---

① Baltimore Gas & Electric v. NRDC (S. Ct. 1983).

② Metropolitan Edison v. People Against Nuclear Power (S. Ct. 1983).

③ Pacific Gas & Electric Co. v. State Energy Resources Conserv. & Develop. Comm'n (S. Ct. 1983).

"西尔克伍德诉科尔·麦克基公司"案[①]的判决再次显示了对"合作联邦主义"[②]和非集权化(decentralization)的屈从。该案的判决认为各州有权就和辐射做出比联邦法律规定更苛刻的处罚,另见"固特异原子能公司诉米勒"案[③]和"英格利施诉通用电气公司"案[④]。

9.3　许可

核能监管委员会的主要监管职能是许可。直到2005年,核反应堆的许可包括建设许可和运行许可的两步过程,分别见"佛蒙特扬基核电公司诉自然资源保护协会公司"案[⑤]、"圣路易斯奥比斯保和平母亲诉核能监管委员会"案[⑥],以及"电力核反应堆开发公司诉电气、无线电和机械国际工会"案。

如今,根据《2005年能源政策法》,核电站申请人可以申请"合并许可",该许可包含建设核电站和运行核电站两

---

　① Silkwood v. Kerr-McGee Corp. (S. Ct. 1984).

　② 译者注:合作联邦主义(cooperative federalism)是指各个层级的政府在履行其特定职能时不是相互隔离和相互独立,相反,呈现为相互连接和相互合作的关系。美国合作联邦主义时期的主要特征是权力(特别是政策制定权)向联邦政府集中,权力集中的过程又表现为各级政府间的相互合作。美国合作联邦主义政治的出现是美国联邦政府权力不断上升、州政府、地方政府权力持续下降的现实反映,这一时期大约为20世纪30年代至20世纪70年代。

　③ Goodyear Atomic Corp. v. Miller (S. Ct. 1988).

　④ English v. General Electric Co. (S. Ct. 1990).

　⑤ Vermont Yankee Nuclear Power Corp. v. Natural Resources Defense Council, Inc. (S. Ct. 1978).

　⑥ St. Luis Obispo Mothers for Peace v. NRC (9th Cir. 1978).

方面,当然该申请也必须符合大量法律法规的规定。对于合并许可的申请,核能监管委员会的职员将会审查申请人资格、设计安全性、环境影响、操作程序、选址安全和施工验收等事项。他们的审查主要依据《原子能法》、核能监管委员会的规定以及《2005年能源政策法》。此外,对包括公众的利益相关人发出通知,告知他们参与监管过程的时间和方式。参与的方式可能包括参加公众会议,并有机会要求对颁发许可进行听证。

核能监管委员会也对新核反应堆设计验证、早期选址申请、核材料使用、核材料运输和进出口等颁发许可。建造可用于核武器的核材料生产设施,因其危及公众生命和安全,也需要该委员会许可。符合核能监管委员会规定的个人可以获得许可[①],获得许可的前提条件是,核能监管委员会认定被许可人无损国防、国家安全和公众的健康与安全,见"电力核反应堆开发公司诉电气、无线电和机械国际工会"案[②]。

在颁发核反应堆许可的过程中,核能监管委员会要对核电站的包括地震、地质、水文等方面进行广泛的调查。只有在公众健康和安全方面获得"合理的保障"时,方能获取核电站的建设和运行许可,见"安娜北方环境联合会诉核能监管委员会"案[③]和"北印第安纳公共服务公司诉家依沙克-

---

[①]　42 U. S. C. § 2133(d).

[②]　Power Reactor Development Co. v. International Union of Elec., Radio & Machine Workers, 367 U. S. 396 (1961).

[③]　North Anna Environmental Coalition v. NRC (D. C. Cir. 1976).

沃顿环保协会波特县分会有限公司"案①。此外，被许可方必须能够证明其拥有运营和拆除核电设施的财务资源。总的来讲，核能监管委员会的许可过程要全面地审核财务、安全和环境数据②。

为了简化许可程序，核能监管委员会于 1989 年起草了将两项许可合并的规定。"核电信息服务诉核能监管委员会"案③的判决认定该规定合法。以前，需要十多年方能完成核电建设的场址许可和标准设计的认证，现在为了缩短这些审批的时间，核能监管委员会也简化了审批过程④，允许提前办理这些许可。标准设计程序可以通过规则制定（而非司法听证）来进行⑤。

为了进一步简化许可程序，在没有发现重大潜在危险的情况下，核能监管委员会可以不经过听证而修改运营许可。"秀莉诉核能监管委员会"案⑥的判决是，如果有听证请求，应对运营许可的修改进行听证。但是，国会对秀莉案做出了反应，现在允许在认定具体事实后，不经听证便可对许可做出修改⑦。

在核能监管委员会认定某核电站仍会保持充分的安全水平的情况下，获得运营许可的一方可以获得额外 20 年的

① Northern Indiana Pub. Serv. Co. v. Porter County Chapter of Izaak Walton League，Inc. （S. Ct. 1975）.

② 10 C. F. R. Part 50.

③ Nuclear Information Resource Service v. NRC （D. C. Cir. 1990）.

④ 10 C. F. R. Part 52.

⑤ 10 C. F. R. §52.51.

⑥ Sholly v. NRC （D. C. Cir. 1980）.

⑦ 42 U. S. C. § 2139（a）（2）.

展期。核能监管委员会于 1991 年公布了许可展期的安全标准[1]，许可展期需要审查核电站的安全和环保事项。被许可方必须对核电站额外的 20 年运行期内的设备老化和对环境的可能影响等问题提出具体对策。许可展期需要举行听证会。美国 104 个核反应堆许可中，有 61 个获得 20 年的展期。

9.4 核反应堆安全

核电涉及两方面的安全问题：反应堆事故和接触核辐射。本节讨论前者，下一节讨论后者。核反应堆安全是一个典型的小概率和高风险事件。显然，核反应堆堆芯融化具有灾难性后果，监管者应尽其所能来降低发生此类事件的可能性。鉴于此，核能监管委员会的首要目标是"避免放射性引起的疾病和死亡，加强防范和安全以及保护环境和核能的商业利用"，见核能监管委员会的《2000－2005 年战略计划》[2]。

虽然核反应堆是由私有的被许可方设计、建设和运营，但核反应堆的安全标准由核能监管委员会制定。这些标准遵守严格和保守的原则，包括（1）不能发生核反应堆事故；（2）核反应堆不能产生导致死亡的核辐射；（3）核反应堆事故不能造成显著的核辐射；（4）不能发生针对核反应堆的辐射性破坏行为；（5）核反应堆不能出现引起环境破坏的核泄漏事故。

①　10 C. F. R. Part 54.

②　Strategic Plan：Appendix，Fiscal Year 2000-Fiscal Year 2005.

很明显,零事故、零辐射是难以实现的。核能监管委员会于 1986 年制定的安全政策目标是将核电站运营的安全风险限制在可接受的水平。核能监管委员会曾规定,核反应堆事故造成的死亡不应超过其可比事故风险总和的千分之一,而核电站运营引起的癌症死亡率不应超过美国社会其他成员普遍的癌症死亡率的千分之一[①]。

确定风险的办法有实际试验和模拟两种。唯一在美国发生的严重反应堆安全事故是三里岛事件。刚过 1979 年 3 月 28 日凌晨 4 点,位于宾夕法尼亚哈里斯博格附近的通用公用设施公司的二号核岛出现了问题。首先,蒸汽发生器的给水泵停止了工作。虽然备用给水泵自动启动,但其回路中的阀门仍处于关闭状态,蒸汽发生器的给水中断,另一关键阀门在本应切换至关闭状态 30 秒后仍处于开通状态。由于运行人员没有注意到这一问题,反应堆堆芯急需的冷却剂被排放到核岛的地面。这样,蒸汽发生器便处于烧干状态,其冷却剂被加热并膨胀。两台大型水泵开始自动向反应堆内注射冷却剂,降低了堆内压力。

由于运行人员的另一个常见失误,这两台泵被手动停止。在其后非常关键的一段时间内,整个系统中都充满了蒸汽,反应堆因不能得到冷却而开始解体。核燃料棒发生变形,棒内气体被泄漏到冷却水中。2 小时 20 分钟后,一个截止阀关闭,停止了向反应堆提供 32000 加仑/小时的被污染的冷却水。由于疏忽,几万升的含有高辐射污染的水被排放到一个相邻的建筑物内。

该事故及其随后发生的系列事件被一起称为"三里岛

---

① 　10 C. F. R. Part 50.

事件"。作为核电历史中的标志性事件，该事件昭示着核电开发开始停滞，并很可能影响未来的核电开发，见丹尼尔·福特的《三里岛事件之核反应堆熔化前的三十分钟》[①]和克曼尼委员会（Kemeny Commission）的报告，即《总统委员会对三里岛事件的报告》[②]。

在三里岛事故发生之前，公众普遍认为的核事故是反应堆堆芯熔化。用通俗的话讲，这种事故类似于"中国综合症"[③]，是核反应堆的灾难。熔化的核燃料棒熔透了由数千吨钢筋混凝土构成的保护外壳，将大量的放射性污染物泄漏到地下水层中。根据预测，泄漏到大气和地下水中的放射性污染会致使数千人立即死亡，并导致数十亿美元的经济损失。

三里岛事件是最恶劣的核反应堆事件。克曼尼委员会的结论是，"事故的根本原因是运行人员的操作错误"，见《总统委员会对三里岛事件的报告——三里岛的教训和今后的改进》[④]。克曼尼委员会特别总结了造成运行人员混乱的四个主要因素。第一，对运行人员的培训严重不足。尽管对正常运行具有充分的应急培训，但缺乏对严重事故的培训。第二，具体的操作程序引起混乱，可能会也确实导

① Daniel Ford, Three Mile Island: Thirty Minutes to Meltdown, 16-34 (1982).

② Report of the President's Commission on the Accident at Three Mile Island, October 1979, Kemeny Commission Report.

③ 译者注：中国综合症（China Syndrome）是美国俚语对核反应堆熔堆事件的戏虐性描述，即熔化的高温堆芯也将地球熔化，以至于影响到地球另一面的中国，故称"中国综合症"。

④ Report of the President's Commission on the Accident at Three Mile Island, The Need of Change: The Legacy of Three Mile Island (1979).

致了错误操作。第三,补救措施没有包括此前发生过的核事故的处理措施。第四,控制室的设计混乱,不足以用于进行事故处理。

克曼尼委员会还指出,尽管核电站严重受损,但绝大部分辐射性污染物的泄漏被控制,对外释放的辐射量不足以对身体健康造成影响。事故带来了严重的心理压力,精神健康问题是这一事故造成的主要健康问题。除了对健康的直接威胁外,三里岛事故也造成了尚待处理的核岛内的空气和水污染。很自然,对周围环境空气和水的污染引起的潜在危害引起了诉讼,见"萨斯奎哈纳河谷联盟诉三里岛核反应堆"案①。公众也根据《1957年布莱斯·安德森法》提起了集体诉讼。

根据《1957年布莱斯·安德森法》的要求,因居住在核电站周围5英里范围内有孕妇和学前儿童的家庭需要撤离,对这些家庭支付了140万美元的生活费和工资损失。核电站业主支付了2000万美元以了结大量的经济补偿诉讼。另外,与那些认为自己需要进行医疗监护的人,最终达成了另外500万美元的和解安排。另有一些起诉者则声称因辐射造成病症,其中的一些诉讼得到法院的支持,被认定诉由成立,见"三里岛诉讼"案②。

虽然三里岛事件是据以进行风险评估的最严重的核事故,其他的核事件也偶有发生。这些不太被关注的事件包括发生在2002年的戴维斯·贝丝核反应堆在其停机(reactor shutdown)期间所发生的事件。检查人员发现,核反

---

① Susquehanna Val. Alliance v. TMI Nuclear Reactor (3rd Cir. 1980).
② In re TMI Litigation (3rd Cir. 1999).

应堆控制棒操纵机构附近的一个压力罐出现裂纹,导致硼酸泄漏和腐蚀。这个在系统启动之前发现的裂纹严重危及反应堆的安全性。这类事件必须向核能监管委员会汇报[1],并在该委员会网站上登载[2]。忧思科学家联盟[3]发布报告称,在2010年,核电站运营商在操作中发生了14起本不该发生、但在引起严重紧急事件前被发现的"侥幸被发现"事故,见大卫·洛克博姆的《美国核能监管委员会和核电站的安全》。[4]

三里岛事故在实质上改变了核能监管委员会对恶性事故风险分析的办法。该委员会在主要调查报告中,建议采用第二种风险评估方法,即概率风险评估法[5]。核能监管委员会在其1991年发布的《NUREG-1150恶性事故风险:对五个美国核电站的评估》文件中采用了改进的概率风险评估法,见核能监管委员会的《考虑风险的监管执行计划》[6]。

根据历史经验,我们也许认为核事故是小概率事件。但其发生的概率是否已足够低了? 从1957年起,美国已建设和运行了超过100个核电站,累积运行时间超过了3000

---

① 　10 C. F. R. Part 50. 72.

② 　www. nrc. gov/what-we-do/regulatory/event-assess. html.

③ 　Union of Concerned Scientists.

④ 　David Lochbaum,The NRC and Nuclear Plant Safety In 2010 (March 2011).

⑤ 　Kemeny Commission Report;Rogovin Report (NRC Inquiry Group, TMI Report to the Commissioners and to the Public (1980) (NUREG/CR-1250).

⑥ 　NRC-Risk Informed Regulation Implementation Plan (September 2003).

堆年①,其中仅发生了三里岛一起核事故。根据历史数据,发生核事故的概率是 3000 堆年中有一起核事故。

概率风险评估是采用风险评估模型找出任何可能导致事故的事件。该模型的评估结果是发生核事故的概率应该是每 1 万堆年一次,而非 3000 堆年一次。显然,实际情况与模型不吻合。麻省理工学院的新近研究表明,将严重核事故发生的概率降低到原标准的十分之一是比较适当的目标,即发生核反应堆损坏事故的概率是每 10 万堆年一次,见《核电的未来:麻省理工学院的跨学科研究结果》②《核反应堆安全研究》③《恶性事故风险》④和《发电厂检验计划》⑤。

当然,概率风险评估法也受到了质疑。关注很多环境和能源问题的"忧思(有良知的)科学家联盟"认为,核能监管委员会的这些努力不仅不能降低、反而会提高对美国公众的威胁,见《不及格的核电站风险研究》⑥。

在 1979 年三里岛事故之后,核能监管委员会加大了安全检查力度,加强了执法,并制定了改进方案和紧急预案规

---

① 译者注:堆年英文为 reactoryear,1 个堆年相当于核电站中的 1 个反应堆运行 1 年。

② The Future of Nuclear Power: An Interdisciplinary MIT Study (2003).

③ Reaction Safety Study, WASH-1400 (October 1975).

④ Severe Accident Risks, Nureg-1150 (December 1990).

⑤ Individual Plant Examination Program, Nureg-1560 (December 1997).

⑥ Union of Concerned Scientists, Nuclear Plant Risk Studies: Failing the Grade, available at http://www. uscusa. org/clean_energy/nuclear_safety/.

定,见"忧思科学家联盟诉美国核能监管委员会"案[①]。在三里岛事件之前,人们从没有关注过核现场之外的紧急预案,见"萨福克县诉长岛照明公司"案[②]。

9.5 放射性

在从采矿开始到再处理结束的核燃料周期内,存在四种主要的废弃物:高度放射性废弃物、低度放射性废弃物、尾矿和气体排放物。尾矿是开采铀矿石的废弃物。放射性强度是依据辐射和放热量的大小来划分的。高度放射性废弃物是指在加工核燃料和生产钚的过程中形成的乏核燃料,这些废弃物在几十万年内都会保持很高的危险性。

9.5.1 低放射性废弃物

低放射性废弃物指受到核污染的物件,包括放射性材料或因接受中子辐射而具有放射性的材料。这些物件有受到核污染的衣服、拖布、其他清洗设备和工具,核反应堆水处理残留物及设备和工具、医疗垃圾和实验室垃圾。其放射性可以从低至自然环境的背景放射性到高至反应堆内部件所具有的放射性。低放射性废弃物可被经许可的机构在现场存放,直至放射性衰减到可以像正常的废弃物一样被直接处置为止,或被运输到低放射性废弃物的集中处理场所为止。

存放低放射性废弃物,需要核能监管委员会或所在州

---

① Union of Concerned Scientists v. United States NRC (D. C. Cir. 1987).

② Suffolk County v. Long Island Lighting Co. (2nd Cir 1984).

的许可。因此，对这部分物品的监管权分属联邦和州，见《1985年低放射性废弃物政策法修订法》[①]。许可要求对核污染的存放能使放射性降低到核能监管委员会规定的水平。通常，核废弃物被存放在容器内。有时，这些容器需要采用混凝土、铅或其他材料封包。目前，全国有三个低度核废弃物的集中永久存放地。它们是南卡罗来纳州的巴恩维尔、华盛顿州的里奇兰和犹他州的克利夫。其他的场所已被关闭，不再接受存放。核废弃物的处置场所的设计、建设和运营必须符合标准[②]。《低放射性废弃物政策法》的目的是按区域处置核废弃物，并允许各州之间通过协议来处置核废弃物。目前大多数州已签署了这种协议，但只有上述三个州提供有关服务。

最高法院对"纽约州诉美国"案[③]的判决限制了《低放射性废弃物政策法》的适用范围。该法的1985年修订案要求，各州有义务与他州就其境内产生的废弃物的处置达成区域性协议。该法规定了若干鼓励措施，其中包括有关州对来自他州的废弃物收取处置费用。这些费用的一部分由能源部收取，并存放在一个监管账户中。符合该法要求的州可以分得这些款项的一部分。额外的鼓励措施允许提高本州废弃物处理场所的收费标准，并可拒绝那些不符合联邦规定的州所产生的废弃物进入本州的处理场所。另外，不能为本州核废弃物提供处置办法的州，州政府必须取得

---

① Low-Level Radioactive Waste Policy Amendments Act of 1985，42 U. S. C. § § 2021(b)-2021(j).

② 10C. F. R. Part 61.

③ New York v. United States (S. Ct. 1992).

废弃物所有权,并对废弃物的生产者或拥有者的所有损失负责。在"纽约州诉美国"案的判决中,法院认可了上述费用收取办法和场所使用办法的合法性,但认为要求州政府取得废弃物所有权规定违宪,且过于严厉。

9.5.2 铀矿尾矿

铀矿尾矿的管理由《1978 年铀矿尾矿核辐射控制法》(简称《尾矿法》)[①]规定,实施细节由(10. C. F. R. Pt 40)规定,另见"美国矿业协会对核能监管委员会"案[②]。在 20 世纪 80 年初代铀价下跌时,很多铀矿被关闭或将产量下调。结果是,很多铀矿需要清除其采矿残留物。采矿残留物的大部分是尾矿,尾矿对公众的安全和健康具有潜在威胁。铀矿尾矿具有放射性元素镭,镭可以形成一种放射性气体氡。镭的衰变期长达数千年。

《尾矿法》的目的是以安全和环保的方法处置尾矿,解决长期稳定性和控制问题,以降低或消除对公众的放射性威胁。该法包括两个实施方案。

方案第一部分是制定由联邦和州共同资助的废弃铀矿尾矿恢复计划,涉及的多是生产武器级铀的铀矿。能源部负责现场的清理和恢复,核能监管委员会则负责审查能源部的计划和项目实施,并评审清理后的现场是否满足环境保护署的标准。该法也包括现场及其附属物的拆除及地下水保护和氡排放的监测。

方案第二部分是关于 1978 年后被许可的铀矿尾矿。

[①]　Uranium Mill Tailings and Radioactive Control Act of 1978 ,42 U. S. C. § § 7901-12.

[②]　American Mining Congress v. NRC (10th Cir. 1990).

该计划要求核能监管委员会负责放射性和非放射性危险物品的控制，并由环境保护署对这两种危险物品制定相关的适用标准和由联邦和州最终负责这些处置场地的安排。

9.5.3 高放射性废弃物

虽然，低放射性废弃物对人类的健康影响尚不清楚，但接触大剂量的高放射性废弃物则是致命的，或可以引起染色体及基因变异、导致白血病和其他种类的癌症。因此，放射性材料的聚集会对健康造成威胁。

高放射性废弃物包括乏核燃料和核燃料处理后废弃物。乏核燃料是经使用的不能再用于发电的高辐射性的核燃料。在永久性核废料存放场所建成投用之前，被许可方不得不将乏燃料储存在反应堆现场。国防用核燃料再处理工厂也产生高放射性废弃物，能源部（而非核能监管委员会）负责此部分放射性废弃物的监管。

目前有两种储存乏核燃料的方法。一些从核反应堆中取出的乏核燃料棒被直接存放在反应堆附近的专用水池中，燃料棒距水面的距离不应小于 20 英尺。水池中的燃料棒每 12 到 18 个月被更换一次。如果水池已被储满，燃料棒可被移到地面上的干式储存桶中。已被冷却的燃料棒则被存放在由螺栓紧固的、注有惰性气体的钢制圆桶中。该钢桶的外面由钢、混凝土或其他材料封包，可被运输到全国不同的发电厂存放。

大部分的放射性核废料存放在反应堆现场。当乏核燃料和其他核废料占满了存放空间后，要么扩建存放场地，要么需要建设永久的存放场地。考虑到开发和实施核废料的最终处置或长期存储办法尚存在不确定性，在现场扩建存放场地是一个棘手的权宜办法。最终，需要通过大量的运输将这些存放在现场的核废料转运到一个中心储存地,见核能监管委员会的《放射性废弃物:产生、存储和处理》。[1]

9.5.4 运输

我们注意到,不能将所有的乏核燃料存放在反应堆现场,而必须将其运送到分布在全国各地的、指定的存放场所。这些乏燃料的运输要采用防辐射防护并且可以散热的容器中。

核能监管委员会估计,每年这类运输的量达到 300 万件,采用的运输方式包括公路、铁路、水面和航空运输。核能监管委员会和运输部共同负责运输的安全问题。核能监管委员会制定运输用包装的设计和制造要求,交通部管理运输过程。

核废料的运输涉及公众健康和安全、国家安全等多方面的问题。运输途经的州和接受核废料的州的居民对运输的安全性更为关注。

核材料的运输与核废料的处理所涉及的问题相类似。核燃料周期的前端和末端均涉及运输问题,但与(核废料)末端运输相关的问题则更严重。放射性材料在运输过程中泄漏会造成非常严重的健康后果。一些州试图阻止通过其地界运输核废料,但联邦不允许各州批准这样的法律。

9.5.5 《1982 年核废料政策法》

美国国家科学院从 20 世纪 50 年代中期开始寻找核废料的处置地,并初步确定四个地质构造为盐丘或盐矿的地

---

[1]　U. S. NRC, Radioactive Waste: Production, Storage, and Disposal, available at http://www. nrc. gov/reading-rm/doc-collections/nuregs/bro-chures/br0216/r2/br0216r2. pdf<.

区供进一步研究。由于这类地质构造中不存在可以扩散核辐射的流动的地下水,它们被认为是相对安全的核废料的储存地。但直到今天,各方也没有就这些地点是否足够安全达成共识。

原子能委员会在 1970 年确定了几处专用的核废料存放地。"国家废弃物终端储存计划"(National Waste Terminal Storage Program)帮助开发了储存地的许可、建设、运营和封存所需要的技术。在完成环境影响评价之后,能源部于 1980 年将开采过的矿坑作为乏核燃料的优先储存地。所有这些努力促使国会通过《1982 年核废料政策法》[①]。

该法是第一个针对核废料处理的全面计划,要求能源部对拟掩埋的核废料采用环保和安全的处理办法。按照该法的要求,能源部部长应提出供选择的核废料处理场地。1986 年 5 月 28 日,该部部长提名的五个候选场地是:密西西比州的里奇镇、内华达州的尤卡山、得克萨斯州的迪福史密斯、犹他州的戴维峡谷和华盛顿州的汉福德。由能源部部长推荐并经总统批准对这五处地点中位于内华达、华盛顿和得克萨斯州的三个地点做进一步的现场特征调查。

虽然联邦政府负责核废料的永久处置,但处置的费用拟由核废料和乏核燃料的生产者和所有者承担。由于必须找到核废料的储存地,无论选定任何地点作为储存地都会存在争议,该法也注意到鼓励州和公众的广泛参与。因此,该法要求能源部部长、总统、国会、各州、印第安部落和一般公众参与地点的选择过程。

---

① Nuclear Waste Policy Act of 1982,P. L. 97-425,96 Stat. 2201.

自从《1982 年核废料政策法》通过以来,选择地点的计划受到了多方面的挑战,包括履行法定的职责、监管机制的修改、政府拨款的变化以及各种不同的利益集团常常是相互冲突且多变的需要和期望。来自科学家、普通公民、立法者和各州官员的反对意见均使地点选择的过程复杂化,使得国会对该计划的进展愈感不满。能源部于 1983 年选定六个州的九处地点作为可选的储存场址。根据初步调查,总统批准将华盛顿州的汉福德、内华达州的尤卡山和得克萨斯州的迪福史密斯作为储存场地。

　　国会于 1987 年修订了《核废料政策法》[①],责令仅对尤卡山一处场地进行研究。该场地是目前指定的储存场地,但直到 2010 年仍在等待核能监管委员会的批准。选择尤卡山作为储存场地也不乏争议。在“内华达州诉沃特金斯”案[②]中,美国联邦第九巡回上诉法院驳回了内华达州对联邦做出此决定权的反对意见。如果该场地最终能符合能源部、核能监管委员会和环境保护署的标准,它将于 21 世纪的早期开始接收核废料,见“内华达州埃斯梅拉达县诉美国能源部”案[③]。在决定将此地作为储存场地之前,能源部必须评估存储地可能的地下水污染和各运输路径相关的风险。按照修订的《核废料政策法》,如果内华达州被选定为高辐射性核废料的储存地,该州每年可获得高达 5000 万美元的补偿。内华达州也行使了修订的《核废料政策法》中规定的否决权,但众参两院推翻了内华达州的否决。

[①]　Pub. L. No. 100-203.

[②]　Nevada v. Watkins (9th Cir. 1990).

[③]　Esmeralda County, Nevada v. United States DOE (9th Cir. 1991).

国会于 1997 年要求能源部完成对尤卡山现场的"可行性评估"。该评估要求被纳入《能源与水开发征用法》[①]。该法要求能源部部长不晚于 1998 年 9 月 3 日向总统和国会提交尤卡山场地的可行性评估报告。该报告应包括:(1)储存场地和核废料包装的初步设计概念;(2)说明储存场地的可能性能和总体系统性能的性能评估;(3)在获取许可之前的工作实施计划和成本估计;(4)建设和运行该场地的成本。

《核废料政策法》规定场地选择工作应于 1998 年完成。届时,就应具有接收核废料的设施。当然,此规定的日期已是往日。现场特性调查过程和所涉及的政治已变得非常复杂。能源部于 1987 年宣布的储存场地的开始使用时间是 2003 年,这一时间也已过去。能源部于 1989 年再次将该时间推迟到 2010 年。

目前,核废料存放于 39 个州的 129 个场地,包括 72 个核电站现场、一个商用储存地、43 个研究单位和能源部的 10 个场地。一旦主要的存储场地被最终确定,能源部部长有权与乏核燃料生产者和所有者签署核废料的保存合同。此外,还应制定保证安全环保的运输方案。虽然核电市场在过去二十年间处于停滞状态,核废料的处理问题将继续成为国家能源规划的一个重要部分。

9.5.6 核电站的退役

废弃核电站的退役成本可能非常巨大,每个反应堆预计耗资 5 亿美元。核电站退役的方式有三种。第一种方式是,完全移除核反应堆中的放射性材料,并将它们转移至存

---

① Energy and Water Development Appropriations Act.

储场地。第二种方式是,核电站将被停用,但仍被维护和监视,直至放射性衰退至规定的水平。第三种方式是,在现场用混凝土包裹反应堆。每个被许可人都必须确保相关的核电站拥有退役资金,并须每两年向核能监管委员会汇报一次这些资金的状况。

9.6 核电站项目的取消和放弃

早在三里岛事故之前,核电行业就已出现经济困难。核电站建设成本大幅上升,超出预算的两倍、三倍,甚至五倍。纽约长岛的绍海姆核电站 1967 年的预算成本是 2.67 亿美元。在其被取消之前,估计的完工成本为 42 亿美元。绍海姆可能是最极端的例子,但与其他例子的差别不大。俄亥俄州辛辛那提附近的齐默核电站 1968 年的估计成本为 2.4 亿美元。在被停建之前,估计的完工成本为 17 亿美元,另需 18 亿美元将其转变为燃煤电厂。事实上,整个核电行业濒临消亡。从 1978 年起,没有新的核电站订单。1974 年后订购的所有核电站要么被取消,要么被转变为燃煤电站。

核电站的取消和转变为燃煤电站涉及数十亿美元的投资。我们不得不面对一个简单但重要且严峻的问题:谁付钱? 见约瑟夫·J. 皮尔斯的《核电转行》[①]和理查德·J. 皮

---

① Joseph J. Pierce, Nuclear Power Transformation (1987).

尔斯的《遗留问题的监管办法：取消的核电站和容量过剩》①。

　　联邦和州的公用设施监管者面临的问题是谁买单，在这方面他们采用我们第4章讨论过的两个规则。第一个规则是"谨慎投资"标准，即通过谨慎投资形成的成本应被记入电价的计价基础。这种定价办法的结果是，消费者承担相关成本，股东获取对投资的回报。第二个规则是"有用和被使用"标准。根据此标准，由于取消或转化为燃煤电厂的核电站，以及过剩的发电容量没有成为有用和被使用的公用设施，与其有关的成本不能被记入电价的计价基础，消费者不应为没有提供电力的投资买单。这种定价办法的结果是，消费者因不必承担投资的成本而受到保护，但股东却没有受到保护，尽管这些投资的决定是审慎的。

　　公用设施公司当然要尽其所能以避免让股东承担数亿美元、有时达数十亿美元的投资损失。它们试图寻求监管救助。州监管者和联邦能源监管委员会收到了几十个此类申请。此类案例中较为典型、也值得进行深入讨论的一个是"泽西中央电力和照明公司诉能源监管委员会"案②。在该案的列席法官中，包克法官（Judge Bork）撰写了代表多数意见的判决书，斯达法官（Judge Starr）支持该判决，而米克瓦法官（Judge Mikva）则持异议。这些意见均值得一读，以理解问题的深度，尤其是其所反映的有关"有用和被使

---

① Richard J. Pierce, Jr., The Regulatory Treatment of Mistakes in Retrospect: Canceled Plants and Excess Capacity, 132 U. PENN. L. REV. 497 (1984).

② Jersey Central Power & Light Co. v. FERC (D. C. Cir. 1987).

用"标准与"谨慎投资"标准之间的对峙。

泽西中央案的争议焦点涉及被取消的分叉河核电站的3.97亿美元投资。能源监管委员会允许泽西中央电力和照明公司在15年内摊销该投资,但由于该电站不符合"有用和被使用"原则,而不允许将投资的摊销余额记入定价基准。结果是,股东承担投资的利息成本,消费者在15年的时间内支付投资的本金的成本。

电价摊销是在消费者和股东之间分配取消核电站造成的成本的一个办法。假定一个被取消的核电站的投资是3.97亿美元。公用设施的监管者允许将此投资在15年内摊销,每年摊销的2650万美元记入运营成本,并由消费者支付。但谁来承担投资的时间价值(即利息)?在第一年的摊销之后,尚待摊销的投资额为3.705亿美元,但投资者不能利用此资金。从另一角度看此问题,如果监管者允许将此金额记入计价基础,公用设施公司便可获得投资回报。对取消的核电站的投资,联邦能源监管委员会和州监管者选择在投资者和消费者之间分摊成本,即只允许公用设施公司通过摊销收回投资本金,而不允许将待摊销的投资记入定价基准,不许回收资金使用的利息。

泽西中央公司认为,这种成本分摊办法威胁其财务健康。能源监管委员会则认为该办法符合"有用"标准,而没有就该办法是否构成宪法第五修订案所规定的"征用"而进行听证。包克法官撰写了代表哥伦比亚特区联邦巡回上诉法院的多数列席法官意见的判决书,判定必须进行听证会,以确定不将谨慎进行的投资纳入计价基础是否会导致不合理的投资回收。斯达法官同意上述判决书的意见,而米克瓦法官和其他四名法官则持异议。

在审理泽西中央公司案之后,到了最高法院对"最终结果标准"(又称希望天然气案标准)进行审核的时候。该标准尤其适用于被取消的核电站的情形。在受理了两个同样的案子之后,最高法院似乎也做好了相应的准备。

在"堪萨斯天然气和电力公司诉州企业管理委员会"案[1]中,公用设施公司起诉州监管机构的诉因是:(1)不允许其将1.83亿美元谨慎实施的投资记入运营费用;(2)以容量过剩为名,拒绝将9.44亿美元的投资收益记入定价基准;(3)以经济容量过剩为名,拒绝将2.66亿美元的投资收益记入定价基准。双方在最高法院审理此案之前达成和解。接着,最高法院审理了另一个核电站取消的案子,即"杜奎斯尼电灯公司诉巴拉什"案[2]。

该案的争诉的焦点是,应如何将杜奎斯尼照明公司对已取消核电站的3500万美元的投资记入电价。宾夕法尼亚州公用设施署认为该投资是审慎的,应在十年期内予以摊销。宾夕法尼亚州消费者权益保护办公室以州法律中要求进行"有用和被使用"标准审核为由,在州高院反对此摊销办法。换言之,宾夕法尼亚州的法律禁止将被取消的项目的投资记入定价基准,从而不能使投资者获取回报。州法院认为,由于项目没有能够生产出电力,消费者不应承担相关的损失。从而,推翻了州公用设施署的摊销办法。公用设施公司上诉到最高法院。最高法院的判决是:"我们今天再次确认'希望天然气'案确立的教义,这里要决定的不

---

[1] Kansas Gas and Electric Company v. State Corporation Commission (Kan 1986).

[2] Duquesne Light Co. v Daraoch (S, Ct. 1989).

是采用何种理论,而是定价规则所造成的影响。如果我们不能认定适用定价规则的结果是不合理的,那就意味着我们司法质询……已经结束。而为了这个结果所采用的方法是否有缺陷就已经不再重要了"。上述文字并没有解决在一个公用设施公司以其被允许的电价过低而构成征用为由提起诉讼时所涉及的所有宪法难题。对电价是否合理或公平的答案在一定程度上取决于规定的定价机制所对应的风险、项目需要的投资额和投资者应获取的公平投资回报率。处于本案边缘的是,这些问题具有宪法方面的"弦外之音"。

人们不禁要问,如果该案涉及的投资额不是 3500 万美元,而是 3.5 亿美元,法院会做出怎样的判决? 将 3.5 亿美元的投资排除出定价基准将大幅度提高对杜奎斯尼照明公司投资的风险,甚至会导致该公司破产。

除了核电站的取消和转化为燃煤电站及过剩容量外,监管者还就项目的建设面临同样的问题。这时,监管者也可从两个标准中挑选适用的办法。第一个是"建设占用资金的补贴"(Allowance for Funds Used During Construction)标准。根据此标准,包括利息在内的建设成本被记入一个单独的账户,并在发电厂投运时一并被记入定价基准。公用设施公司将在发电厂的使用年限内摊销这些成本,并对投资获取回报。但问题是,建设周期可长达五到六年,甚至超过十年。在此期间,公用设施公司有巨额的资金挂账。

很长的建设周期给公用设施公司带来了严重的现金流问题。它们也因此要求监管机构将建设期间的一些成本记入定价基准,这种办法被称为"在建项目法"(Construction Work in Progress)。监管机构之间对于在什么情况下、何时和将多少此类成本记入定价基准的问题上存在差异。一些州允许记入一定比例的成本,而其他州则禁止这样做。不管采用这两种方法中的哪一种,要解决的问题是由谁在什么时候买单。采用建设占用资金的补贴法会在机组投运时,随着建设成本和利息入账,价格冲击就产生了。

9.7　核电的未来

目前——也包括未来一段时间——核电不是经济上有吸引力的投资。如前面所述,目前的过渡阶段出现了两个现象,一是关注点由安全性转向积极性,二是决策权的分散化。这些困难要求通过监管改革,以实现公平和有效的成本分摊,并为未来的核能政策提供借鉴。由法律决定的成本分摊办法不仅体现在消费者每月的付费上,更重要的是也影响电力行业的生存、结构和机制,乃至美国的能源计划。

美国经济对电力的依赖不亚于对石油的依赖。承认核电资金问题对能源政策的影响不是为了耸人听闻,而是为了说明缺乏考虑或错误的做法将导致能源或整个经济的混乱。核电生产了美国 20% 的电力。我们是否可以放弃整个核电行业,并由燃煤电厂、替代能源、节约措施或者这些办法的组合来取而代之? 目前,燃煤电厂带来严重的环境问题,替代能源的规模又太小。即便是考虑了核电的所有成本,排除核电肯定是不可行的。在过去 50 年间,美国内外的公共和私人机构为开发和利用核电技术投入了太多的时间、资金和努力,彻底抛弃核能在政治和经济上都是不现实的。

简而言之,核电较化石燃料发电(尤其是煤)对环境更有利,也有利于降低对石油的依赖。但核电所面临的挑战是如何使其安全、环保和具有成本竞争力。前面已有引述的麻省理工学院的研究报告在对核电的经济性分析后指出,核电的基本经济性不及燃煤和天然气电厂。如果化石燃料电厂的成本也包括由二氧化碳排放造成的全球变暖的成本,核电则具有经济竞争力。鉴于核电必须考虑的与一些风险相关的成本和需要的资金规模,政府提供一定的资金支持是必要的。就核废料的临时和长期储存而言,核燃料的后端处理问题还将持续存在。

麻省理工学院的研究报告指出,如果能够解决好核不扩散、安全性、经济性和核废料的处理问题,核电能为满足全球的能源需求做出积极贡献。核电的一个显著特点是对环境影响很小。该报告也指出,除非能源的生产和使用的模式发生重要变化,未来50年内大规模的温室气体排放将加剧全球变暖。核电在满足电力需求的同时,不产生温室气体。该报告的发现包括:(1)核电不具燃煤和天然气发电的成本竞争力;(2)合理地降低核电的资本和运行成本可以缩小成本之间的差距;(3)核反应堆的设计可以保证很低的严重事故的概率;(4)虽然对核废料的长期处置在技术上可行,但尚无先例;(5)现有的国际安全安排不足以应对安全挑战。

显然,美国并没有要抛弃核电。但在核电重新崛起之前,我们需要处理好核电的经济性、环境保护、公众和国家安全等问题。然而,在21世纪核电计划的根本性问题仍集中在经济问题上,即我们能否建设预算足够低的核电站来代替燃煤电站?随着气候变化问题越来越受关注,这个问题也愈加重要。到目前为止,对这个的答案仍是:不能。与法国的核反应堆一律采用标准设计不同,美国的每个核反应堆都是独特的。如果美国能够做到采用标准化设计、建设示范性核电站、对碳排放收费、解决核扩散问题及有效处理核废料,那么核电才有可能实现常被谈起的复兴。否则,核电的前景将变得黯淡,即便不是消失①。对核电经济性持同一观点的另一说法是,如果没有联邦补贴,核电将非常昂贵。②

最后,日本福岛核电事故的发生,使人们开始在一般意义上反思核电的安全性,并更关注核电的经济可行性。自切尔诺贝利事件和三里岛事件之后,核电行业有效地坚守了阵地。甚至公众对核电安全性已经变得不那么敏感,随着对清洁能源的需求不断上升,能源政策制定者也将核电作为选项,保留在对能源未来的讨论中。然而,核电的未来仍不明朗。例如,2010 年世界范围内的新建风力发电、生物质发电、光伏发电设施的总装机容量,已经超过了新建核电设施装机容量。在 2011 年,需要关闭的核反应堆超过新建核反应堆,导致世界范围内运营核电站的减少。此外,监管者更加关注仍在运营核反应堆的使用寿命,并质疑超过 40 年的反应堆运营许可延期的审慎性。见施耐德等《世界

① E. G. Etohn M. Deutch & Ernest J. Moniz, The Future Of Nuclear Power: An Mit Interdisciplinary Study (2003); John M. Deutch ET Als., Update Of The Mit 2003 Future Of Nuclear Power (2009).

② Douglas Koplow, Nuclear, Power: Still Not viable Without Subsidies (February 2011) available at http://www. ucsusa. org/assets/docu-ments/nuclear power/nuclear_subsidies_report. pdf.

核工业状态报告 2010－2011：福岛事件后的核电世界》。[1]
最后,对核电的主要顾虑还是成本,我们还能负担得起核
电吗?

———————

　　[1]　Mycle Schneider，Antony Froggatt & Steve Thomas，The World
Nuclear Industry Status Report 2010-2011：Nuclear Power in a Post-Fukushi-
ma World（April 2011）available at http://www. worldwatch. org/nuclear-
power-after-fukushima.

第 10 章　水电

长期以来,从水的落差中获取的电能,一直是美国的能源之一。水能最初用来为磨坊和其他机器提供机械能。在20 世纪,水能一般只用来发电。今天水电可以生产足以供应 2800 万户家庭使用的电量。

由于水能基本上是免费的,其发电成本低于其他能源。然而,水电不是一个完全可靠的能源,这为能源规划带来了挑战。在本章的各节中,我们将说明如何在成本和可靠性之间进行权衡,并讨论与水电有关的环境问题。

10.1　行业概述

第一座水电站于 1882 年在威斯康星州艾伯尔顿的福克斯河上建成。美国大部分水电的开发始于 20 世纪初。当时的主要项目有科罗拉多河上的胡佛大坝和田纳西河及哥伦比亚河流域的大型发电厂。美国有超过 2300 家经许可的水电站,其中 44％为联邦所有,35％为私人所有,其余为非联邦的公共实体(如市政机构)及灌溉和水利行政区所拥有。

水坝是水电站的核心部分。除了用于发电之外,水坝的其他用途包括灌溉、防洪、航运和娱乐。在水坝建设中起重要作用的联邦部门有内务部的垦务局及陆军工程师兵团（Army Corps of Engineers）。

水电是通过水流过水电设施中的水轮机而发出的。水电设施有不同的设计。一般而言，水电设施包括挡水的水坝、用于导水的隧道、用于发电的机房和将水返回溪流的导槽。大坝可以挡出大量的水，形成一个可观的湖，该湖可以用于娱乐和其他目的，然后水流回溪流。水流不经储存，直接冲击水轮机发电的情况被称为"径流式"水电站。另一种设计是建设大坝存储水，称为"蓄水放水式"，当需要时才放水发电。大坝有时会很大，而形成一个很大的可供娱乐和其他用途的水库。

水电站的发电量和水轮机获取的能量成比例，而水轮机获取的能量取决于水的流速和流量。一般来说，水坝越高越宽，产生的能量越大。能量传递到发电机，发电机将能量转换为电力。

基于以下几个原因，水电是一种很有吸引力的能源。首先，水力发电成本比化石燃料和核燃料发电成本低，因流水几乎是免费的。其次，水电价格一般比较稳定，不随着燃料价格和供应的变化而变动。水坝建设需要的很高的资本成本是沉没成本，水电的运行成本却很低。但是，水电的发电量的确由河流的来水量决定。最后，水电没有化石燃料发电和核电那些如酸雨和核废料处理等环境问题。然而，建设水坝会改变周边环境。水流的改变和建设水电设施也会对鱼类和野生生物带来不利的影响。因此，如果联邦监管部门，如环境保护署和陆军工程兵团，认为对周边环境造成的威胁过大，它们将拒绝颁发批准或许可。

虽然美国近几年的水力发电量在增长，但水电在所有能源中所占的份额却在下降。从 20 世纪 40 年代到 50 年代，水电提供了美国 40％的电力。到了 20 世纪 90 年代，水电占全国发电量的比率下降到 6％，占所有能源消耗的比例约为 4％。水电占美国再生能源的 96％，年发电量为 3100 亿千瓦时，相当于超过 5.3 亿桶石油的能量。如今，水电站的扩建仅限于少数几个可以建设新坝的地点，设施的规模和发电量也受限于河流的条件。

水电在全美各地的应用有所不同。在水资源丰富的沿太平洋西北部地区和由田纳西河流域管理局管辖的东南部田纳西和密西西比河流域，水电是一种主要的电源。为了在全美各个地区分配这些水电站的电力，美国成立了六个区域性电力销售部门。它们是邦纳维尔电管局、东南电管局、西南电管局、西部电管局和阿拉斯加电管局。其中，阿拉斯加电管局于 1995 年被卖给了阿拉斯加州政府。这些电管局是美国各地水电的销售商。

最后，据美国能源部估计，当前美国的水电装机的容量是 8000 万千瓦。此外，最近估计显示，全美国有超过 5600 处地点具有开发价值，其可开发能源容量约有 3000 万千瓦。[①]

10.2 监管概述

水权（water rights）是通过普通法规则、州成文法和联邦立法而发展起来的一个复杂的法律体系。形成水法的主

---

① Inaho National Laboratory, State Assessment Reports available at http://hydropower. inl. gov/resourceassessment/states. shtml.

要因素是水的供应量。在水量充沛的东海岸,水权是按照普通法中的河岸权原则(doctrine of riparian rights)来分配的。河岸权是指毗邻水体的土地所有者拥有使用水的权利,但该权利可能会与同一河流的上、下游的其他的拥有同样权利者的水权相冲突。在水量充沛的地方,河岸权更能适用。

在水资源不充足的西部各州则采用优先占用水权原则(laws of prior appropriation),即先占用者有优先使用权,使用多久,权利就保留多久。这些州的水权在普通法体系下发展起来并形成州成文法。这样,因为水电仅能在当地使用,水电最初归州和地方政府管辖。但随着跨州贸易的增长,需要对水在联邦层面进行统一控制,见詹姆斯·罗斯邦德、詹姆斯萨斯曼和马克·斯奎拉斯著《自然资源法和政策》第七章(2009 年第二版)。

我们的联邦体系是指,在适当的情况下,联邦法律适用。水权即是一例。根据美国宪法中的"贸易条款",联邦政府有权监管与国防、跨州贸易和国际贸易有关的航运,并监管相关的能源生产,见"吉班斯诉奥格登"案[1]。

由于联邦拥有很多土地,特别是美国西部的土地,由联邦参与水电开发就十分重要了。各州政府要保护本州的资源,联邦具有保护联邦权益的立法,这两种利益会发生冲突。例如,《1884 年河道和港口法》[2]授权当时的战争部部长从可航行的水域除掉所有未经授权的障碍物,包括公共和私有桥梁。1896 的立法进一步允许向发电和输电项目

---

[1]　Gibbons v. Ogden (S. Ct. 1824).

[2]　The River and Harbor Act of 1884, 46 U. S. C. §§ 330.

提供联邦土地的免费路权，这为私有水电开发打开了大门①。

早期的联邦立法还授权内务部部长，依据《1901年优圣美地国家公园法》②和《1906年水坝法》③，对水电设施的建设提供通行权(rights-of-way)和土地租用权。《水坝法》为地方市政府提供获取联邦水电站电力的优先权。该法于1910年被大幅修订，经修订的规定包括：对私人的水电开发征收费用，将私有水坝的许可期限定为50年，在私人项目完工时收回联邦提供的特权。虽经大幅修改，但该法没能很好地协调水电的规划。

尽管私人有兴趣进行水电开发，但早期的法案并没有对水电的开发起到促进作用。为了达到鼓励私有水电开发之目的，在国会的支持下，《1912年公共水电法案》④被提交到国会。依据该法案，17个私人水电项目原本可以获得批准。但在国会讨论此法案的同时，塔夫脱总统否决了一项关于私有电站项目的特殊法案，表明了他不愿意签署此法案的立场。其后，国会还收到了其他几项允许私人开发电站的议案，但都在联邦政府是否有权对这些开发项目收取费用的问题上被挫败。最终，国家在第一次世界大战期间经历的石油和煤短缺促进了水电的开发。

---

① Federal Land Policy and Water Management Act，43，U. S. C. A. § 957.

② The Yosemite National Park Act of 1901，codified as amended at 16 U. S. C. A. § 79 and 43 U. S. C. A. § 959.

③ The General Dam Act of 1906，codified as amended at 33 U. S. C. A. § 491.

④ Ominibus Water Power Bill.

随着国会通过《1920 年联邦水电法》①，水电开发才于 1920 年真正获取私人企业的大力支持。现在，《联邦水电法》也被称为《联邦电力法》。虽经 1935 年和 1986 年的重大修改，《联邦电力法》仍是管理水电的基本法律。《联邦电力法》的立法目的是，规定不同地域水电资源的管辖权限、开始制订全面的全国水电开发计划并成立联邦动力委员会（即现在的联邦能源监管委员会）。该法通过的部分原因是保守派的努力，他们试图通过制定全面的全国水电规划以挫败对私有水电的支持。该立法的另一个目的是提供一个框架性法律，来协调和满足航运、娱乐、水电和野生物保护这些相互冲突的需要。

基于两个重要原因，新政立法就很偏重水电发展。一是水电工程可以为大萧条中的工人提供就业机会；二是水电项目可以为广大人民供应电力。新政初期，罗斯福提议通过立法设立田纳西州流域管理局，并于 1933 年 5 月获得国会通过。田纳西州流域管理局把发电引入河流地域，并与当时已存在的几个电力工程进行协调。三年后，即 1936 年，国会通过了《农村电气化法案》，该法案通过提供贷款使得为人烟稀少的地区提供电力服务成为可能，即为少于 1500 人还没有被中央发电站服务的地区供应电力。继而，在 1937 年，国会设立了邦纳维尔电力局，以在"太平洋西北区"开发水电大坝。

联邦对水电站进行管辖最被常引用的法律依据是，水电站使用了属联邦管辖的航运水道的水；其另一依据是美

---

① The Federal Water Power Act of 1920, 16 U. S. C. A. § 791.

国宪法中的贸易条款①。根据《联邦电力法》，联邦动力委员会有权对水电站颁发50年的经营许可，联邦政府有权在许可到期后收回对水电站的权利。现在由联邦能源监管委员会颁发该许可。

国会于1935年通过的《联邦电力法》第二部分②将联邦动力委员会的权限扩展到水电站的电力定价和许可颁发。根据该法，联邦动力委员会有权监管电力的跨州传输和电力的批发销售。现在，联邦能源监管委员会有权向公民、企业、或州和市政府颁发水电站的建设和运行许可。

联邦动力委员会于1968年意识到第一批50年期的许可即将到期，应找到再许可的办法。国会为再许可颁布了相应的立法③。其他影响水电的立法包括《公用设施监管政策法》④和前述的《1986年电力消费者保护法》⑤。我们将在下面对这两个法律做详细讲解。最近的立法是《1992年能源政策法》⑥，该法也影响联邦能源监管委员会对水电设施监管规定的修订。《环境保护法》也授权联邦能源监管委员会对被许可方征费，以支付渔业和野生生物管理等所发生的费用。此外，《环境保护法》还在更一般的意义影响了许可要求的修改。

---

① U.S. Constitution, Art I, sec. 8.3.

② Part II of the Federal Power Act, 16 U.S.C.A. § 824 etc.

③ 16 U.S.C. § 807(a) and § 808(b).

④ The Public Utility Regulatory Policy Act.

⑤ Electric Consumers Protection Act of 1986.

⑥ Energy Policy Act of 1992.

10.3 联邦管辖权[①]

联邦能源监管委员会有权对符合若干指导原则的水电项目发放许可。电力指导原则规定,项目必须是:(1)在美国境内;(2)位于可航行的水域内;(3)使用联邦水坝的水;(4)影响跨州贸易。一个潜在水电站场址是否受联邦能源监管委员会管辖也曾经是多次诉讼的争议主题。

尽管上述实施性立法项下的联邦水电部门意欲做出全面的水电发展计划,但这在某种程度上是受到限制的,见"爱奥瓦州第一水电合作社诉联邦动力委员会"案[②]。在该案中,尽管在爱奥瓦河的一个支流上建设水坝阻碍了河流且不可能符合爱奥瓦州的法律,水电合作社还是获取了联邦动力委员会就建设水坝的许可。最高法院对联邦动力委员会管辖权采取了宽泛的理解,允许建设该水坝。最高法院认为,《联邦电力法》§ 9(b)关于符合所在州法律的规定仅为提供信息之用。为了使联邦动力委员会能够进行全国性的全面规划,其决定必须具有约束力。

通常,联邦当局具有优先于州的权利。比如,《联邦电力法》§ 27[③]明确规定所在州拥有其水资源的所有权,但该州无权就联邦建设的水坝的批准提出附加条件,见"加州

[①] 原著注:新近对水电监管的全面综述见 Michael A. Swiger, Jonathan D. Simon & Charles R. Sensiba, Hydroelectric Power in 2 Energy Law and Transactions ch. 53 (David J. Muchow & William A. Mogel eds. 2003).

[②] First Iowa Hydro - Electric Cooperative v. FPC (S. Ct. 1946).

[③] 16 U. S. C. A. § 821.

诉联邦能源监管委员会"案①。《联邦电力法》授权联邦能源监管委员会全权控制水电站的水流量。

　　早期在确定联邦管辖权的范围时所涉及的核心问题是拟建设水电站的水域的航运能力。在"美国诉阿帕拉契电力公司"案②中，最高法院采取了与地区法院和巡回法院的判决相反的立场。最高法院认为，因西弗吉尼亚州的新河的部分河段可以航行，应归联邦管辖。最高法院承认没有适当的测试河流适航性的具体方法，但认为此段水道"适于公共运输和贸易"，因此就《联邦电力法》而言，此水道是"适航的"。联邦对水电项目的优先管辖权也被扩展到美国的自然保护区，见"联邦动力委员会诉俄勒冈州"案③。

　　后来，联邦进一步扩展了对水电项目的管辖权。有一个案例涉及在一个适航主河道的不可航行的支流上建设抽水蓄能站。最高法院对此案的判决是，尽管该支流没有航运能力，但电站产生的电力被用于跨州贸易，联邦能源监管委员会因此对此项目有管辖权。此外，最高法院还认为，抽水蓄能站把水抽到水库中储存，然后在电力需求高峰时排水发电，也对下游航运造成了影响，见"联邦动力委员会诉联合电力公司"案④。在"费尔法克斯县水力局诉联邦能源监管委员会"案⑤中，为了支持联邦的管辖权，将项目与跨州贸易的联系延伸到项目业主的用电。另见"哈波西姆磨

①　California v. FERC (S. Ct. 1990).

②　United States v. Appalachian Electric Power Co. (S. Ct. 1940).

③　FPC v. Oregon (S. Ct. 1955).

④　FPC. V. Union Elec. Co. (S. Ct. 1965).

⑤　Fairfax County Water Authority (FERC 1988).

坊诉联邦能源监管委员会"案①,该案维持了费尔法克斯案的立场。

当一个水电站建在完全位于某州境内的水域上且其发电只用于本州时,出现了另一个问题。在"中央城市诉联邦能源监管委员会"案②中,法院裁定由于该案涉及的水电站几乎不影响跨州贸易,联邦无权监管。但后来该法院在"航运能力"上找到了有利于联邦监管的证据,从而恢复了联邦对该水电站的监管。

联邦能源监管委员会并不是唯一拥有水电站监管权的机构。地方、州和联邦其他机构也对水电项目具有确定的监管权,但条件是州和地方法规不得妨碍联邦行使其权力。例如,《清洁水法》③规定,州可以制定水电项目的水质量标准,联邦政府也不能排除州侵权法的适用,见"南卡罗来纳州公共服务局诉联邦能源监管委员会"案④。另外,《联邦电力法》规定,州不得以保护鱼类为目的,制定与许可不相一致的最小流量的要求,见"加州诉联邦能源监管委员会"案⑤。但是,当联邦垦务局是主管机构时,州可以制订水的利用计划,见"加州诉美国"案⑥。

① Harbersham Mills v. FERC (11ᵗʰ Cir. 1992).

② City of Centralia v. FERC (9ᵗʰ Cir. 1981).

③ § 401,33 U. S. C. A. § 1341 (d).

④ South Carolina Public Service Authority v. FERC (D. C Cir. 1988).

⑤ California v. FERC (S. Ct. 1990).

⑥ California v. United States (S. Ct. 1978).

10.4 许可

10.4.1 《联邦电力法》

在管辖权问题解决之后,下一步就是水电项目的许可。联邦能源监管委员会有权颁发初步批准、许可、新的许可、年度许可和许可豁免。许可申请人必须符合《1920 年联邦水力法》的要求。此外,许可申请人必须符合以下法律的要求:《联邦水污染控制法 1972 年修正案》①《清洁水法》②《自然与风景河流法》③《能源安全法》④《濒危物种法》⑤及其他法律。在所有这些法律中,《1969 年国家环境政策法》⑥最为重要。

《联邦电力法》§ 10(a)规定,联邦能源监管委员会应选择为"最适于"(best adapted)跨州和对外贸易或水电开发的项目颁发许可证。根据《1986 年电力用户保护法》⑦,联邦能源监管委员会应依据"最适于"原则,为改善和开发航运水道,有利于跨州和国际贸易,有助于水电开发和使用,能适当地保护、缓解和改善鱼类和野生生物生存环境的

---

① Federal Water Pollution Control Act Amendments of 1972,Pub. L. No. 92-500,86 Stat. 816,1972.

② Clean Water Act,33 U. S. C. § 1341 (a)(1),and 33 U. S. C. 1342 (a)(1).

③ Wild and Scenic Rivers Act,16 U. S. C. § § 1271-1287.

④ Energy Security Act,16 U. S. C. § § 2705,2708.

⑤ Endangered Species Act,16 U. S. C. § § 1531-1544 .

⑥ National Environmental Policy Act of 1969,42 U. S. C § § 4321.

⑦ Electric Consumers Protection Act of 1986.

和为公众提供其他便利的综合开发计划提供许可[①]。在联邦能源监管委员会做出许可决定时,还需要考虑州、联邦其他机构和印地安保留地制订的综合开发计划,见"美丽的哈德孙风景保护大会诉联邦能源监管委员会"案[②]。简而言之,发放许可需要综合考虑各方面因素。

根据《联邦电力法》§ 7(a),如果私人申请未能在上述的各项择优标准中占有优势,州或市政府申请者将优先于私人开发者获取许可。由于水电较燃煤、燃油或核电更便宜,这种"市政优先权"是有价值的。《1986 年电力消费者用户保护法》删除了市政优先权的规定。鉴于把许可提供给公共申请人通常所能带来的公众利益,当私人的申请计划较公共申请人的计划更全面时,联邦能源监管委员会则必须允许公共申请人修改其申请计划,以达到与私人申请计划等同的条件。最后,如果联邦能源监管委员会认为由联邦建设和运行该项目对公众更有利时,该委员会可以拒绝为非联邦申请人提供许可。

总的来说,必须向符合下述审核条件的项目发放许可:(1)位于航运水道上或与其交叉;(2)坐落在美国公有土地上;(3)利用联邦水坝的富余水流或水能;(4)影响跨州贸易或对外贸易。

由于水电许可立法的变化,不同时期颁布的水电许可权对应的权利也有所不同。由于这些年份对应着重大的水电立法,1920 年前、1935 年到 1986 年之间和 1986 年之后建设的水电设施获得的待遇也不同。

---

① 16 U. S. C. § 803 (a)(1).

② Scenic Hudson Preservation Conference v. FPC (2nd Cir. 1965).

在获取再许可之前,许可的有效期限为 50 年。项目申请许可的日期很重要。根据《1920 年联邦水力法》[1],对 1935 年前在非航运支流上建设的水电站自愿提出的许可申请,联邦能源监管委员会可以颁发许可,见"库雷诉联邦能源监管委员会"案[2]。在"伐明顿电力公司诉联邦动力委员会"案[3]中,法院判定,《联邦电力法 1935 年修正案》§23(b)仅适用于从 1920 年到 1935 年期间在航运水道上建设的水电站的许可申请,另见"普及特河湾电力和电灯公司诉联邦动力委员会"案[4]。对 1920 年前建设的水电站的大规模改建也需要联邦能源监管委员会的批准,见"明尼苏达电力和照明公司诉联邦动力委员会"案[5]和"西北纸业公司诉联邦动力委员会"案[6]。请比较"阿奎能源系统公司诉联邦能源监管委员会"案[7]和"华盛顿水电公司诉联邦能源监管委员会"案[8]。前者要求新的业主对 1935 年之后在非航运支流上建设的水电站的改建获取批准,后者不要求对 1911 年前完工水电项目进行许可。另外,在"普及特河湾电力和电灯公司诉联邦动力委员会"案中,对 1935 年前完工的水电站的修复不需要许可;在"托马斯豪奇森父子公司诉联邦能源监管委员会"案[9]中,水电站的 12 年的关闭不

---

①　§4(e),16. U. S. C. A § 797 (e).

②　Cooley v. FERC (D. C. Cir. 1988).

③　Farmington River Power Co. v. FPC (2d Cir. 1972).

④　Puget Sound Power & Light Co. v. FPC (9th Cir. 1977).

⑤　Minnesota Power & Light Co. v. FPC (8th Cir. 1965).

⑥　Northwest Paper Co. v. FPC (8th Cir. 1965).

⑦　Aquenergy Systems, Inc. v. FERC (4th Cir. 1988).

⑧　Washington Water Power Co. v. FERC (D. C. Cir. 1985).

⑨　Thomas Hodgson & Sons, Inc. v. FERC (1st Cir. 1995).

构成弃用,恢复电站生产不必另行申请许可。这些案例涉及的日期和术语对了解每个许可的权利很重要。

到了 20 世纪 60 年代,当许可期限为 50 年的许可陆续到期时,关于许可的争议开始升级。私人许可持有者想要获得再许可,市政或州政府则想接管这些电站。鉴于水电站成本比较低,私人企业自然反对公共实体具有的许可优先权。

联邦能源监管委员会的一个重要行政裁决书中,讨论了再许可情形下私有项目与市政优先权之间的紧张关系,见"关于犹他州邦迪福市"案①。在本案中,私人企业认为市政优先权条款仅适用于初始许可申请,而不适用于再许可。联邦能源监管委员会则认为,由于"新的被许可方"是针对任何许可而言,公共机构应该在水电设施的再许可中获得优先。国会通过《1986 年电力用户保护法》"②来解决这类争议。该法取消了再许可时的公共优先权,见"卡玛固公司诉联邦能源监管委员会"案③。法院判定,优先权只适用于初始许可申请,而不适用于再许可申请,见"阿拉巴马电力公司诉联邦能源监管委员会"案④和"克拉克-考利兹联合经营管理局诉联邦能源监管委员会"案⑤。新的许可仍然会颁发给最适于公众利益的申请,而"无关紧要的差异"不足以变更被许可方⑥。这样一来,尽管现有的被许可方

---

① In re City of Bountiful, Utah, FERC 1980.

② 16 U. S. C. A. § 800(a).

③ Kamargo Corp. v. FERC (D. C. Cir. 1988).

④ Alabama Power Co. v. FERC (11th Cir. 1982).

⑤ Clark-Cowlitz Joint Operating Agency v. FERC (D. C. Cir. 1987).

⑥ 16 U. S. C. A § 808(a)(2).

失去了优先权,但还是受到了偏爱。

如上所述,传统许可制度开始遇到阻力。对此,联邦能源监管委员会制定了一个替代的许可程序。该程序①成为对传统许可制度的补充,并提出了改革建议。该替代程序是过渡性的。联邦能源监管委员会于 1988 年会同内务部、商务部、农业部、能源部、环境质量委员会和环境保护署共同成立了跨部门的水电许可制度改革联合工作小组。该工作小组于 2001 年 1 月向国会汇报了调查结果。随后,国会要求联邦能源监管委员会递交一份关于水电许可的综合报告。通过这些努力,联邦能源监管委员会发布了关于建立一体化的许可制度的建议案。

无论申请人按照传统的、替代的或是一体化的许可制度申请许可,许可的申请过程冗长且昂贵。申请提交的资料包括地图、计划、技术规范、成本核算和符合其他相关法律的证明材料。联邦能源监管委员会制定一体化许可程序的目的是简化许可申请的流程。最终的许可程序规定于2003 年 7 月 23 日颁布②。

新规定建立了被称为一体化的许可申请程序(integrated licensing process,简称 ILP)。申请人可以在呈报申请前从联邦能源监管委员会处获得全面的咨询,并在办理许可申请的同时进行《国家环境政策法》有关的审核。一体化许可程序旨在通过下列措施简化联邦能源监管委员会的许可程序:(1)及早确定须解决的问题,并完成需要补充信息空白的研究,避免对研究事项的事后备案要求;(2)整合

---

① 18 C. F. R. §4.34(i).

② 104 FERC 61,109 (July 23, 2003).

其他利益相关方许可过程的需要;(3)为包括联邦能源监管委员会的所有利益相关方制定完成程序各个步骤的时间表。一体化的许可申请程序包括:(1)更好地与联邦能源监管委员会及其他的联邦和州监管机构的协调;(2)联邦能源监管委员会职员为申请人和其他利益相关方提供更多的帮助;(3)扩大公众参与;(4)全面环境评估;(5)为所有参与者规定了计划、时间表和截止日期;(6)制定了联邦能源监管委员会批准的、通过一体化许可程序来解决纠纷的办法,为传统许可程序和联邦能源监管委员会制定的替代许可程序提供了新的替代办法。

依据一体化的许可程序,联邦或州行政机关或者部落代表可以请求将研究中的争议提交给一个争议解决仲裁庭,以解决许可程序中产生的争议。三人组成的仲裁庭中,一人是能源监管委员会的职员,一人是提起争议解决的行政机关或部落代表,以及具有专业知识的第三人,通常该人是具有专业知识的地质学家或工程师,该人人选由另外二位成员来确定。

10.4.2　环境法

水电工程反映典型的能源与环境之间的冲突:能源生产和环境保护之间的冲突。从 20 世纪 60 年代初开始,对环境的关心成为颁发水电项目许可考虑的一个部分。在《国家环境保护法》出台之前,环境组织于 1965 年赢得了一项诉讼。根据此诉讼的判决,联邦动力委员会要求统一爱迪生公司在哈德孙流域建设的抽水蓄能电站必须进行环境影响调查,以保护流域的自然景色,见"哈德孙风景区保护大会诉联邦动力委员会"案①、"乌达尔对联邦动力委员会"案②、"普拉特河谷鸣鹤主要栖息地保护委员会诉联邦能源监管委员会"案③。这样,在国家环境保护署成立以前,几个法院判决要求联邦能源监管委员会的前身(即联邦动力委员会)在发放许可时须考虑和评估项目的环境影响。

联邦第二巡回上诉法院对哈德孙风景区案的判决,要求由联邦动力委员会来决定何种的环境安排最适合于水道的综合利用。在乌达尔案中,美国最高法院的判决要求,联邦动力委员会必须考虑在蛇河建设水电站所带来的环境影响。在此案中,内务部长曾要求联邦动力委员会,在内务部有机会对鱼类保护措施进行审核之前,暂缓批准许可。由于联邦动力委员会颁发的许可没有考虑内务部长的这一要求,最高法院否决了联邦动力委员会的决定。

颁发水电许可须符合《国家环境保护法》的要求,特别是需要递交环境影响评估报告。《国家环境保护法》要求联邦能源监管委员会必须为包括水电站在内的主要项目准备环境影响评估报告,以披露项目对环境质量产生的重大影响,有关的监管机构必须在合理的限度内对环境影响评估报告负责。申请许可和再许可时都必须提交环境影响评估报告,见"拉福来明诉联邦能源监管委员会"案④和"联合部

---

① Scenic Hudson Preservation Conference v. FPC (2d Cir. 1965).

② Udall v. FPC (S. Ct. 1967).

③ Platte River Whooping Crane Critical Habitat Maintenance Trust v. FERC (D. C. Cir. 1989).

④ La Flamme v. FERC (9th Cir. 1988).

落和印地安雅吉玛族长诉联邦能源监管委员会"案[1]。

联邦能源监管委员会评估规划项目的环境影响,旨在通过如下措施使环境危害最小化:(1)要求所有水电项目的申请者在向联邦能源监管委员会提交申请前,与联邦和州自然资源监管机构、印第安部落以及州水质机构进行协商;(2)确保所有的许可申请者均已进行必要的研究,以便在信息充分的基础上做出决定;(3)颁发环境评估草案或环境影响草案;(4)在许可要求中纳入联邦能源监管委员会在其许可手册中详述的其他旨在降低环境影响的措施。[2]

除《国家环境保护法》以外,许可申请还受《清洁水法》[3]和《自然与河流风景法》[4]等其他环境立法的管制。

在拉福来明案中,法院要求许可申请必须呈交环境影响评估报告,但该判例的适用范围受到了质疑。依据"国家野生生物联合会诉联邦能源监管委员会"案[5],拉福来明案的适用范围仅被限于第九巡回上诉法院,因为该案与野生生物案的案情不一致。在野生生物案中,哥伦比亚特区联邦巡回上诉法院拒绝了野生生物联合会的请求。该请求认为联邦能源监管委员会在发放许可之前,未能全面考虑项目的综合计划。事实上,在许可发放之前已提交了环境影

① Confederated Tribes and Bands of Yakima Indian Nation v. FERC (9th Cir. 1984).

② FERC, Handbook for Hydroelectric Project Licensing and 5 MW Exemptions from Licensing (April 2004) available at http://www.ferc.gov/industries/hydropower/gen-info/handbooks/licensing_handbook.pdf.

③ Clean Water Act, 33 U.S.C.A § 1251.

④ 16 U.S.C.A. § 1271-87.

⑤ National Wildlife Federation v. FERC (D.C. Cir. 1990).

响评估报告,但该评估报告没有研究项目扩建所带来的环境后果。法院裁定联邦能源监管委员会没有违反《国家环境保护法》。实际上,联邦能源监管委员会可以选择进行方案的比较和分析,而不必要重新准备《国家环境保护法》所要求的环境影响评估报告。

环境问题也在《1986年电力用户保护法》中得到关注[①]。该法对《联邦电力法》§4(e)进行了修改,要求联邦能源监管委员会在做出许可决定时,同等地考虑与电力生产有关的环保因素。

《电力用户保护法》要求联邦能源监管委员会等同地考虑"能源节约;对鱼类和野生生物的繁殖和栖息地的环境进行保护、缓解和改善;保护娱乐的机会和其他他方面的环境质量"[②]。虽然"同等考虑"并不要求"同等待遇",但审查必须是实质性的,见"加利福尼亚州诉联邦能源监管委员会"案[③]。这样一来,《国家环境保护法》和《电力用户保护法》之间就形成了互补关系。

与水电的低成本同样重要的是水电站建设引起的突出环境问题。这方面最著名的判例大概是"田纳西河流域管理局诉希尔"案[④]。该案涉及《国家环境保护法》和《濒危物种法》。因可能影响一种被称为蜗牛鱼的小物种,最高法院阻止即将竣工的田纳西河泰利库大坝的建设。最后,国会准许在这一重大环境问题解决之后,可以完成大坝的建设。

---

①　16 U. S. C. A. §808.

②　16 U. S. C §797(e).

③　California v. FERC (9th Cir. 1992).

④　Tennessee Vally Authority v. Hill (S. Ct. 1978).

在美国西北部地区,联邦水电大坝对一些濒危的鲑鱼(尤其是蛇河大马哈鱼和大鳞大马哈鱼)造成了严重的问题,见迈克尔·C.布朗的《两栖鲑鱼:哥伦比亚河谷生态系统管理的演变》[①]。鉴于涉及对廉价电力需求和对濒危物种的保护这些相互对抗的利益,人们寻求采用船和卡车运送鲑鱼绕过障碍等其他途径来解决问题。另一办法是增加河流流量,但这样做的负面影响是水位降低和减缓水力发电,见迈克尔·C.布朗等的《鲑鱼和濒危物种法:来自哥伦比亚盆地的启示》[②]。国会试图通过制定《美国西北部地区电力规划保护法》[③]及其 1996 年修正案来平衡各方要求。根据该法,鱼类保护与水电同样重要。

随着水电站服务时间的增长,许多水电站需要进行再许可。在再许可过程中,很多环境保护主义者认为,为了推动环境保护,水电站应退役而非再许可。[④] 联邦能源监管

---

① Michael C. Blumm, The Amphibious Salmon: The Evolution of Ecosystem Management in the Columbia River Basin, 24 Ecology L. Q. 653, 1991.

② Michael C. Blumm & Greg D. Corbin, Salmon and the Endangered Species Act: Lessons from the Columbia Basin, 74 Wash. L. Rev. 519, 1999.

③ Pacific Northwest Electric Power Planning Conservation Act, 16. U. S. C. § § 839-839h, 1994.

④ American Rivers, et al. v. FERC, 201 F. 3d aa86 (9th Cir. 1999); See also Holly Doremus & A. Dan Tarlock, Fish, Farms and the Clash of Cultures in the Klamath Basin, 30 Ecology L. Q. 279 (2003); Scott K. Miller, Undamning Glen Canyon: Lunacy, Rationality, or Prophercy?, 19 Stan. Envtl. L. J. 121 (2000).

委员会有权要求水电站退役[①]，但很少使用该权力。[②]

10.4.3　小型水电站和《公用设施监管政策法》

20 世纪 70 年代是能源市场的动荡年代，能源价格飞涨、供应紧缩、核电衰败。所有这些敦促美国减少其对进口石油的依赖。在电力市场上，以可再生资源为主的替代能源被认为可以提高供应和加强竞争以降低电力价格。国会通过《1978 年公用设施监管政策法》(PURPA)[③]来达到扶持小型水电站和其他政策的目的。该法的第 401 节[④]要求能源部部长建立鼓励小于 80 兆瓦的小水电发展计划，授权联邦为项目可行性研究和建设提供贷款。该法也要求联邦能源监管委员会建立一套监管体系，以加快对利用现有水坝建设小型水电项目的许可程序。

《公用设施监管政策法》鼓励热电联产（cogeneration）和包括小水电在内的小电站生产。为了吸引对小型水电站的投资，该法规定公用设施公司必须为小发电商提供联网和备用电源服务，并以"可避免的成本"购买小电站的剩余电力。如果小发电商可以以低于公用设施公司的成本发电，小发电商就可以节省电力成本并有出售其富余电力的市场。当传统的大型发电厂的成本上升时，包括小水电站在内的替代电力就具有吸引力。

---

① 60 Fed Reg. 339 (1994).

② Merimil Limited Partnership, Project No. 2574-032, Order Issuing New License, 110 F. E. R. C. 61,240(2005)；Marla E. Mansfield, Hydroelectric Power, in Energy Law Group. Energy Law and Policy fro the 21st Century 11-19 (2000).

③ Public Utilities Regulatory Policies Act of 1978.

④ 16 U. S. C. A. § 2701.

《公用设施监管政策法》要求联邦动力委员会对小于15兆瓦的"小支流"水电站豁免许可。《能源安全法》[1]也豁免了对5兆瓦发电项目的许可要求。豁免许可的目的是降低管理成本,以促进包括小水电的小电站的发展。豁免许可曾被认为比"初步许可"待遇更优越,见"中部城市诉联邦能源监管委员会"案[2]。判决表明豁免许可也同样适用于其他项目,见"爱奥瓦州电力公司诉联邦能源监管委员会"案[3]。然而,为了保护环境,豁免许可的适用范围也会受到限制,见"华盛顿州图拉利普保留地诉联邦能源监管委员会"案[4]。

10.4.4 《电力用户保护法》

国会于1986年通过了《电力用户保护法》[5]。该法修正了《联邦电力法》,解决了市政及州的许可优先权是否也适用于再许可及新项目许可的问题。该法案第7款明确规定,优先权只适用于初始许可,而不适用于再许可。然而,该款并没有明确强调原许可持有人的优先权,只是规定"微小的差异"不足以导致将许可从原持有人过户到新人名下。对已有水电设施的许可,市政没有优先权,联邦能源监管委员会需要将许可给予最适于满足公众利益的申请人。如果许可的原持有人有遵守许可条款的良好纪录时,则倾向于向其提供再许可。

但是,如果允许许可原持有人利用其对输电网的控制

---

① 16 U. S. C. A § 2705(d).

② City of Centralia v. FERC (9th Cir. 1996).

③ Idaho Power Co. v. FERC (9th Cir. 1985).

④ Tulalip Tribes of Washington v. FERC (9th Cir. 1984).

⑤ 16. U. S. C. A. § 791 etc.

来获取不当的竞争优势,那么水电许可的公平竞争将受到影响。因此,《电力用户保护法》包含了两个旨在防范此不正当竞争的规定。

首先,根据《电力用户保护法》§ 15(d)(1)的要求,联邦能源监管委员会在决定发放许可时不必考虑现有的被许可方在输电网方面的优势。其次,如果联邦能源监管委员会确认新的被许可方必须依靠从原被许可方获得输电网服务方能经营设施,《电力用户保护法》试图确保新的被许可方获取相关的输电服务,使其能够使用输电设施。联邦能源监管委员会必须要求许可新的和原被许可方就输电设施的使用达成协议。但是,如果谈判失败,联邦能源监管委员会将命令原被许可方提出输电价格申请(被退还输电费用押金),以确保新的许可持有人在得到许可之日即可开始运营。最后,联邦能源监管委员会将签发最终行政令以制定"合理的输电费用",但不会要求许可原持有人对其输电设施做大幅改造或干预许可原持有人对其客户服务的能力。

《电力用户保护法》规定的另一个许可发放标准涉及节约能源。其§ 4(e)规定,监管机构在发放许可时,对节约能源给予"相同权重"的考虑,以便使被许可方将能源节约作为供应的替代。该法的§ 3(b)要求联邦能源监管委员会考虑"许可申请人的提高用电效率计划,以鼓励或帮助其用户节约能源"。

与私人机构相比,州和市政等公共机构具有购买联邦水电设施生产的电力的优先权。一系列的联邦立法授权政府销售联邦建设的水坝水电站所生产的电力,见《1939年项目改造法》①和《1944 年防洪法》②。由于联邦的水电成本通常远低于替代能源成本,因而对该能源的竞争非常激烈。

对于联邦成文法授权联邦电力销售机构销售电力的优先权,没有取得优先权的公共机构在法庭上抨击这种优先权,因为这种优先权被转售给私有公用设施或另一具有优先权的实体。例如,在"大都市公共交通管理局诉联邦能源监管委员会"案③中,纽约公共交通管理局和佛蒙特州公共服务处这两个州立机构要求获得《尼亚加拉水系重新开发法》④规定的优先权。联邦第二巡回上诉法院维持了联邦能源监管委员会拒绝向这两个机构提供优先权的决定。法院的判决指出,执行相关法律⑤规定的"公共机构"是指公有的、购买电力直接用于配电和零售目的的机构,而不是电力用户或营销商。

《电力用户保护法》的某些规定也影响《公用设施监管政策法》。在 20 世纪 70 年代后期和 20 世纪 80 年代早期,由于《公用设施监管政策法》对可再生能源的鼓励措施和其他优惠税收政策,美国掀起了一阵开发小水电的浪潮。但是,当联邦能源监管委员会将新坝和调水分流项目归属为符合《公用设施监管政策法》规定的再生能源项目、并因此为这些新项目提供优惠时,遭到了反对。

《电力用户保护法》通过暂停给予新坝和调水分流项目

---

① Reclamation Project Act of 1939, 43 U. S. C. A. § 485(c).

② Flood Control Act of 1944, 16 U. S. C. A. § 825s.

③ Metropolitan Transportation Authority v. FERC (1986).

④ Niagara Redevelopment Act.

⑤ 16 U. S. C. A. § 836(b).

优惠的方式解决了上述争执。考虑到一些开发商已经依据该优惠政策计划和开发了新水电项目，《电力用户保护法》规定这些开发商可以沿用优惠政策。在《电力用户保护法》开始实施前已获得联邦能源监管委员会批准或已提交申请的项目享受此待遇。另外，非联邦批准的利用联邦水坝的水电项目不受《电力用户保护法》监管。

《电力用户保护法》还包含了相关的实施规定。在该法被实施之前，人们所关注的问题是由联邦管辖的一系列水电设施在未经联邦能源监管委员会许可的情况下运营，这使得监控这些设施的安全条件和环境影响非常困难。再者，联邦能源监管委员会被指责没有勤勉监督其发放的许可的履行情况。《电力用户保护法》对此的答复是，联邦能源监管委员会应该监督许可和批准的履行情况。为了便于联邦能源监管委员会监督许可的履行，《电力用户保护法》为联邦能源监管委员会提供了更多的授权，该署可以取消不履行规定的许可或许可豁免，并可以对不履行许可规定者处以日罚金达 10000 美元的民事处罚。

10.5 从水电站到流体电站

如前所述，水电是从落水中获取能量。同样的，流动的水如河流、波浪、潮汐等也可以用来驱动涡轮机发电。联邦能源管理委员会一直积极地为各类水电项目授予许可。到 2011 年 4 月为止，联邦能源管理委员会提供了 90 个许可，涉及总容量超过 1000 万千瓦。在这 90 个许可中，有 26 个是潮汐发电项目工程、9 个波浪发电工程和 55 个内陆水电工程，同时还有 150 个申请还在处理之中。

联邦能源监管委员会和内政部都享有外部大陆架（OCS）的管辖权[①]。2009 年 4 月，这两个行政机构签署了备忘录，对各自的管辖权限进行划分。联邦能源监管委员会对流体发电项目建设的许可发放和许可豁免具有排他管辖权，而内政部通过其矿产管理局行使对非流体动力的、诸如风能和太阳能的可再生能源项目具有排他管辖权。因此，流体动力项目的开发者将不得不从矿产管理局取得土地租约，并从联邦能源监管委员会获取项目许可。[②]

此外，根据《2005 年能源政策法》，矿物管理局颁布最终的监管规定，以授予外部大陆架可再生能源工程（包括流体发电工程）租约、地役权和通行权。矿物管理局将通过竞标或非竞标的方式授予商业租约和有限租约，但竞标方式优先。商业租约授予开发商一个长期租约，但要求项目达到一定的商业规模。有限租约则授予开发商不超过 5 年的场地使用和运营权，供评估、开发与试验新技术。水电将持续在国家的能源供应中发挥关键作用，最重要的是因为它是可再生能源。然而，由于这一能源的可用地点有限，对其扩大开发的可能性不大。此外，未来关注方向是公私配电商对这种相对廉价的电力能源进行的竞争将加剧，以及对现有许可进行更新时，将遇到对环境更加关注的问题。

---

① Escondido Mutual Water Co. v. La Jolla Band of Mission Indians, 466 U.S. 765 (1984); City of Tacoma v. FERC, 460 F. 3d 53 (D. C. Cir. 2006).

② Memorandum of Understanding Between the U. S. Department of the Interior and the Federal Energy Regulatory Commission, (April 9, 2009) available at http://www.ferc.gov/legal/maj-ord-reg/mou/mou-doi.pdf.

第 11 章　清洁能源

在本书第一版中，本章名称为"替代能源"。替代能源包括可再生能源如太阳能和风能，也包括化石燃料的替代物如页岩气和油砂。在政策制定者们越来越多地探讨一个清洁、低碳的能源转型的未来时，"清洁能源"更适合作为本章的名称。事实上，能源政策研究更加频繁地提到一个清洁的未来，在这个清洁的未来里，可再生能源和能效的作用将会越来越重要。对能源创新技术的投资是能源转型的必要组成部分，我们将通过对这个问题的讨论来得出本章的结论。

在第 2 章中，我们曾指出美国的主流能源政策是以大规模的、资本密集型的和化石燃料为主要驱动的能源政策。石油、天然气、煤炭、核能和基于这些能源而产生的电能，都是这一主流能源政策的典型范例。本章中，我们将谈论清洁能源及其政策。我们相当宽泛地使用"清洁能源"这一词语，以便囊括三个不同的概念。最受欢迎的概念涉及看起来毫无限制的可再生能源，如太阳能、风能、水能和地热能，它们是廉价的，且大部分没有环境危害，因此可再生能源极具吸引力。这些能源的成本在于这些能源的安置成本（deployment）。

清洁能源的第二个概念涉及资源保护和能效。资源保护就意味着使用尽可能少的能源,提高能效是指从特定的能源中获取尽可能多的能量,因此在某种意义上可以说,资源保护和提高能效都是对能源的补充。值得再次强调的是,资源保护和提高能效几乎没有或者完全不能对环境造成影响。

我们将讨论的最后一种清洁能源涉及主导能源模式的替代。在一定程度上,通过缩减能源生产规模、推动便携能源生产方式以及推行能源使用本地化,可以为主导能源提供一种替代。此外,我们将讨论化石能源和可能得到更高效、更清洁使用的化石能源替代品的替代能源。我们将通过对清洁能源政策的一般性讨论来结束本章。

至少从 1798 年托马斯·马尔萨斯写出《人口论》[①]开始,人口增长及其对社会可能产生的潜在危害的问题就一直困扰着我们。马尔萨斯在他的论述中强调人口的增速总是快于维持生计手段的增速。简而言之,他认为,食品供应赶不上人口增长会导致灾难性的社会后果。正如我们即将讨论的那样,从人口增长向能源消耗转化很容易,然而,不断增长的能源消耗会导致灾难性危害的观点,对替代能源政策理论产生了重大的影响。

11.1　可再生能源

美国每年大约消耗 100 万亿英热单位的能源,其中可再生能源占 8%。8%的可再生能源占有率在能源图谱中是令人瞩目的,其绝大部分占有率指数来自水电。图 11-1

---

①　Thomas Malthus, Essay on Population.

为 2009 年按来源划分的可再生能源消耗情况。

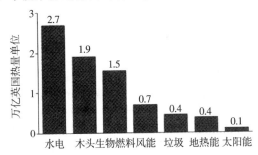

图 11-1

此外,正如图 11-2 所示,可再生能源在能源生产方面一直占有相当稳定的比重。例如,50 年前,可再生能源的年产量为 3 夸,而当时的能源消耗量大体上仅为目前的一半。然而,非水电可再生能源的贡献率基本持平但有改善迹象,正如数据所示,自 2000 年起风能的贡献率一直在提升。

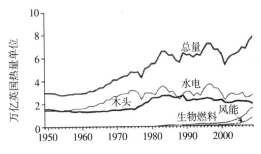

图 11-2

相对的,水电是可再生能源中最重要的部分,占可再生能源的 53%。如果扣除水电,垃圾和地热发电占美国可再

生能源的绝大部分,而风能和太阳能仅占较小的比例,如图
11-3 所示。

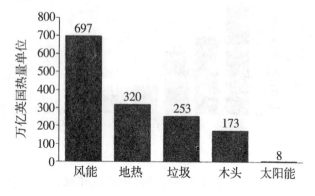

图 11-3

虽然美国在超过 100 年的时间里已经进行了各种有关
资源保护的立法,但直到 19 世纪 70 年代的能源危机,国会
才开始提及非传统能源。卡特总统引入了一部重要的能源
立法,标题为《1978 年国家能源法》。这些立法的大部分是
关于传统能源的。此后,卡特总统颁布了《1980 年能源安
全法》①。该法由几个部分构成,下文将分别进行论述。总
的来说,《1980 年能源安全法》着重通过多种可再生能源和
不可再生能源来降低对进口石油的依赖。该法规定了很多
资助措施来开发替代能源。但事与愿违,这些努力既未有
效降低对外国石油的依赖,也未明显提高替代能源的产量。

如果美国真愿放弃过度依赖化石燃料和核能的传统能
源路径,进而转向倚重可再生能源和资源保护,就必须加大
政府支持。政府可以通过对特定能源的专门立法,通过税

---

① Pub L. No. 94-293,94 Stat. 611(1980).

或其他金融措施,或通过增加联邦研发资金投入进行支持。例如,《1989 年可再生能源和能源效率技术竞争力法》[①]的国会立法就曾提供过这方面的支持。该法旨在"通过制订对可再生能源和提高能源利用效率技术进行研究、开发和示范的极具雄心的国家计划,来保证未来稳定和安全的能源供应"[②]。

《1992 年能源政策法》也涉及可再生能源[③]。例如,该法对《可再生能源法》进行修正,要求能源部部长征求示范与商业运用工程在商业申请项目的竞标程序中使用可再生能源和能源效率技术的建议。同时,该法也鼓励向发展中国家出口可再生能源技术,并建立全面的数据库,向在可再生能源和提高能源效率技术和产品等方面存在具体能源技术需求的国家提供信息。此外,该法也为采用太阳能、风能、生物能和地热等使用可再生能源发电的合格的再生能源设施规定了资金激励制度。

无独有偶,美国《2005 年能源政策法》也规定了关于资源保护和缩减温室气体排放方面的税收刺激措施。2007年《能源独立及安全法》通过将公司平均燃油经济性标准在2020 年之前提升至 35 英里/加仑的水平,通过设定可再生燃料从 2008 年的 90 亿加仑增加到 2022 年的 360 亿加仑,通过设定燃烧和设备的能效标准和通过废除一些油气税收激励措施等规定来促进清洁能源发展。

---

① Renewable Energy and Energy Efficiency Technology Competitiveness Act of 1989,42 U. S. C. A. §12001.

② 42 U. S. C. A. §12001(b).

③ 42 U. S. C. §12005.

2009 年《美国复苏与再投资法》扩大了《2005 年能源政策法》中一些清洁能源税收抵免的范围,并对电网投资表达了极大关注。此外,奥巴马政府继续提出法案以提高能效和加强可再生能源工作。例如,2012 年的总统预算为美国能源部的"能源效率和可再生能源项目"提出了 32 亿美元的预算,它比之前的预算相应增加了 9.83 亿美元或 44%的比重,其中 6.5 亿美元用于发展能源研发。同时,该预算在化石燃料资金方面比之前相应缩减了 4.17 亿美元或44%的比重。①

总之,可再生能源在美国的能源构成中发挥着不太重要的作用,然而,我们正见证可再生能源的增长。正如美国能源部定义的那样,可再生能源包括生物能、地热能、风能、太阳能和传统的水能。此外,"2007 年与 2008 年之间,可再生能源消费率增长了 10%,达到 7367 兆(英热单位),达到了自美国能源信息署记录史上的最高值……以至于可再生能源在美国市场的比重增加至 7%以上"②。

与所有替代能源一样,可再生能源的必须面对与主流能源模式的竞争。可再生能源取代传统能源的程度受制于供需法则,也就是说,只有在可再生能源具备成本效益优势时,它才能在美国的能源业中发挥更重要的作用。

11.1.1 太阳能

太阳能是"被动"兼"主动"型的能源。被动的太阳能设

---

① Environmental and Energy Study Institute, FACT Sheet: Obama Administration FY 2012 (February 2011) available at: http://files. eesi. org/gy12_budget_factsheet. pdf.

② Energy Information Administration, Renewable Energy Annual 2008 1 (August 2010).

施也称太阳能热系统,是一个无运动组件的能源系统,如面南的有着大型双层玻璃的房屋就是一个这样的系统。该系统具有较好热绝缘功能并吸收了资源保护的法则。主动的太阳能系统含有可移动的机械部件。例如,它通过太阳能吸收装置加热水或空气,之后再由管道进行传输。被加热的水或空气通过风扇或水泵的作用由热交换器进入充满水的储热器。这些热水可以用来直接或间接地通过散热器加热房间。

太阳能的主要用途是加热水或取暖,但也逐步用于光伏板和大型太阳能收集器的发电项目。当前,美国聚光太阳能发电技术公司(Bright Source)正在加利福尼亚州建设最大的太阳能集热器。该集热器预期可生产 13 亿瓦特的电,相当于一个核电站,可以服务 100 万个家庭。

早期的预测认为,到 2000 年,太阳能占美国能源的需求量将多达 23%,见 R. 斯托布和 D. 耶金的《能源未来》[1],这一目标未能得以实现。今天,太阳能在美国的能源体系中所占比重不到 1%。然而,太阳能被认为是最好的可再生能源,它具有安全、取之不尽、不能被垄断的特点,且有石油、煤炭、天然气或铀所不具备的属性。

太阳光也可通过光伏进行发电。光伏板正如此前被广泛应用的晶体管和集成电路一样,属于半导体。当光线射在经特殊处理的硅晶体板上时产生电压。从手表到大规模的发电场,光伏板都得到了广泛的使用。有关的立法有

[1]　R. Stobaugh & D. Yergin, Energy Future (1979).

《1978年光伏能源研究、开发和示范法》[1]和《1980年太阳能和能源节约法》[2]。联邦太阳能法规通过集中促进小型太阳能发电设施的利用、税收上优惠的折旧率和其他税收政策和研发政策等鼓励措施推广太阳能利用,见《1974年太阳能研究、开发和示范法》[3]和《国内税收法典》[4]。

近年来,从销售量的增加和单元成本的缩减而言,光伏市场得到了强劲的增长。例如,2008年光伏能源的销售量比上年增加多达90％,在某种程度上说,这一增加是基于投资税收的抵免措施,根据《2008年紧急经济稳定法》[5](也称《救助法案》)的规定,投资抵免措施将延长8年。同样的,光伏市场的生产商和进口商的数量也增加43％。在成本方面,光伏电池和光伏组件装运的总收入从2007年的17.2亿美元增加到2008年的33.4亿美元,增加了将近95％。光伏组件的平均价格从2007年的3.37美元/瓦特增加到2008年的3.49美元/瓦特,增加了将近4％。光伏电池的平均价格从2007年的2.22美元减少为2008年的1.94美元,减幅达12％之多。[6]

阳光不像不动产那样受所有权的影响,由于这种资源

---

① Solar Photovoltaic Energy Research, Development, and Demonstration Act of 1978, 42 U. S. C. A. § 5581.

② Solar Energy and Energy Conservation Act of 1980, 12. U. S. C. A § 1451. etc. and U. S. C. A § 6347. etc.

③ Solar Energy Research, Development and Demonstration Act of 1974, 42 U. S. C. A/ § 5555-66.

④ Internal Revenue Code § § 167, 168.

⑤ Emergncy Economic Stabilization Act of 2008, Pub. L. No. 110-343.

⑥ Renewable Energy Annual at ch. 3.

具有独特性,因此,太阳能没有综合的财产权利体系。为了利用太阳能,利用者必须能获得或接触到阳光,并由法律来保障这种可获得性。总的来说,当地和州法通过区域规划(zoning)、地役权(easements)、妨害(nuisance)或者优先占用(prior appropriation)来保证接触到阳光的权利,见"普拉诉马利提"案①,该案涉及因房屋建设而造成别人不便。新建的房屋阻挡了邻居的光线,并在很大程度上影响其使用太阳能系统。

11.1.2 风能

在荷兰和美国的农场,风车是随处可见的景观,利用风车来获取风能已经延续了几个世纪。风车可以通过把风能转化为机械能的方式来帮助人们提水或磨面等。今天,我们正在关注利用风能发电。据统计,美国蕴藏的风能足以提供目前已有发电站两倍的发电能力,美国能源部预测风力发电将成为最大的能源增长点,并且到 2035 年,全部的可再生能源将达到全美国能源 14% 的比重。② 此外,风能也是能源经济增长最快的两个部门之一。2010 年底,美国拥有超过 4000 兆瓦生产力的风电装置,这使得美国成为风能发展速度仅次于中国的国家。近四年来,风力发电能力增幅超过 35%,仅次于天然气的增幅,比煤炭与核能加起来的增幅还快。迄今为止,美国大约有 20 个州装备风能项

---

① Prah v. Maretti (1982).

② DOE EIA, Annual Energy Outlook 2011:Reference Case (December 16, 2010) available at: http://www. eia. gov/neic/speeches/newell_12162010. pdf.

目,而得克萨斯州就拥有整个国家可运作风能生产力的 25%。[①]

和太阳能一样,风能也得到了联邦及各州政府的津贴,并因此帮助相关工业的增长。同样,风能也受到了诸如经济、地点和天气等限制性因素的挑战。我们不断积累经验和技术改进措施,但这些努力最终的希望都必须归结为成本缩减。[②] 和所有可再生能源一样,在达到成本效率之前,风能难以得到广泛的使用,目前,这还得依赖于政府支持。

风能的吸引力在于其没有任何的空气或水污染,也不排放任何的有毒有害废弃物。因此,风能对于公众的威胁极小,风能工程经常能得到税收减免措施的激励。[③] 但风能的确具有自己的缺陷,风能工程必须面对环境障碍。建立风力发电场还存在诸多问题,例如,许多人会认为商业发电场影响风景,可能伤到鸟群或其他野生动物,风能工程可能占用一些重要的地方并造成不良影响,高速的风力涡轮机叶片会产生噪音,并对附近住户的采光造成影响。

与其他可再生能源一样,风能也是在 20 世纪 70 年代能源危机之后才得到重视的。起初,联邦通过资金支持来开发风力涡轮机。私人研发机构继续开发相关技术,技术的进步也持续地降低了风力涡轮机的资本成本和运行成

---

① National Renewable Energy Laboratory, Wind Energy Update: Wind Powering America (April 2011) available at http://www. windpoweringamerica. gov/pdfs/wpa/wpa_undate. pdf.

② National Renewable Energy Laboratory. Wind Energy Technologies Program Market Data-2009 (December 27, 2010) available at http://www. nrel. gov/analysis/market_re_data_wind_2009. html.

③ EP Act 42 U. S. C. 13317.

本。开发风电工程的一个重要成本因素就是连接风电场与既有电网的成本问题,其中两种成本较为显著:一是由于风电(或太阳能)一般远离既有电网,需要从风电站到电网建设输电线路;二是因为风电(或太阳能)是间歇型的电能,因此涉及协作性操作成本,即电网必须能够进行间歇性分离操作,以使整个电网不被削弱。[①] 关于风电与电网互接的问题也涉及各个电网用户之间的成本分配问题。[②]

尽管技术进步使得风能项目的成本有所下降,但其他的限制条件依然未变。其中,最大的限制因素是风的可变性。我们曾提过,电力不能被有效地存储,我们必须有持续的电力供应,而风力发电受制于大自然和风速的变化。由于不能持续稳定地生产电力,风电项目不如其他发电项目那样吸引人。同时,地点和每天的天气情况影响风力强度。

联邦政府对风能计划的作用主要是资金支持。从 20世纪 70 年代开始,政府开始为风能项目提供资金。到 1980 年,该资金支持达到顶峰,为 6000 万美元。然而这些资金支持在 20 世纪 80 年代期间逐年降低。到 1988 年至 1990 年,该资金下降到每年 1000 万美元。20 世纪 90 年代

---

① National Conference of State Legislators, Integrating Wind Power Into the Electric Grid (2009) available at http://www. nationalwind. org/assets/publications/WINDFORMATTED5. pdf; see also North American Electric Reliability Corporation, 2009 Long-Term Reliablility Assessment: 2009-2018 (October 2009) available at http://www. nerc. com/files/2009-LTRA. pdf. this issue of interconnection also involves cost allocation among various grid users.

② FERC. Transmission Owning and Operating Public Utilities, Dkt. No. RM10-23-000(june 17, 2010) available at http://www. ferc. gov/whatsnew/comm-meet/2010/061710/E-9. pdf. (final rules are expected in 2011).

的资金支持有所加强，在 1995 年达到了 4500 万美元的水平。此后，该资金支持又下降到每年 4000 万美元，见能源信息署的《1996 年年度可再生能源报告》[1]。为了与太阳能项目的优惠税收相一致，《1992 年能源政策法》也为风能项目提供了税收优惠激励。除资金支持外，联邦政府也为风能项目提供技术支持。能源部下属的风能计划与业界一起进行风力涡轮机技术的开发和试验。该计划的目的是通过提高运行效率来降低风能成本。一个政府与行业的联合机构"国家风能机构协调合作委员会"（NWCC）于 1994 年成立。成立该委员会的目的是通过找出风能项目的关键问题，结合考虑行业和环保主义者对发展可再生能源方面的看法，以开发风能的商业化市场。最后，《2009 年美国复苏与再投资法》扩大了风能设备电子产品的税收抵免幅度，并于 2012 年 12 月 31 日获得通过。该法允许 2009－2012 年期间用于风能设备的特定财产享受相应的税收抵免；也授权 2009 年和 2010 年期间的风电工程，可以向财政部申请在财政激励措施范围内的其他财产的成本的 30％的现金补贴。[2]

11.1.3　生物能源和醇类燃料

这两种能源放在一起讨论是因为它们共同构成了《1980 年能源法》的第二编，即《1980 年生物能源与醇类燃

---

[1]　Energy Information Administration，Renewable Energy Annual 1996 42（1996）.

[2]　Daniel A. Yarano & Alexandra L. Mertens，American Recovery and Reinvestment Act of 2009-Wind Energy Provisions（February 23，2009）available at http://www.fredlaw.com/articles/energy/energy_0902_day_alm.html.

料法》①。《1974年太阳能研究、开发和示范法》②授权对生物能源进行研究，并为此提供资金。《1976年资源保护和回收法》③制订了联邦与州一起进行固体垃圾能源潜力研究的联合计划。

"生物质"的广义定义为"任何可再生的有机物，包括农作物与农业垃圾和残留物、木材与木材垃圾和残留物、动物粪便、城市垃圾和水生植物"④。生物质通过有机质的分解生成甲烷气。生物能源的最初来源是太阳能，以光合作用等形式存储在有机体内，并从收割的农作物或垃圾中将其回收。

生物质的来源包括动物粪便，掩埋的垃圾，可转化成煤气的煤炭，来自水生物、农作物秸秆、泥煤、废水、污泥和由动物饲料（如玉米）产生的酒精。多数生物质被转化为甲烷气，也可被转化成交通行业使用的醇类燃料。

此外，如前所论，前总统小布什和奥巴马总统，以及通过《能源独立和安全法》的国会都已经设定了从目前的120亿加仑生物燃料到2022年生产360亿加仑生物燃料的目标。⑤ 一些预估认为，由于比汽油便宜，到2050年，美国国内的生物燃料生产几乎可达到800亿桶的油当量，因此，可

---

① Biomass Energy and Alcohol Fuel Act of 1980，42，U. S. C. A § 8801 etc.

② U. S. C. A § 5551.

③ Resource Conservation and Recovery Act of 1976，42 U. S. C. A § 6901 etc.

④ 42 U. S. C. A. § 8802.

⑤ White house ：Growing America's Fuel：An Innovation Approach to Achieving the President's Biofuels Target (2010) available at http://. whitehouse. gov/sites/default/files/rss_viewer/growing_americas_fuel. PDF.

以取代交通业二分之一的石油使用量。① 总之，生物质和生物燃料可以用来发电，这将对于减轻交通业的石油依赖产生极为重要的作用。

在国家对生物燃料的开发过程中，最环保和最高效的燃料的使用是非常重要的。例如，玉米乙醇可以用作生物燃料，但是大量使用会引发三个严重问题：一是玉米乙醇的使用效率只有 12％，也就是说 78％的潜在能源白白浪费了②；二是对它的广泛使用可能抬高粮价，进而可能对食品市场产生潜在影响；三是玉米乙醇的燃烧也释放大量的二氧化碳。相反，纤维质生物燃料，例如从草中提取能量会更高效，不会影响粮价，也不会排放太多二氧化碳。③

能源部下属的能源效率和可再生能源办公室负责若干生物能源的研发计划，并组建了具体负责的生物能源办公室。生物能源办公室的职责是，本着生物能源可以帮助解决能源供应问题、改善环境和刺激经济发展（特别是农业区）的目的，以可持续的方式从事生物燃料、生物发电和生物制品的开发。该办公室还制定了一个雄心勃勃的方案，以实现国会和总统的目标，这个方案的任务是"通过有针对性的研究、开发和示范，并基于公私合作安排（PPP），把国家的可再生能源开发和转化为具有成本竞争优势的、高性

① Nathanael Greene & Yerina Mugica，Bringing Biofuels to the Pump：An Aggressive Plan for Ending America's Oil Dependence (July 2005) available at http://bio. org/ind/advbio/NRDC. pdf.

② 译者注：原书中数据如此。

③ Natural Resources Defense Council，Getting Biofuels Right：Eight Steps for Reaping Environmental Benefits from Biofuels (september 2007) available at http://www. nrdc. org/energy/files/right. pdf.

能的生物燃料、生物产品和生物电能"。为了完成这个任务，这个方案的预期是实现可持续发展的、具有成本竞争优势的生物科技的如下目标：一是使全国范围内的生物燃料生产成为可能，并通过建立新的国内生物能工厂来减少对石油的依赖；二是通过增加生物发电产能扩大生物电能在国家可再生能源目标中的比重。[①]

生物能源办公室的主要研究和开发计划包括热化学转化和生物转化。热化学转化是指生产可用于加热、发电和其他目的的合成气。生物转化是指将生物质转化为有用的燃料和化学品。此外，该计划也关注炼化设施和开发发动机润滑油和熔剂、塑料和酶素等生物制品。该计划也曾进行过从 1 千瓦到 5000 千瓦小型发电机的研究。

多年来，除了对生物制品和生物燃料的应用进行研发外，人们也为发电的目的开发生物质。人们希望生物质和其他可再生能源会在事实上对环境有利，进而减少二氧化碳的排放。

11.1.4　地热

地热是来自地球内部的热能，该热能可以推动汽轮机发电。这种热能可以通过两种方式使用。

第一种方式是通过地表下的热干岩石发电，这种发电方式需要先定位好热干岩，并将水注入该区域，通过热能来驱动水流，进而通过水流来进行涡轮发电。地热是一种相对安全和清洁的能源。开发此类资源引起的环境问题包括

---

① DOE EERE，Biomass Multi-Year Program Plan i（November 2010）available at http://www. eere. energy. gov/biomass/pdfs/biomass_mypp_no-november2010. pdf.

噪音、异味、热污染和向周围土壤及水排放可溶性物质。与燃煤和石油不同,这类环境问题主要影响项目当地现场,而不是整个燃料周期的各个环节。因此,地热是相对安全和清洁的能源。

开发地热的另一种方式是直接抽取地热蒸汽,并将其用于小区供暖或热泵(heat pumps)。对小区供热是直接或通过热交换器将热能传送到居民用户。此后,地热介质可被重新注入地下或直接在地表排放。地热热泵是一项有效的技术,闭环工作的热泵的工作原理与家庭用于制冷和制热的锅炉工作原理相同。

绝大部分的地热蕴藏在钻探无法达到的地核和地幔中。但在地球的某些被称为"热点"(hot spots)的地区,地球的保护层不太厚,我们因此可以开采地热。在有温泉或喷泉(如黄石公园的"老忠实间歇泉"地区)也可以在地表获取地热能。美国有地热能开发潜力的地区有夏威夷和阿拉斯加,面积达130万英亩。美国大部分具有地热开发潜力的地区位于西部,其中加州的喷泉地区的地热井产量最高。

太平洋天然气和电力公司于1960年率先在喷泉地区利用地热发电。1986年,该地区的地热发电量达到103亿千瓦时,发电成本也低于本地区的化石燃料发电厂。地热发电量于1987年达到了顶峰,达110亿千瓦时。地热蒸汽有很高的经济价值,一家开发商曾出价1.45亿美元购买联邦土地上的地热资源租用开采权,见"光辉地热诉北加州电力监管局"案[1]。

---

[1] Grace Geothermal v. Northern Cal. Power Agency (N. D. Cal. 1985).

鉴于地热项目不向大气排放二氧化碳和氧化氮,被认为是对环境友好的能源。其排放的硫也只是化石燃料电厂的一小部分。地热电站也占用较少的土地,且不影响周围土地的使用。它对环境的最大影响是改变特定区域的水位,会因此破坏稀有的喷泉地质活动。

《能源安全法》通过《1980年地热能法》[①]来管理地热的开发。该法的立法目的是通过排除经济和法律障碍,促进地热的利用。同时,1974年颁布的《地热能的研究、开发和示范法》[②]为地热项目提供贷款,以支持地热储量的勘探。该法还建议设立地热储藏保险并为地热的非发电应用提供资金支持的可行性研究。

一个需要州和联邦法律共同解决的问题是确定地热资源是属于地下矿藏资源所有权人还是地表所有权人。依据法院在判例中的判决,地热资源的所有权归前者所有(见"地热动能公司诉联合石油公司"案)[③]。有的判例认为即使地表所有权人反对,地热资源的所有权人仍可进入前者的地表土地并在该土地上建设发电设施,见"西方地热公司诉西蒙斯"案[④]。

美国政府拥有大片具有地热资源的土地。国会早期的政策是依照《1970年地热蒸汽法》[⑤]出租地热资源,见"花岗

① Geothermal Energy Act of 1980, 30 U. S. C. A. § 1501.

② Geothermal Energy Research, Development, and Demonstration Act of 1994, 30 U. S. C. A. § 1161.

③ Geothermal Kinetics, Inc. v. Union Oil Co. (Cal Ap. 1977).

④ Occidental Geothermal, Inc. v. Simmons (N. D. Cal. 1982).

⑤ Geothermal Steam Act of 1970, 30 U. S. C. A. § 1001.

岩公司诉瓦特"案[1]和"吉提石油公司诉安德鲁斯"案[2]。联邦第九巡回上诉法院判决是,联邦政府对于《1961年畜牧土地法》[3]所覆盖的地热资源保留权利,见"美国诉联合石油公司"案[4]。

地热能仍然具有不断增长的潜力。能源部的"能源效率和可持续能源计划"(EERE)已经采取措施开发创新科技,以更好地利用这种能源。能源部的"地热科技项目"(GTP)通过与工厂、学术界、国家实验室的合作,促进地热的商业化。2010年,地热科技项目出版了一部四卷本的地热能源历史[5],将地热的研究分为五个领域:(1)提高地热系统技术;(2)水热发电;(3)低温资源;(4)战略性的规划和分析;(5)技术校验。这些研究领域均可在联邦能源监管委员会官网查询。

11.2　节能、提高能效与能源强度

节能、提高能效与能源强度,可以被视为另一种清洁能源。在某种程度上,三者的含义有重合。但我们可以对其分别进行定义。首先,节能意味着能源可以通过缩减能耗来得到节省。其次,能效是指在特定条件下,使用更少的能耗以产生同量的能源。最后,与此紧密相关,能源强度可以

---

① Crownite Corp. v. Watt (9th Cir. 1985).

② Getty Oil Co. v. Andrus (9th Cir. 1979).

③ Stock-Raising Homestead Act of 1961.

④ United States v. Union Oil Co. (9th Cir. 1977).

⑤ GTP home page at http://www1. eere. energy. gov/geothermal/about. html.

衡量每个单位产出所需要的能源。换言之,消耗更少的能源生产同样的产品即减少能源强度。可见,三者均旨在从更少的消耗中获得更多的产出。为此,我们可以在效率的标签下根据具体目标使用这些概念。

能效有很多积极属性,它便宜、清洁,最近 30 年,美国在能效方面相继取得了许多显著的成果。例如,自从 1985 年以来,美国的 GDP 已经超过能源消耗量的幅度达每年 56％,或者超过整体能效大约 17％。[①] 换言之,美国的经济生产率的增幅超过了能源消耗量的增幅,而不只是紧随其后。

对于能源效率成就的衡量和推动能源效率发展二者来说,一般可以使用这两种方法:一是能效标准,二是清洁能源标准。我们之前已经对能效标准有所讨论。简言之,一项能效标准可以达到广泛的运用。例如,汽车平均燃油经济性(CAFE)标准对小汽车和卡车设定了里程需求标准。类似的,标准可以被设定在照明、制冷、楼房等各种耗能设施。这一想法就是对不同的电器应该设定特定份额的能耗量。同样,效率标准也可以用在电源开关上以节约用电。

奥巴马政府已经宣布要开发一套清洁能源标准。奥巴马在其 2010 年国情咨文中宣布到 2035 年美国 80％的电能将通过清洁能源来产生的目标。为达此目的,奥巴马主张采用一种清洁能源标准,这一标准将建立在如下五个核心原则之上:(1)到 2035 年清洁电源的比重将增加一倍;

---

① DOE EERE, Energy Intensity Indicators in the U. S. Available at http://www1. eere. energy. gov/ba/pba/intensityindicators/total_energy. html.

（2）为可再生能源和核能发电建立清洁能源信贷系统，并对清洁煤和有效率的天然气发电提供部分信贷支持；（3）通过诸如为能效提升提供税收抵免等方式来保护消费者免于承担能源上涨费用；（4）促进国内区域之间的公平；（5）推动包括清洁能源和复合燃烧系统的新技术的发展。①

　　能效可以在很多方面得到提高。改装建筑设备或者制造燃油效率更高或适当使用可替代燃料的汽车可以节约能源；可以通过税收抵扣或减免来鼓励节能设备的安装；还可以通过税收措施来增加能源成本，进而减少能源的需求和使用量；在能源短缺期间，解除对燃料价格的管制将会引起能源价格上涨或需求下跌，进而达到节约能源的目的；政府可以通过直接限制供应以强制实施节约。此类措施中最简单的例子是降低汽车行驶的最高限速。

　　在 20 世纪 70 年代的能源危机期间，联邦通过了若干促进能源节约的成文法。《能源政策和节约法》②提出的节能措施有：家用电器和汽车节能标准、工业节能目标、联邦节能计划以及为各州的节能计划提供资助。《能源节约和生产法》③要求成立能源信息收集和分析办公室，提议制定新建筑物的节能标准。《国家能源节约政策法》④的第二部分是关于居民节能。根据此法，能源部部长应敦促各州公用设施监管机构建立和实施居民节能计划。如果州政府行

---

① White House, President Obama's Plan to Win the Future by Producing More Electricity through Clean Energy (February 2011) available at http://rfflibrary. files. wordpress. com/2011/02/sotu-factsheet-ces. pdf.

② 42. U. S. C. A. § 6201.

③ 42. U. S. C. A. § 6801.

④ National Energy Conservation Policy Act, 42. U. S. C. A. § 8201.

为不力,能源部部长可以在该州实施由联邦制订的居民节能计划。其中的一项具体措施是,提高有关发放取暖补贴的收入水平资格标准,并为房屋安装节能材料提供融资安排。

该法的第三部分是关于学校、医院和当地政府的建筑物的节能。能源部部长被授权提供资金对这些建筑物进行节能审计和为节能改造的项目提供融资。该法的第四部分是关于违反燃油经济标准的民事惩罚措施。该法要求披露某些车辆的燃油效率,并责成环境保护当局做出新车燃油经济指标准确性的报告。该法的第四部分也要求能源部部长制订某些家用电器和若干种类的工业设备的能源利用效率标准。

《国家能源节约政策法》的第五部分是关于联邦能源计划和对《能源政策和节约法》的修订。该部分责成能源部部长制定在联邦建筑物上展示太阳能制热和制冷技术的计划,并制定对联邦机构就此计划提供的建议进行评审的标准。该部分也宣布联邦政府有责任在其建筑物中推广节能技术的应用,利用太阳能制热和制冷和使用其他可再生能源。能源部部长应为此制定联邦建筑物节能目标。该法也制订了联邦设施推广和使用太阳能光伏电池商业化的计划。

最后,该法的第六部分是关于扩展已有的工业能源报告体系,将能源部部长认定的重要耗能行业和年耗能超过1万亿英热单位的行业纳入报告体系。该法也要求公用设施公司实施全面的措施,包括向拥有或使用居民建筑物的居民用户提供节能措施建议、通报可能的节能经济效果、提交节能设备和材料的供货商或租赁商名单以及推荐节能技术。

通过《2005年能源政策法》和《能源独立与安全法》，美国议会继续强调提高照明、建筑和家用电器的能效的重要性。例如，美国国家科学院一份最新研究表明现存能效科技足以抵消到2030年为止预期的能源需求的增长速度，但是，这些技术需要在建筑、交通和工业部门广泛地推广和利用，以便取得能效收益。

简而言之，在能源独立的情形下，提高能效是最容易做的一件事情。提高能效的好处是成本低且没有环境危害。为了达到上述所有预期的好处，节效节约必须转化为实际的能源消费减少。[①]

能效收益可以通过每一个经济部门得到实现。事实上，我们也可以通过将现有技术广泛用于发展先进技术，进而实现更大的利益。如前所示，美国已经因提高能效获得收益，例如，自1973年以来，美国每美元GDP的能源消耗已经减少了一半，该能源耗费缩减量的70%来自能效的提高。但是，美国人均能源消耗量水平仍然落后于几乎所有发达国家。

例如，美国国家科学院研究评估认为，住宅楼的取暖或制冷可以节约50%或更多的能源，总能源消耗量的30%～40%的减少是由于成本效益效率的提高。商用楼只需提高照明率和完善楼房门窗系统和空调系统，同样可以从取暖制冷或水暖方面得到50%的能源消耗缩减量。大多数情况下，新楼比旧楼改造更容易实现这些收益。尽管如此，通

---

① National Academy of Sciences, American's Energy Future: Technology and Transformation (2009).

过旧楼的改造获得能效带来的巨大收益也有较大的前景。

基于建筑物提升能效收益的手段十分有限,仍然面临一些障碍。消费者通常缺少评估成本节约的必要信息;另外,环境或社会的污染成本并没有包含在房价里;一些监管政策要么阻止要么不鼓励在能效方面的投资;楼房很容易陷入"业主代理人"难题的困境中。当建筑商的竞争对手们没有类似的投入时,它们不愿意进行能源效率提升,因为这样会增加成本,否则进行能源效率提升的建筑商们的商品会因价格太高而丧失其市场份额。

交通运输部门消费了整个国家28％的能源,而且绝大多数是石油。因此,能效的提升具有减少对外国石油的依赖和净化环境的双重作用。如前所述,公司燃料使用效率标准提升了燃料效率。类似的提升还可以通过设计和制造内燃机汽车(如混合电动交通工具或全电动交通工具等)来实现。也可以通过空运、卡车运输或运输系统整体的能效提升来实现。轻轨和高铁系统可以减少公路上的汽车数量,实质上减少了碳排放。

工业部门随着国家从诸如钢铁工业等高强度能源产业转向低强度信息技术,对能源的需求减少了。尽管如此,能效仍然得到了提升。这些收获的实现,在很大程度上得益于在制造工艺上的改进及采取步骤上减少浪费,以及通过结合热电单元来减少热耗。研究显示,这类的投资将会产生丰厚的利益回报。

11.3　非联邦清洁能源政策

如前所述,联邦能源政策支持传统化石燃料能源路径,间或推动清洁能源日程。我们可以不为过地说,目前,各州及区域的清洁能源计划比联邦政府的行动更为重要。清洁能源规划部署具有广泛性,并且在迈克尔·B.杰拉德编辑的《清洁能源法:效率与可再生能源》[①]中,清洁能源规划被充分地列在目录中。此外,加利福尼亚州是该领域内无可争议的翘楚,加利福尼亚州能源委员会积极推动了能源效率和可再生能源的使用。例如,2011年4月,杰瑞·布朗州长签署了一项立法,要求到2020年为止加利福尼亚人使用的33%的电须是可再生能源发电。能源委员会回应称他们准备在届时将该比率提升到40%。

除了设定可再生能源标准之外,加利福尼亚州还雄心勃勃地通过设立排放标准促进清洁空气,通过能效设计提高能源效率,通过100万个屋顶太阳能设施推动太阳发电。当然加利福尼亚州不是唯一投资清洁能源计划的州,若干个州也采取了具体的措施。

11.3.1 可再生能源发电配额制

38个州已经设定了可再生能源或可替代能源的标准或目标。可再生能源发电配额制(renewable portfolio standard, 简称RPS)是最受欢迎的方法,该方法规定公用设施公司必须销售一定份额的可再生能源产生的电力。

根据可再生能源发电配额制的要求,在特定日期前,公用设施公司需要出售一定比例的来自指定能源清单的电量,如来自风能、太阳能或生物能的发电。公用设施公司有义务通过向市场购买与配额指标数量相应的电能,从而减

---

① Micheal B. Gerrard(ED.) The Law of Clean Energy: Efficiency and Renewables (2011).

少对化石燃料发电的依赖，同时激励新兴市场的发展。这些政策的两个关键变量是可再生能源的分配比例，以及被指定的资源须满足可再生能源发电配额制的要求。到目前为止，美国各州有现行政策适用于大约50％的美国电力负荷。

为可再生能源发电配额制提供贸易信用证书，是促进可再生能源发展的方法之一。可再生能源信用证书与其他一些环保证书的作用类似。例如，如果某公用设施公司需要销售20％来自可再生能源的电力，而它只能从市场上购买18％的来自可再生能源的电力指标，它就必须为其余的2％购买可再生能源信用证。它可以从可再生能源发电企业或其他有超过20％可再生能源发电要求标准的公用设施公司购买所需的证书。

在联邦立法层面，曾有过一项设定可再生能源发电配额的联邦标准制度的立法，但被国会否决了。联邦层面配额制标准的基本思想是使多元的可再生能源发电配额制相关市场合理化。一些州对此在时间表、百分比、合格能源等方面存在争议。例如，一个水电很丰富的州，必然会提出水电作为合格能源，核能是否应该符合？能效标准如何？或者，清洁煤合适吗？可再生能源证书是否可以（或应该）在州际或全国市场进行交易？支持或反对的观点见林肯·戴维斯的《能源未来：关于国家可再生能源发电配额制的谈论》[①]和吉姆罗西的《国家可再生能源发电配额制的不足》。

---

① Lincoln Davies，Power Forward：The Argument for a National PRS，Conn. L. Rev. 1339（2010）；Jim Rossi，The Limits of National Renewable Portfolio Standard 42 Conn. L. Rev. 1425（2010）.

11.3.2　上网电价

发展可再生能源市场的另一个方法是上网电价制度（feed-in tariff，简称 FIT）。在合格可再生能源生产商与当地电网设施公司以某一定价达成协议供应相应数额的可再生能源方面，上网定价与可再生能源发电配额制相类似。这类协议在欧洲以及美国的加利福尼亚州、佛蒙特州和夏威夷州得到推广，美国的其他州也正在考虑使用这类协议。

上网定价是一种具有特定条款和预定价格的长期协议。以这种方式，公用设施公司可以保证它们满足该州能源转型的要求，还可以使可再生能源生产获得稳定的收益。通常，该价格较为优惠，并会持续 10 年到 20 年。电网准入也是这种安排的一个关键因素，为可再生能源生产者们提供了一个市场。

11.3.3　区域温室气体行动计划

区域温室气体行动计划（Regional Greenhouse Gas Initiative，简称 RGGI）是九个东海岸州一起为建立碳排放限额交易市场而采取的共同努力。首先，"限额"是为碳排放量设定的，旨在于特定日期之前将碳排放量减少 10%。其次，根据公用设施公司的运行能力评定它们的配额（allowance），通过举行拍卖对这些配额进行交易，拍卖收入被投资于消费者福利项目。这些项目的设立是为了提高能效和促进对可再生能源技术的开发。

区域温室气体行动计划实质上是为减少二氧化碳排放量而设立的。但该计划的一个直接结果是促进了可再生能源市场和技术的发展。跨州能源措施可以将 RGGI 当作一个范例来借鉴。就全国各地拥有不同的能源组合而言，区域间的合作提供了一种替代性的监管方式。

11.4 对传统能源的替代

我们可以发现对传统能源的替代有两种，一种是对大型的电力生产的替代，另一种是对煤、石油和天然气的化石燃料的替代。

11.4.1 分布式发电

随着电力行业不断思考在气候变化挑战下的转型问题，我们必须认真考虑第 8 章所讨论的传输环节的未来。现在的大型发电厂可以更有效地生产电力，但因电力不能存储，使得更加地方化的配电的可能性减少。作为对两种局限的回应，出现了一种新的概念，即由小型发电机或接近负荷的发电机组形成的"分布式发电"的概念。就这样，分布式发电降低了对现有输电网的依赖和输电费用。

分布式发电采用容量大多不超过 50 兆瓦的新技术，采用的技术包括太阳能光伏电源、微型气轮机、燃料电池和较小的核电机组，这些技术不仅能降低发电规模，也采用了不同方式来解决电力储存问题。分布式发电也被认为可以促进电力市场的竞争。行业和政府均预测这些技术的应用将会增加。

分布式发电技术可以用来达到若干种目标，包括为用户提供电力、满足用电高峰时的需求、保持额外的备用容量、提高电网的可靠性和提供备用服务。略带讽刺意味的是，分布式发电的整个观念正是爱迪生试图用纽约第一中心电站替代的一个想法。

考虑到分布式发电商可以提供各种不同的服务，用户可根据需要相应地选择购买分布式发电服务，从而使市场变得更具竞争性。我们也希望分布式发电在提高能源利用效率的同时能对环境带来正面的影响。

11.4.2　合成燃料

在《1980年能源安全法》[①]的基础上,美国成立了美国合成燃料公司,以促进合成石油和合成气的商业化。根据该法规定,"合成燃料"的定义应为"通过对产自美国的煤、油页岩、焦油砂和水进行物理和化学转化生产的、可用于替代石油或天然气的任何固体、液体或气体燃料"[②]。当时的合成燃料开发计划是,联邦对从事从煤、油页岩和焦油砂中提取液体和气体燃料工作的私人企业提供补贴。补贴的方式有贷款、贷款担保、价格保证、采购协议、合营和作为最后的选择——联邦政府直接投资从事此类业务。

美国合成燃料公司的最初目标是通过对于在1987年日产合成燃料50万桶,1992年日产200万桶燃料进行补贴,但这些目标从未达到实现。美国合成燃料公司的资金预算起初是240亿美元。在20世纪80年代早期,该预算被缩减到80亿美元,其中57亿美元用于履行该公司先前的承诺。美国合成燃料公司于1985年12月12日被解散。

合成燃料基本上是石油的替代品,是通过加工油页岩和焦油砂(tar sand)来生产液体燃料,并通过煤气化来生产合成气。由于美国的油页岩、焦油砂和煤的储量丰富,加之已有现成的加工技术,合成燃料是在技术上是极具应用前景的能源。但是,由于合成燃料较传统化石燃料更贵,只有当世界油价达到且保持一定水平,合成燃料才具有商业利

---

①　Energy Security Act of 1980.

②　42 U. S. C. A. § 8702.

化的可行性。合成燃料工艺还存在许多环境问题。例如，煤基合成燃料的加工过程需要燃烧碳基燃料，会排放大量的温室气体，存在引起大气变化的可能性。

最先进的合成燃料技术是煤气化。在煤气化过程中，煤炭在"气化炉"内被加热，并与蒸汽相混合，蒸汽中的氢和碳化合生成天然气的主要成分甲烷气。煤气化在环境影响和分销方面具有优势。煤气化去除了煤中有害的硫和颗粒物及重金属，生成了清洁的燃气。此外，已经有一些现存的天然气管道可以将合成气输送至终端用户处。

煤也可以通过液化程序生产石油。第二次世界大战期间，德国曾大规模采用过这种液化方式，通过采取便宜和便于处置的催化剂，战争年代德国每年直接从煤中生产出数百万桶石油。另一种煤变油工艺是先将煤气化，再将气体转化为石油。能源部已经对从煤到油的技术进行了实验。

油页岩是含有一种被称为油母岩质的有机物的沉积岩。油母岩质经加热变为页岩油（这是一种原油）。美国的油页岩的储量很丰富，已知的储量大约可供加工成6000亿桶石油，可能的储量大约超过2万亿桶。落基山脉地区的科罗拉多州、犹他州和怀俄明州的油页岩蕴藏最多，品质也最好。这些地区的油页岩主要储藏在皮森斯盆地（Piceance Basin）、绿河盆地（Green River Basin）和温塔盆地（Uinta Basin）这三个盆地之中。其中，科罗拉多北部的皮森斯盆地的高品位油页岩的估计储量相当于1.3万亿桶石油，超过了沙特阿拉伯的原油储量。

可以通过传统的开采或露天加工（地表干馏）来开采油页岩，也可以通过注水，直接在地下提取油页岩中的石油，即现场加工（in situ processing）。从油页岩中提取石油的主要问题是用水量和环境污染。如每天生产 100 万桶石油，每年的用水量为 12.1 万至 18.9 万英亩英尺。生产过程中也产生含盐量很高的污水。此外，对加工过的油页岩要进行处理，对采矿后的废矿要进行恢复，干馏过程产生的排放物会使空气质量恶化。

焦油砂是含碳氢化合物的沉积物。由于焦油的黏度很高，不能通过常规油井技术开采。焦油砂包括油砂、沥青砂和含有石油或沥青的岩石。北美已知的最富的焦油砂储藏位于犹他州（相当于不少于 300 亿桶石油）和加拿大的阿尔伯特省（相当于 2500 亿桶石油）。大部分的焦油砂的储藏深度较深，而不适合露天开采。但一经开采，从焦油砂中提取碳氢化合物的过程则更有效，较从油页岩中提取油母岩质消耗更少的能量。在美国尚没有商业化的焦油砂加工设施。从长远看，焦油砂不会显著地改变美国能源供应的总体情况。

11.5 替代能源政策

替代能源政策的历史与 20 世纪 60 年代的环保运动密切相关。随着诸如阿尔多的《沙国年鉴》[①]和雷切尔·卡森的《寂静的春天》[②]等书籍的发行，公众开始关注人类活动对环境造成的威胁。由一群科学家和经济学家组成的被称为"罗马俱乐部"的机构，于 1972 年发表了题为《增长的极

[①] Aldo Leopold，A Sand County Almanac (1949).

[②] Rachel Carson，Silent Spring，(1962).

限》①的颇有影响力的实证研究报告,对持续的资源消耗所造成的不可逆转的环境影响发出了警告。这些出版物推动了环境运动的发展,也影响了替代能源政策的制定。

替代能源政策的发展可以分为三个阶段。从20世纪60年代末到70年代初,由于环境运动的影响,能源政策更关注空气和水的质量,特别是促进煤的清洁燃烧和可再生能源的利用。20世纪70年代中期的能源危机在两个方面影响替代能源政策。第一,能源危机说明了节能在能源规划中的重要性;第二,通过利用可再生的替代能源降低了对石油和天然气的需求。最后一个时期目前才刚刚开始。20世纪80年代后期公众对全球大气变暖的关注和其他事件再次引起对可再生能源和节能的讨论。目前,正在进行的努力是将环保与能源政策以互补的方式结合起来,以期达到可持续发展和发展清洁能源的目的。

美国能源政策的主导模式是依赖规模大、资金密集和高技术的能源工业。卡特总统1980年颁布的《能源安全法》使美国政府承诺进行替代能源实验、研究和开发,愿意尝试不同的能源政策,并为这些计划提供资金。事情的发展证明,这些政策不仅不被市场所接纳,也缺乏政治支持。替代能源政策从20世纪70年代后期到80年代初期失去了支持,美国又重新回到了传统能源政策的老路上。

然而,我们也注意到政策的显著变化。在20世纪80年代中期以前,能源和环境政策和立法都是关于互不相关的个别领域。此后的能源和环境政策与法律考虑其相应的成本和效益,并按市场标准对其进行验证。同样的,能源政

---

① The Limits to Growth (1972).

策和法律也开始关注其环境后果。

纵观 20 世纪 70 年代出台的环境立法和此时的能源危机,我们了解到能源政策和环境政策之间的基本冲突。阿摩瑞·罗文斯的《走向持久和平的能源软路径》[①]是有关这一冲突最好的著述。为了便于对比,该书将采用可再生能源、提高能源效率和采用小型化的替代能源的能源结构称为软路径,而将传统的资本密集的和大规模的核电和化石能源的能源结构称为硬路径。罗文斯认为软路径不仅对环境有利,也对经济有利。为此,美国应改变能源消耗与经济增长直接相关的观念。

关于能源消耗与国民生产总值(GNP)之间是否存在直接关联关系的争论非同寻常,而对此关联的观念根深蒂固,见罗伯特·斯托鲍等的《能源未来》[②]和朱丽安·L.西蒙等的《富饶的地球:应对全球 2000 年时的需求》[③]。关于能源与国民生产总值(GNP)之间的关系,存在两种不同的见解:一方面,替代能源的支持者认为经济增长与能源消耗之间没有关系,如果我们继续依赖传统能源,其价格将上升到难以为继的水平;另一方面,偏爱市场的人士则认为这种联系是明显的,因资源是丰富的,价格不会上升到人们难以接受的水平。

能源危机之后,能源政策的制定者开始与环保主义者对话,讨论能源的开发和利用对环境的危害。同时,环保主

---

① Amory Lovins, Soft Energy Paths: Toward a Durable Peace (1979).

② Robert Stobaugh & Daniel Yergin, Energy Future (1979).

③ Julian L. Simon & Herman Kahn, The Resourceful Earth: A Response to Global 2000 (1984).

义者也理解了市场的现实,即只要传统能源更便宜,消费者就不会购买替代能源。环境政策的制定者认识到市场可以帮助保护环境,促进节能和替代能源的利用。这样,政策制定者开始倡导采用市场激励机制(如排放交易)来实现环境目标。

在同一时期,国际环境主义成为影响政策制定的一个重要领域。但国际环境主义者仍要面对一个两难的命题。一方面,可以认为发达国家应实施更严格的环境标准。另一方面,如果发展中国家也采取严格但昂贵的环境标准,就会阻碍经济发展。为了解决发展中国家面临的经济发展与能源所造成的环境危害之间的抉择问题,人们转向了可持续发展这个新的命题。

11.5.1　能源的未来

环境运动可以回溯至 1970 年 1 月 1 日,即《国家环境政策法》[1]的生效日期。十年之后,在经历了 20 世纪 70 年代的能源危机和三里岛危机之后,"能源的未来"开始作为一门学科出现了。诸如罗伯特·斯托鲍和丹尼尔·耶尔根的《未来 20 年的能源和其他资源》(1979 年出版)[2]、哈佛商学院的《能源项目报告》(1979 年出版)[3]和萨姆·H. 舒尔的《我们必须面对的选择:美国未来的能源》(1979 年出

---

[1]　National Energy Policy Act.

[2]　Robert Stobaugh and Daniel Yergin, Resources for the future, Energy: The Next Twenty Years (1979).

[3]　Energy Future: Report of the Energy Project at the Harvard Business School (1979).

版)①等著述开始探讨美国的能源供应问题,并提出各种可选方案。

这些研究的重点是能源枯竭对经济的影响,而不是对环境的影响。这些研究指出了一种担忧,即美国将要面临能源短缺,而现有的市场机制不足以解决对可靠能源供应问题的状况。当然,这些研究也担心美国对进口石油日益严重的依赖问题。大体上,这些研究的结论是,因存在较充分的供应,美国和全世界不会出现严重的能源短缺,只是能源的价格会在一定程度上上涨。

一份对能源未来报告的分析提出了这样的问题:美国是否应该或可以在事实上制定出全面和协调一致的国家能源政策,分析结论认为美国做出这样的后续行动的可能性微乎其微。见鲍尔·L.乔斯科的《25年后能源政策及其后果》②。乔斯科认为,鉴于从没有出现过可以制订国家长期能源计划所需要的、可以在较长时间内统领全国的领导力量,美国不太可能会制定出全面的能源政策。乔斯科指出,降低能源需求的一个显而易见的办法是允许价格增长,但该办法在政治上一直被认为是不可接受的。结果是,政府继续实施监管,将价格控制在"合理"的范围内。最后,乔斯科也说明了能源争论导致了何种程度的政治观点对峙,正如我们最近所看到的,国会没能通过气候立法。

这些关于能源未来的研究普遍地高估了能源消费的数

---

① Sam H. Schurr, Energy in America's Future: The Choices Before Us (1979).

② Paul L. Joskow, Energy Policies and Their Consequences After Twenty-Five Years, 24 ENERGY JOURNAL 17 (2003).

额和能源价格的增长。但除了对进口石油的依赖减少的预测外，人们对未来的大部分基本前提假设是相对准确的，即能源的供应是充足的，市场是调节需求和供应的有效机制，以及应开发替代能源市场。

前述研究在很大程度上依赖于对传统燃料和供应的来源的研究。如果我们认为这些研究的预测不够准确，那么它们的偏差也不太大，如前所述，毕竟美国的能源行业保持了现状。另外，还有一些关于能源未来的研究，诸如《增长的极限》、比尔·麦克吉本的《自然的尽头》①和《通向持久和平的能源软路径》等政策分析类文章，这些研究要求改变能源消费行为，加强环境保护，并更积极地利用替代能源和节能。《增长的极限》和《自然的尽头》认为人类活动已对环境造成了不可逆转的不利影响，《通向持久和平的能源软路径》则建议节能。这些研究在一定程度上描绘了一个非常极端的图景，即地球的未来健康取决于某种巨大的改变。

关于能源未来的两类研究展示了完全相反的结论并为我们提供了两条可供选择的道路：走"传统之路"还是另辟蹊径走"激进之路"。自然资源保护协会的《对21世纪负责的能源政策》②试图在这两个路径进行调和。该协会的政策兼顾了能源的经济现实和环境保护需要，认识到能源在经济中的重要地位和政府必须继续提供价格适中的能源服务。该协会的建议认为未来之路在于产业创新和环境保护。

---

① Bill McKibben, The End of Nature (1989).

② Natural Defense Council, A Responsible Energy Policy for the 21th Century (March 2001).

该报告注意到能源生产难度的加大和日益提高的成本，并要求降低对石油和煤的依赖，提高能源利用效率，改进技术和增加投资。比如，该报告指出在 1975 年至 2001 年制造商所开发出的电冰箱的耗电量仅为 1975 年之前生产的电冰箱的耗电量的 75％，可以因此节省了 6000 万千瓦的电量和减少电厂的排放。建设 6000 万千瓦发电容量需要约 500 亿美元投资，而改进冰箱技术仅需少于 10 亿美元的投资。自然资源防务协会也认为，需要采用更严格的企业平均燃油经济标准，以进一步促进能源节约。该报告为石油、天然气和电力行业提出了建议，并制订了一个相对保守的未来能源计划。

11.5.2 基于可持续发展模式的替代能源政策

大约二十年前，出现了一种被称为"可持续发展"的替代能源政策。"可持续发展"的定义是一项政策或计划，即"在满足目前需要的同时，不牺牲我们后辈满足他们需要的能力"，见世界环境和发展委员会的《我们共同的未来》[1]。推动可持续发展的两个动力是，一方面，能源的生产和环境保护应通过可持续发展这一共同的语言携手向前；另一方面，可持续发展这一理念有助于发展中国家与发达国家间的合作。因此，该能源政策模式要求能源政策和环境政策的制定者在重视效率、生产率和创造财富的同时，同样地关注安全和对后代的影响、民主的政治参与和对环境的关怀。

选择新的能源和环境价值观是否一定会引起生活方式的改变？这是一个重要的文化问题。也正是因为文化的原

---

① World Commission on Environment and Development, Our Common Future, 8, 1987.

因,决策者不愿轻易改变主流政策模式。美国主导的能源政策对应的价值取向是创造财富、经济效益和为健康运转的社会提供能源。替代的价值观是物质的平等分配、环境保护和对生态负责。而可持续发展的价值观则融合了所有这些因素。

目前,"可持续性"是美国国内能源政策中最华丽的修辞用语之一,但语义还是较弱的。布什政府于1991年发表的《国家能源战略》的开场白是:"这一国家能源战略为我国能源未来的高效、安全和环境可持续发展奠定了坚实的基础。"同样,克林顿和乔治·布什总统都谈到过可持续发展,见两位总统就可持续发展的国情咨文:《可持续发展的美国是我们就未来达成的新共识》[①];国家能源政策制定工作组的《国家能源计划》[②]。但除了不多的几种情形外,我们的国家还需要把"可持续性"这个修辞用语从一个概念转化为现实。美国也谨慎地对待在环境敏感地区进行石油的勘探和生产。《洁净空气法修订案》也涉及了温室气体。对环境负责的能源政策的例子有《稀有动物法》被重新实施,支持能源节约措施和通过研发和其他财政支持来发展可再生能源。

伊拉克于1990年8月2日对科威特的侵略、1991的年海湾战争和目前在伊拉克正在完结的战争都引起了我们对美国能源安全的担心。能源政策决策者再次回想起20世纪70年代,他们要求进行国家能源规划、降低对国外石油的依赖、在可能的范围内提高对核能的利用、加强节约和

---

① Sustainable America：A New Consensus for the Future (1996).

② National Energy Plan (May 2001).

加大国内石油勘探力度。

虽然由伊拉克侵略科威特或利比亚的内战引起的石油短缺能够得以控制，与中东石油供应相关的敏感的地缘政治和随时会发生的石油供应中断，往往会使能源规划失去稳定性。在这样不稳定的时代，人们很可能会回归熟悉的老路。或者说，将来可能会更偏重以化石能源为主的传统能源政策，而不是诸如可持续发展模式的替代能源政策。随着传统的模式受到来自全球的挑战，21世纪的前十年是制定能源法和能源政策重要的十年。

11.5.3　清洁能源经济

在2011年我们写作本书时，情况是国会没有意愿以任何有效方式去应对气候变化或者能源转型。然而，自从2000年以来，诸如智库、非政府组织、商业银行和金融分析家等关于能源政策的研究令人意外地如雨后春笋般喷涌而出，都在推动向清洁能源经济的转变。[①]

这些研究有三方面的特点特别值得关注：首先，很多研究来自包括业界领袖、政府官员、学者和倡议团体组成的联合；其次，很多研究以及做出这些研究的组织对于能源未来展示了一种不受党派影响的共识；最后，这些研究的许多政策建议在很大程度上发生了重合。最明显的是，关于替代能源的新近共识是，强劲的经济发展不仅仅取决于能源生产，也取决于环境保护。更为重要的是，能源政策的未来必须推动国家安全和国际安全，因此，国家必须实实在在地不依赖于石油，而不依赖不仅仅是字面上的，它更应该是真正

---

① Joseph P. Tomain, Ending Dirty Ener. GY Policy: Prelude to Climate Change chs. 3 & 4 (2011).

意义上的。

　　总之,这些研究所形成的政策可以总结为,以高效或有效的方式推动能源资源的多样性,还有行动中的环保义务和对于国家安全和国际安全的促进。事实上,这些研究关注了能源、经济、环保和安全四个主要可变因素。此外,即使华盛顿缺乏政策意愿,仍然有很多新的研究中心、机构和智库、新能源联合阵线以及新能源融资出现。所有这些各种努力一起显示出一种公共日益需要的对清洁能源未来的接受。

　　不论我们选择什么样的能源未来,我们都必须更加关注全球气候和环境的变化、关注国内或世界市场的变化,以及关注世界各国能源和财富的差异使用和分配,这些都对政策制定者构成挑战,使其打破常规,放眼未来。即使在能源政策制定者们为短期或中期能源需求制定政策的时候,他们也必须预料到与大规模工程相关的长期社会成本。同样,环境政策制定者们肯定也会在他们雄心勃勃的计划里考虑积极和富有成效的国家经济的短期或中期能源需求。

11.5.4　清洁能源技术创新

　　在能源政策制定者们以及业界、大学和政府中存在着一个强烈的共识,即能源创新对于向清洁能源转型异常重要。另一个强烈的认识是,过去的研发工作必须得到强化,研发资金也必须得到实质的增加。[①] 此外,清洁能源研发的革新方式也应该与过去不同,例如,传统研发是针对不同项目或客户的,你可能会想起曼哈顿计划和阿波罗计划都

---

　　① Joseph P. Tomain, "Our Generation's Sputnik Moment:" Regulating Energy Innovation, 21 Utah Envtl. L. Rev. 1 (2011).

有明确的目标和要解决的问题。相比较而言,能源转型的目标在于大尺度的系统变更。

因此能源创新应该遵循如下几条规则:(1)涉及范围广泛的战略组合;(2)明白其总体任务是能源政策转型,以创造一个清洁能源未来;(3)多数创新计划应该偏重于促进新的能源技术规模化和商业化;(4)对应该采用哪些技术保持中立态度;(5)尤其是在知识产权的维度上对创新政策持开放态度;(6)促进创新信息和创新方式的普及与分布;(7)努力从规制转向市场解决方案;(8)努力实现系统变革而非线性产品开发。

最近,美国能源部施行了一套创新计划,该计划的范围覆盖从基础科学到全面规模的商业化。2009年,奥巴马政府通过能源部投入大约7.77亿美元,资助建立46家能源前沿研究中心,作为投资能源转型战略的一部分。这一计划引发大学、国家实验室、非营利组织和企业竞相建立创新中心,并竞相参与在从能源存储、纳米技术到碳平衡与核战略的广泛的基础科学和先进科学探索领域。

此外,美国能源部运行了一系列能源创新中心,旨在形成跨学科、多研究者和多机构参与的一体化研究中心。其核心理念在于对从设计到商业化的基础与运用研究整合给予长期的资助。在创新中心,大型综合团队直接攻克重点科技挑战,如替代燃料交通工作和楼房改造的能效问题。

最后,美国能源部建立了先进能源研究项目署(ARPA-E)。该署建立在能源部之下,是依据《2007年美国竞争法》而设立,同时也是在美国科学院推荐增加科技投入的基础上才得以设立的。先进能源研究项目署借鉴了美国国防高级研究项目局的成功之处,美国国防高级研究项目局负责绝密技术和互联网。2009 年，先进能源研究项目署得到了《美国复苏与再投资法》资助的首笔 4 亿美元资金，2011 年又得了该财政预算的 1.8 亿美元的资助。它的任务是通过项目资助推动能源转型技术的发展，并促进能源政策的合理化。

这些年来，其他创新机构和战略也被推崇，如成立独立的能源创新项目或机构。不论创新机构或战略采取何种形式，上述原则都有助于建立清洁能源经济。

11.6 结论

理解能源政治经济的关键是了解政府和行业之间的共存关系。这种关系具有四方面的特征。第一，不同的能源行业之间存在互补关系。对一个行业的监管或促进并不总是对另一行业产生不利的影响。比如，石油和电力在能源行业的地位和比例基本相当，运输业不怎么使用电力，石油也不是一种经济上节约的发电燃料。因此，联邦的能源政策可以同时扶持这两个行业。第二，其他能源容易引起燃料之间的竞争。比如，促进煤发电的联邦能源政策必定会对核电利用产生不利影响，引起两者之间的竞争。第三，就经济利益的分配和经济负担的分摊而言，联邦和行业之间相互依存。比如，联邦政府控制了绝大部分新发现的石油储存，但联邦需要依靠私人企业对其进行开发。第四，政府和企业均对市场失衡做出反应。控制石油价格是为了应对中东的石油禁运行为，日益增加的天然气勘探是对联邦放松对天然气的价格管制的结果。政府和企业之间的这种互动形成了如前所述的丰导政策模式。

从 19 世纪晚期到现在，国内能源政策所依据的基本假设是国内能源生产和国内生产总值的增长之间存在关联关系。随着能源的产量增加，能源的价格将保持稳定或走低，而国民经济就会增长。这个简单公式背后隐含的立意是公众福利随国民经济的增长而直接成比例增加。能源政策将继续依赖于上述基本假设，并重树其对市场的信心。

因此，国内能源政策更欢迎大型、高技术、资本密集、一体化和集约化的化石能源生产企业。由于能源政策的制定者相信这些大型的公司可以继续实现其规模经济，他们不太信赖小型的太阳能和风能等替代能源公司。能源政策的制定者也把赌注押在大型能源公司而非替代能源公司身上，认为前者能够通过技术创新、发现新的能源储藏和新的能源来源来提高能源效率。换言之，只要能源的生产、消费和价格继续保持稳定，已有的能源政策就会持续。因此，主流能源政策具有如下基本目标：(1)保证充分的供应；(2)保持合理的价格；(3)限制大公司的市场力量；(4)鼓励不同燃料之间和同一燃料内的竞争；(5)支持一定数量的传统燃料（如石油、天然气、煤炭、水电和核电）的发展；(6)允许能源决策者和政策制定者在现行的联邦和州的监管机制内进行决策。

这套在过去一百多年时间内发展起来的能源政策，通过长期保持可靠的能源供应和较高程度的经济稳定性，很好地服务于美国的经济发展。考虑到这种历史的惯性和妥协，我们可以预见，这套政策在未来会继续。

但我们仍需要解决能源政策和环保政策之间的根本冲突。能源政策，不论是否考虑能源行业对环境的负面影响，其中心是服务于国家的经济发展和增长。环境政策，不论是否与基于市场的监管制度相容,已深深地根植于"保护资源是保障人类福祉之关键"这一理念。

当然,上述两种立场至少都有部分是正确的。可能的情形是,正如我们先前就最优的污染水平所讨论的那样,这两种立场是可以调和的。但是,对最优的污染进行的讨论还仅停留在理论模型层次上,远未成为现实。能源政策的制定者所面临的问题依然是制定基于市场的监管机制,且这种机制能使能源价格包含环境成本和其他社会成本。换言之,鉴于量化环保政策的效益即便不是不可能的、也是非常困难的,上述理论模型的使用也是十分困难的。因此,未能将"外部成本内在化"导致环境恶化成为经济增长的代价。相反,我们的确需要为碳排放规定一定的价格,以实现清洁能源经济的全面转型。

第三次能源转型是可能的,清洁能源政策的共识也是可以达到的。然而,为了成功转型,我们必须重视以下措施。

在联邦层面:(1)碳必须通过征收碳税或更具可能性的限额加交易权的机制来定价;(2)联邦补贴必须完全从化石燃料或核能转移到能效或可再生能源;(3)联邦能源监管委员会必须制定出一批关于电网现代化和成本分配的规则;(4)联邦创新政策必须现代化,而资助额至少应该从200亿增加到400亿且大部分资金用于提高能效和可再生能源;(5)联邦能效标准应该根据需求得到实施或升级;(6)应该采用联邦可再生能源配额制和可再生能源信贷;(7)应该对公众进行关于清洁能源经济优点的教育。

在州的层面:(1)各州可以借鉴加州经验,采用雄心勃勃的能效标准或清洁空气标准,并积极推动可再生能源发展;(2)公共设施的监管机构可以通过推动可再生能源的电网连接,和设定电价条款以鼓励可再生能源和能效的使用来发挥关键作用;(3)各州还可以参与区域碳排放缩减计划;(4)各州和地方政府还可以重新制定土地使用政策以推动绿色能源和能效的发展;(5)各州可以继续促进和提升它们的可再生能源发电配额制。

最后,在私营部门层面,它们必须:(1)继续和增加其在能源创新方面的投资;(2)继续推行清洁能源计划的商业贷款;(3)为公共教育做出贡献,向大众宣传使其更好地了解气候科学和能源转型;(4)通过资金支持研究机构或中心,或通过参与研究机构或中心进行合作;(5)重新设定它们的商业模式,以实现内部效率和整个商业周期的效率。能源是一个复杂的系统,很多情况下,它的转型需要多层面的、复杂的方式。我们已有政策建议和规制工具来实现这一转型,当下,法律必须及时跟进。